W0301985

ELFRIEDE ALLEX

KOCHEN

nach Grundrezepten

2

Modern Kochen
gesund • leicht • gut

Verlag Hölder-Pichler-Tempsky GmbH & Co. KG

www.verlaghpt.at

Mit Bescheid des Bundesministeriums für Bildung, Wissenschaft und Kultur vom 8. August 2003, GZ. 42.225/1-V/1/02 gemäß § 14 Abs. 2 und 5 des Schulunterrichtsgesetzes, BGBl. Nr. 472/86, und gemäß dem derzeit geltenden Lehrplan als für den Unterrichtsgebrauch an Höheren Lehranstalten für Land- und Ernährungswirtschaft, für den I.–III. Jahrgang im Unterrichtsgegenstand Küchenführung und Lebensmittelverarbeitung sowie gemäß den Lehrplänen 2003 an Fachschulen für wirtschaftliche Berufe und an Höheren Lehanstalten für wirtschaftliche Berufe im Unterrichtsgegenstand Küche und Service geeignet erklärt.

Schulbuchnummer: 115878

⚠ Kopierverbot
Wir weisen darauf hin, dass das Kopieren zum Schulgebrauch aus diesem Buch verboten ist – § 42 Absatz 6 Urheberrechtsgesetz: „... Die Befugnis zur Vervielfältigung zum eigenen Schulgebrauch gilt nicht für Werke, die ihrer Beschaffenheit und Bezeichnung nach zum Schul- oder Unterrichtsgebrauch bestimmt sind.“

Die Autoren und der Verlag bitten, alle Anregungen und Vorschläge, die dieses Lehrbuch betreffen, an folgende Adresse zu senden:
Verlag Hölder-Pichler-Tempsky GmbH & Co. KG
1090 Wien, Frankgasse 4
E-mail: service@verlaghpt.at

2. Auflage, Nachdruck 2012 (2,02)

© Verlag Hölder-Pichler-Tempsky GmbH & Co. KG, Wien 2007

Alle Rechte vorbehalten
Jede Art der Vervielfältigung, auch auszugsweise, gesetzlich verboten

Herstellung: Hannes Riedinger, St. Andrä-Wördern
Druck und Bindung: Brüder Glöckler GmbH & Co. KG, Wöllersdorf

ISBN 978-3-230-02491-6

VORWORT

Der vorliegende 2. Teil von Kochen nach Grundrezepten, „Modern Kochen gesund – leicht – gut“ geht auf Essgewohnheiten ein, die auf gesunde, bewusst den individuellen Erfordernissen entsprechende Ernährung Wert legen. Somit werden alternative Kostformen, wie vegetarische und laktovegetabile Ernährung und Trennkost beschrieben und durch zahlreiche Rezepte der Vollwertküche ergänzt. Erstmals entstand der 2. Teil bereits 1982, um die neuen Essgewohnheiten zu berücksichtigen.
Die Weiterentwicklung dieser Tendenzen machte eine gründliche Erweiterung der ersten Auflage erforderlich. 1996 und anlässlich dieser letzten Bearbeitung habe ich vorhandene Rezepte überarbeitet sowie zusätzlich viele neue Rezepte für Rohkost, Gemüse-, Obstgerichte und leichte Desserts aufgenommen.
Die gute Basis der Grundrezepte im Band 1 wurde durch Spezialitäten der österreichischen und internationalen Küche ergänzt. Hiemit verfügen Sie über ein größeres Angebot und können den Speisezettel abwechslungsreicher gestalten. Sie finden eine Vielzahl an Variationen für Vorspeisen, für den Imbiss zwischendurch und auch für das Frühstück, die sich schnell und zweckmäßig zubereiten lassen. Ebenso stehen Rezepte für das Brotbacken, das Flambieren, für Kaffeespezialitäten, sowie Getränke mit oder ohne Alkohol für jeden Anlass zur Auswahl.

Unserem Computerzeitalter angemessen, sind die Rezepte dieses Kochbuches für die Schule als Kopierlizenz der Fa. PIU-Printex Wien (Näheres unter www.piu-printex.at) erhältlich und können mit dem Anwenderprogramm ACON-BKVWIN dieser Firma unter WINDOWS XP und oder höher vielfältig genutzt werden.

Frau FOL Ingrid Tasler, mit der ich 1982 gemeinsam 284 Rezepte ausgearbeitet habe und die mir bei der Verfassung der Erstausgabe half, sowie allen Kolleginnen, besonders Frau FOL Eva-Maria Leberbauer, Frau FOL Monika Bauer und Frau OSR Traute Seitner, die ihre Erfahrungen in diese letzte Überarbeitung einbrachten, sei an dieser Stelle herzlich gedankt.

Frau OSTR Dr. Gertraud Schulz danke ich für die französischen Bezeichnungen, Frau Cornelia Mejstrik-Felbinger für das Layout, Herrn Ing. Christian Pohanka für das Computerprogramm, meinem Sohn Wolfgang für die computerunterstützte Erstellung der Zeichnungen, Frau Dipl. Diätassistentin Manuela Göbel für die Überarbeitung der „anderen Kostformen“ und Frau FOL Monika Gaudriot für die praktische Anleitung zum Küchenverwaltungsprogramm in der WINDOWS-Version.

Elfriede Allex *Wien, 2012*

INHALTSVERZEICHNIS

Das vorliegende Kochbuch „Kochen nach Grundrezepten Teil 2. Modern kochen" dient als Ergänzung zum Band

„Kochen nach Grundrezepten
Teil 1"

Inhaltliche Schwerpunkte:

- Allgemeines
  Anleitung zum Gebrauch des Kochbuches – Bedienungshinweise für das Computerprogramm – Maße und Gewichte – Gebräuchliche Küchenfachausdrücke – Kleines Küchenlexikon für den deutschsprachigen Raum – Erstellen eines Speiseplanes – Einige Menüvorschläge – Einkauf der Lebensmittel – Zubereitung der Nahrung – Anrichten und Servieren der Speisen – Resteverwertung – Hygienevorschriften – Vermeiden von Salmonellen – Unfallverhütung – Brandschutz – Erste Hilfe – Das Kochen auf dem Elektroherd – Das Kochen auf dem Gasherd – Das Mikrowellengerät – Vorbereitungstechniken für Zwiebel und Gemüse
- Suppen
- Vorspeisen – kleine Hauptgerichte
- Hauptspeisen
- Beilagen
- Süß- und Mehlspeisen
- Konservieren von Obst und Gemüse
- Getränke
- Kinderküche
- Diätküche
- BKVWIN – Betriebsküchenverwaltung unter WINDOWS
  1. Programmeinstieg
  2. Kostenstelle wählen
  3. Speiseplan bearbeiten
     3.1 Rezept wählen
     3.2 Rezept bearbeiten
     3.2.1 Artikel auswählen
  4. Nährwertgrafik
  5. Ausdruck des Tagesspeiseplanes
  6. Neue Bedarfsliste ableiten
  7. Ökonomatsbestellung/Einkaufszettel
     Musterausdruck – Gemüseauflauf
- Alphabetisches Rezeptregister

ANLEITUNG ZUM GEBRAUCH DES KOCHBUCHS

Um das vorliegende Kochbuch in seinem Aufbau und Inhalt zu verstehen, sind folgende Hinweise zu berücksichtigen:

1. Vor einer eingehenden Beschäftigung mit den einzelnen Rezepten ist es notwendig, die Erklärungen zu Beginn jedes Kapitels zu beachten. Sie bieten wichtige Hinweise auf den Nährwert und die Zubereitung und Art des Servierens der einzelnen Speisegattungen, die aus Gründen der Platzersparnis und Übersichtlichkeit in den Rezepten nicht immer wiederholt werden können.
2. Da die Auswahl der Rezepte für Schulen, Betriebsküchen, Familien und kleine Gastbetriebe bestimmt ist, wurden sie für jeweils **zehn Personen** berechnet, denn die Grundmengen aller Rezepte lassen sich am wirtschaftlichsten für zehn Personen aufstellen. Dadurch sind alle Rezepte hinsichtlich der Mengen gleichwertig.

   Zur allgemeinen Orientierung dienen folgende Mengenangaben **pro Person:**

Salat als Vorspeise	0,10–0,15 kg
Suppe	0,20–0,25 l
Sauce	0,10–0,125 l
Fleisch ohne Zuwaage	0,10–0,15 kg
Fleisch mit Zuwaage	0,15–0,20 kg
Fischfilet	0,15–0,20 kg
Fisch mit Haut und Gräten	0,25–0,30 kg
Gemüse als Beilage	0,15–0,20 kg
Tiefkühlgemüse als Beilage	0,10–0,12 kg
Erdäpfel als Beilage	0,15–0,20 kg
Reis als Beilage	0,04–0,05 kg
Teigwaren als Beilage	0,04–0,05 kg

3. Für die Schnellküche geeignete Speisen sind durch [S], geeignete Frühstücksspeisen durch [F] gekennzeichnet (jeweils am Rand des Rezepts).
4. Um der Internationalität der Speisen Rechnung zu tragen, wurde den Rezepten die französische Bezeichnung beigefügt.
5. Im ACON-Programm sind alle Rezepte entweder unter der Rezepturbezeichnung (z. B. *Katharinenäpfel)* oder unter der entsprechenden Rezeptnummer (z. B. 1250) zu finden.
6. Bei einem Großteil der Rezepte sind die **Nährwerte pro Person** in Kilokalorien (kcal) und Kilojoule (kJ) angegeben. Ergänzend wird die mengenmäßige Zusammensetzung der Speisen aus Kohlenhydraten (K), Eiweiß (E) und Fett (F) in Gramm genannt. Die angegebenen Zahlen sind gerundet.
   Bei jenen Rezepten jedoch, bei denen verschiedene Zubereitungsformen und andere Zutaten möglich sind, wurden die **Nährwertangaben weggelassen.**

Diese Nährwertdaten sind auch im ACON-COMPUTERPROGRAMM enthalten und wurden dem internationalen deutschen, weit verbreiteten Bundeslebensmittelschlüssel (BLS) entnommen. Der BLS ist eine Lebensmitteltabelle, die mittels EDV erstellt wurde.

7. Da die Fettaufnahme bei Speisen, die in **Fett ausgebacken** werden, nicht konstant ist, wurden die Nährwertangaben im Rezept weggelassen. Auf Seite 244 ist eine Liste all jener Speisen mit einer „Circa“-Nährwertangabe zu finden.
8. Da dieses Kochbuch auch als Lehrbuch für Lehranstalten wirtschaftlicher Berufe gedacht ist, in denen Ernährungslehre, Lebensmittel- und Servierkunde als besondere Fächer unterrichtet werden, wurde auf diese Themen nicht näher eingegangen.
9. Im Unterricht ist die ergänzende Arbeit mit einem Computerprogramm notwendig geworden. Deshalb sind alle Rezepte dieses Buches im ACONSOFT-Format auf CD gespeichert.
   Mit Hilfe der ACON-BKV**WIN** (Betriebsküchenverwaltung – Windows) können Mengenanpassungen, Bestellungen, Wareneinsatzberechnungen, Arbeitsanalysen, Flussdiagramme und Nährwertberechnungen problemlos durchgeführt sowie Tagesspeisepläne und Bedarfslisten erstellt werden.
10. Aufgrund des Computerprogrammes werden bei allen Rezepten die Zutaten nicht mehr in dag, sondern in kg angegeben
    (z. B.: 20 dag = 0,20 kg
    2 dag = 0,02 kg).

BEDIENUNGSHINWEISE FÜR DAS COMPUTERPROGRAMM

Alle Rezepte dieses Kochbuchs sind auf einer CD (kostenpflichtig) erhältlich und können mit dem Programm **BKVWIN** (Betriebsküchenverwaltung-Windows) bearbeitet werden.*)

Fast alle SchülerInnen und LehrerInnen kennen heute die Oberfläche von WINDOWS.

Im Folgenden daher nur einige Hinweise zur Erinnerung:

Titelleiste: Hier steht der Name der Anwendung und der Name des bearbeiteten Dokuments (Kostenstelle, Rezept, Arbeitsschritt usw.).

*) Näheres zum Programm und zur CD bei
PIU-PRINTEX Gmbh, Abt. ACONSOFT
Percostr. 18, 1220 Wien
Tel. 01/250 80-40, Fax -45; email: bkv@piu.printex.at

Rechts in der Titelleiste sind folgende **Schaltflächen:**

Minimieren: Legt die Anwendung als Symbol in der Taskleiste ab.

Maximieren: Vergrößert das Fenster auf Bildschirmgröße.

Wiederherstellen: Minimieren oder Maximieren wird wieder zurückgenommen.

Schließen: Schließt die Anwendung.

Statuszeile: (Bildschirm unten) Enthält eine Erklärung zur aktuellen Maus-Position.

Register:
Viele Dialogfenster in Windows sind nach dem Prinzip eines Karteikastens aufgebaut.

Die einzelnen Karteikarten werden auch Registerkarten genannt. Sie enthalten jeweils thematisch zusammengehörende Optionen. Durch Anklicken der Registerreiter wechselt man von Karte zu Karte.

Pull-down Liste: Mit Klick auf ▾ öffnet sich eine Liste zur Wahl.

Kontextmenü: Öffnet sich nach Klicken mit der rechten Maustaste an den verschiedenen Stellen des Programms. Es enthält genau die Befehle, die im aktuellen Bearbeitungsschritt möglich sind.

Bestätigen oder **Beenden:** Einfachklick mit linker Maustaste oder Return-Taste.

- Punkte zeigen die jeweilige Reihenfolge an

✎ Dieses Zeichen steht für besondere Information

Wissenswertes über das Einfrieren und Tiefkühlen

Als eingefroren werden Lebensmittel und Speisen dann bezeichnet, wenn sie durch plötzliches Abkühlen bis auf eine Kerntemperatur von –18° C haltbar gemacht werden. Dabei bleiben ihr Frischezustand und Nährwert weitgehend erhalten. Um diese Temperatur in möglichst kurzer Zeit zu erreichen, muss eine Umgebungstemperatur von mindestens **–22° C** gegeben sein.

Der Erfolg des Einfrierens hängt von der Geschwindigkeit ab, mit der die Lebensmittel auf diese tiefen Temperaturen gebracht werden. Je tiefer die Temperatur im Gerät ist, umso rascher ist der Konservierungsvorgang abgeschlossen. Beim **langsamen Einfrieren** wachsen **größere Eiskristalle** und **zerstören Zellwand** und Zellgefüge. Die Nahrungsmittel verlieren beim Auftauen an Festigkeit, das Zellgefüge fällt zusammen, Flüssigkeit tritt aus, wertvolle Nähr- und Wirkstoffe gehen verloren.

Das Einfrieren ist allen anderen Konservierungsverfahren vom ernährungsphysiologischen Standpunkt aus überlegen. Es handelt sich um die schonendste Haltbarmachungsmethode, daher bleiben größtenteils Nährwert, Geschmack und Aroma bewahrt. Als besonderer Vorteil tiefgekühlter Nahrungsmittel sind die günstige Ausnützung des Ernteanfalls sowie die Aufbewahrung von Fertiggerichten zu nennen. Außerdem ist es empfehlenswert, preisgünstige Sonderaktionen zu nützen.

Für die Haltbarkeit und die Qualitätserhaltung sind ausschlaggebend:

- Gefriereignung
- tadelloser Zustand der Rohware
- sachgerechte Vorbereitung
- einwandfreie und luftdichte Verpackung
- rasches Einfrieren (–22° C und tiefer)
- gleichbleibende Lagertemperatur (–18° C)
- rechtzeitige Verwendung und richtiges Auftauen

Bei einer Temperatur von –18° C bis –22° C beträgt die Lagerzeit:

Schweinefleisch	4–6	Monate
Rind- und Kalbfleisch	8–12	Monate
Faschiertes	3	Monate
Wild	8–12	Monate
Geflügel	8–10	Monate
Seefische	6–12	Monate
Süßwasserfische	3–6	Monate
Gemüse	8–12	Monate
Obst	8–12	Monate
Fruchtsaft	12	Monate
Butter	6–8	Monate

Fettes Fleisch ist stets kürzer haltbar.

Nicht geeignet zum Tiefkühlen im rohen Zustand sind:
Alle wasserreichen Gemüse- und Obstarten, wie zum Beispiel Salate, Radieschen, Gurken, Paradeiser. Erdbeeren vorzugsweise vorher pürieren.
Aus Gründen der Wirtschaftlichkeit wird empfohlen, Obst- und Gemüsearten, die auch ohne Konservierung lagerfähig sind (zum Beispiel Erdäpfel, Zwiebeln, Knoblauch oder Äpfel), nicht einzufrieren. Bei Milchprodukten wie Milch, Kaffeeobers und Schlagobers hängt die Eignung von der Vorbehandlung in der Molkerei ab.

Praktische Ratschläge für das Einfrieren:

- Nur frische Nahrungsmittel oder einwandfreie Fertigprodukte verwenden.
- Das Gemüse vor dem Einfrieren **kurz blanchieren** (2–4 Minuten), um die Fermenttätigkeit abzuschwächen. Ohne diesen Vorgang käme es zum völligen Abbau von Vitamin C, was auch eine farbliche und geschmackliche Veränderung des Gemüses bewirken würde. Außerdem werden Zucker und Stärke nicht weiter abgebaut. Eine weitere Folge wäre das Holzigwerden der Gemüse (zum Beispiel bei Kohlrabi, Fisolen) oder die Umwandlung von Zucker in Stärke (zum Beispiel bei Zuckererbsen). Nach dem Blanchieren **rasch abkühlen,** am besten in Eiswasser, dann trocknen – nach Möglichkeit mit Hilfe von Geschirrtüchern – und luftdicht verpacken.
- Niemals Salz oder Zucker ins Blanchierwasser geben, da sonst das rasche Durchfrieren der Lebensmittel verzögert wird.
- Obst waschen, eventuell halbieren (Steinobst), trocknen lassen, einzeln nebeneinander auf Bleche auflegen, schockgefrieren und lose luftdicht verpacken.
- Stücke von Fleisch und Fisch sollen **keinesfalls schwerer als 2 kg** sein und eine Höhe von 10 cm nicht überschreiten. Am besten einzeln bzw. portioniert verpacken.
- Bereits **aufgetaute Lebensmittel** dürfen **nicht wieder eingefroren werden.** Eine Ausnahme bilden Fertigprodukte, deren Rohprodukte bereits eingefroren wurden.
- Entsprechend deklariertes Verpackungsmaterial verwenden:
  Kunststoffbehälter, -säckchen, -folien (Polyäthylen, Polystyrol, Polypropylen). Aluminiumfolien sollten vorzugsweise nur für Backwaren und Teige verwendet werden. Gut verschließbare **kleine Glasbehälter,** diese nur **¾ voll** mit Flüssigkeit anfüllen.
- Als Verschluss dienen: Klebebänder, Gummiringe, passende Deckel. Gut bewähren sich Kunststoffsäckchen, die mit Hilfe eines Folienschweißgerätes verschlossen werden. Beim Verpacken in Beuteln ist die Luft herauszudrücken oder -zusaugen, da diese isolierend wirkt, das Einfrieren verzögert und einen Feuchtigkeitsentzug bewirkt (setzt sich als Reif ab).
- Alle Packungen kennzeichnen. Bei größeren Mengen empfiehlt sich die Führung eines Lagerbuches.
- Das Vorgefrierfach soll immer zum Einfrieren von Frischgut freigelassen werden. Frische Ware könnte sonst bereits Tiefgefrorenes antauen.

- Wird die angegebene Lagerdauer überschritten, können die Nahrungsmittel austrocknen. Geschmack und Konsistenz verändern sich. Es können weiße oder braunrötliche Flecken entstehen. Das Eiweiß denaturiert. Die verlorene Wassermenge wird auch später bei der Zubereitung nicht mehr aufgenommen, sodass das Nahrungsmittel trocken bleibt = **Gefrierbrand.**

Entscheidend ist die richtige Auswahl des Gefriergerätes:
- Pro Person rechnet man ca. 70 l Inhalt. In 100 l Gefrierraum können 40–70 kg Ware gelagert werden. Nicht nur die Personenanzahl ist ausschlaggebend, sondern auch die Mengen, die eingefroren werden (Ernte aus eigenem Garten, ganzes Schwein ...).
- Eine große Hilfe bietet beim Kauf des Gerätes die Produktinformation.
  Sie beinhaltet folgende Angaben:
  – Nutzinhalt
  – Gefriervermögen
  – maximale Lagerzeit bei Störungen
  – Energieverbrauch in 24 Stunden
- Für das Gefriervermögen gibt es eine Norm, die besagt, dass in 24 Stunden je 100 l Inhalt 5 kg Gefriergut von +25° C auf –18° C gebracht werden muss. Gute Geräte überschreiten die Norm beträchtlich.

Pflege des Gerätes und Energiesparmaßnahmen:
- Gebrauchsanweisung beachten.
- Kühlrippen staubfrei halten.
- Möglichst an einem kühlen Ort aufstellen.
- Luftschlitze des Gerätes freihalten.
- Türen kurz öffnen und gut schließen.
- Nichts Warmes tiefgefrieren.
- Lebensmittel möglichst sortiert einordnen.
- Mindestens zweimal im Jahr abtauen.
  Sind zu dieser Zeit noch Vorräte vorhanden, diese gut isoliert aufbewahren (Zeitungspapier und Decken – Ausnützen der kalten Jahreszeit – Miteinbeziehen des auf tiefste Temperatur eingestellten Kühlschrankes).
- Gefriergerät raschest enteisen – Gefäße mit kochendem Wasser beschleunigen bei geschlossener Tür diesen Vorgang – mit Essigwasser auswaschen und trocken wischen.
- Eis nicht mit scharfen Gegenständen abkratzen.

Bei No-Frost-Geräten ist ein manuelles Abtauen überflüssig geworden. Der Stromverbrauch liegt jedoch etwas höher. Bei den althergebrachten Geräten kann sich der Stromverbrauch bei **zu dicker Eisbildung** allerdings **verdoppeln.**

Die Qualität der eingefrorenen Lebensmittel bleibt nur erhalten, wenn diese auch in richtiger Weise aufgetaut bzw. zubereitet werden.

Es gelten folgende Erfahrungswerte:

Gefriergut	**Weiterverwendung**
Fleisch, Wild, Geflügel	
– zum Kochen	gefroren ins kochende Wasser geben
– für Schnitzel oder Kleinfleisch	gefroren ins heiße Fett legen
– zum Braten	im Kühlschrank, im Mikrowellenherd oder im Heißluftbackrohr auftauen, braten
Würste zum Braten oder Kochen	im Kühlschrank auftauen, braten oder kochen
Fisch	
– portioniert	gefroren zubereiten
– im Ganzen	aufgetaut zubereiten
Obst	
– für Kuchen	gefroren auf den Teig legen
– für Knödel	gefroren mit Teig umhüllen, sofort kochen
– für Kompott	gefroren ins kochende Wasser legen
– für Obstcreme oder Mixgetränke	im Kühlschrank antauen, pürieren
Gemüse	gefroren verwenden
Teige	im Kühlschrank auftauen
Brot, Gebäck, Mehlspeisen	bei Raumtemperatur in luftdicht verschlossener Packung auftauen, um ein Austrocknen zu verhindern
– Kuchen und Torten mit Creme oder Schlagobers	im Kühlschrank auftauen
– Obstknödel	über Dunst auftauen
– Strudel aller Art	im Backrohr bei 150–180° C auftauen
Milchprodukte	im Kühlschrank auftauen

Konservieren von Obst und Gemüse siehe Allex, „Kochen nach Grundrezepten Teil 1“

Richtig würzen – gewusst wie

Gewürzzusammenstellungen

Durch bestimmte Gewürze soll der Eigengeschmack unserer Speisen betont werden und unseren Appetit anregen.

Allgemeine Regeln:

- Nach Möglichkeit heimische Würzkräuter verwenden und mit frischen Kräutern aufwerten (Vitamine).
- Scharfes Würzen schadet, die Schleimhäute werden zu sehr gereizt.
- Da Würzen eine Kunst ist, ist die Auswahl und Menge der angeführten Gewürze dem Geschmack, dem Gefühl und der Phantasie überlassen.
- Zu viel Curry, Ingwer, Paprika vermindern den Geschmack, da sie Bitterstoffe enthalten.
- Gewürze und Kräuter nie mitrösten, sie bilden Bitterstoffe.
- Die getrockneten Gewürze höchstens 30 Minuten mitkochen, da bei längerer Kochdauer das Aroma verloren geht.
- Küchenkräuter erst kurz vor der Verwendung putzen, hacken oder fein schneiden; so spät wie möglich in oder auf angerichtete Speisen geben.

Mayonnaisegewürze
Senf, Salz, Zucker, Zitronensaft, Essig, englische Sauce, weißer Pfeffer

Gewürze für weißes Fleisch (Kalbfleisch, Truthahn, Huhn)
Salz, Muskatnuss, Zitronenschale oder -saft, Zwiebel, Petersilie, Basilikum, Majoran

Gewürze für Schweinefleisch
Salz, Knoblauch, Kümmel, Zwiebel, Lorbeerblatt, Thymian, Majoran

Gewürze für dunkles Fleisch (Rind)
Salz, Pfeffer, Zwiebel, Knoblauch, Petersilie, Salbei, Liebstöckel, Basilikum, Gundelrebe, Ysop, Thymian, Majoran, Pfefferminze, Bohnenkraut, Kümmel, Zeller, Paprika, Pfefferkörner, Piment (= Neugewürzkörner), Muskatnuss, Senfkörner, Koriander, Lorbeerblatt, Wacholder

Gewürze für Lammfleisch
Salz, Zitronensaft, Knoblauch, Pfefferkörner, Rosmarin, Salbei, Oregano

Fischgewürze
Salz, Zitronensaft, Zwiebel, Salbei, Majoran, Thymian, Pfefferkörner, Muskatblüte, Lorbeerblatt, Koriander, Rosmarin, Essig, Wurzelwerk

KÜCHENKRÄUTER

Dille

Salbei

Minze

Majoran

Oregano

Koriander

Rosmarin

Thymian

Kerbel

Zitronenmelisse

Basilikum

Liebstöckel

Radieschenröschen

Radieschenblume

Gurkenkrone

Gurkerlfächer

Gurkenecken

Paradeis-Rettichfächer

Paradeisrose

Zitronenscheiben (kanneliert)

Paradeis-Eihalbkugel

Paradeisrose

Paradeis-Eischeiben

Koch & Backjournal

Fenchel vorbereiten

Koch & Backjournal

Chicorée – bitteren Keil entfernen

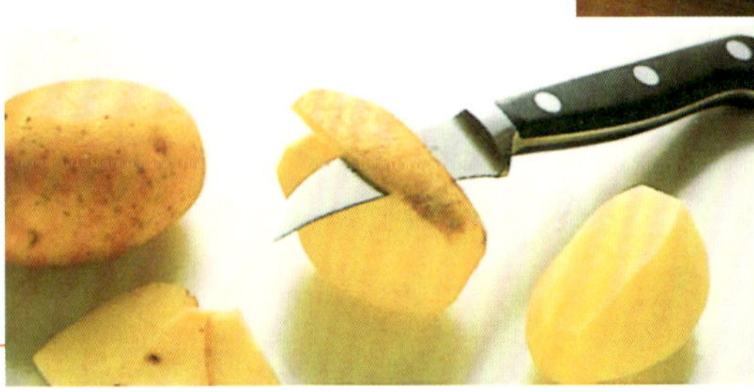

Koch & Backjournal

Tournieren (Tourniermesser) eines Erdapfels, auch für Karotten, Zucchini

Wildgewürze
Salz, Wacholderbeeren, Pfefferkörner, Lorbeerblätter, Piment (= Neugewürzkörner), Nelken, Thymian, Majoran, Oregano, Kümmel, Rosmarin, Basilikum

Lebergewürze
Salz, Zwiebel, Knoblauch, Majoran, Thymian, Basilikum, Salbei, Zitronenschale, Petersilie, Pfeffer, Piment, Muskatnuss

Gewürze für klare Fleischsuppen
Salz, Pfefferkörner, Piment, Muskatnuss, Wurzelwerk, Zwiebel, Knoblauchzehen, Lorbeerblatt, Wacholderbeeren

Grillgewürze für Fleischspeisen
Salz, Paprika, Rosmarin, Kerbel, Salbei, Estragon, Pfeffer, Koriander

Pastetengewürze
Eine Mischung von 2 Teilen Pfeffer, je ein Teil Piment, Ingwer, Basilikum, Muskatnuss, Lorbeerblatt, Zimt oder Koriander, Zwiebel, Petersilie

Gewürze als Zusatz zu blähenden Nahrungsmitteln

Kümmel, Anis, Fenchel	für Brot
Kümmel	für Kraut
Kümmel, Bohnenkraut, Dille	für Kohlgemüse

Gewürze für süße Speisen, Kompotte
Vanilleschote oder -zucker (als Ersatz Vanillinzucker), Zimt, Gewürznelken, ungespritzte Zitronen- oder Orangenschalen

AMUSE-GUEULE

Das Wort Amuse-gueule wurde 1946 zum ersten Mal in Frankreich gebraucht – „amuse“ bedeutet unterhalte und „gueule“ Kehle, Maul.
Amuse-gueule werden als „kleine Aufmerksamkeiten der Küche“ oder „Gruß aus der Küche“ bezeichnet. Sie werden auf Dessert- oder Porzellanlöffeln kreativ angerichtet und auf runden Silberplatten oder Fleischtellern mit Spitzenpapier serviert oder in kleinen Schälchen, auf kleinen Tellerchen oder in kleinen Gläsern kredenzt.
Sie werden zum Aperitif oder vor der Vorspeise gereicht.

Garnierungsvorschlag für die Mitte der Platten bei Buffets:
Aus Orangen, Paradeisern, Roten Rüben oder Kohlrabi Sterne schneiden (siehe Foto Seite 17), in die Mitte setzen und mit Dillblättchen, Kresse oder Krauspetersilie garnieren.

Amuse-bouche ist eine etwas größere Variante. Sie besteht meist aus kleinen Happen und ist bei Cocktailparties beliebt. Ihr Belag ist meist pikant wie: Sardellenfilet mit Olive, Salamiröllchen mit Maiskolbenscheibe, Fleischkugel mit Pfefferoni oder Rohschinken mit Melonenkugel.

1001. Avocadomousse mit Shrimps
Mousse d’avocat aux crevettes

kcal	kJ	K	E	F
94	393	2	1	8

- ❏ 1 Avocado weich
- ❏ ½ Zitrone
- ❏ Salz
- ❏ 1 ML eingelegte Pfefferkörner
- ❏ 2 Gelatineblätter
- ❏ 2 cl Weinbrand
- ❏ ⅛ l Schlagobers

Garnierung:
- ❏ 0,10 kg Shrimps
- ❏ Dillblättchen

Gelatine im kalten Wasser quellen lassen. Avocado halbieren, Fruchtfleisch mit der Gabel zerdrücken oder pürieren, mit Zitronensaft, Salz und passierten Pfefferkörnern würzen.
Weinbrand erhitzen, Gelatine auflösen, darunterrühren, das halbfest geschlagene Schlagobers unterziehen und kalt stellen. Auf einen Löffel mit großer Spritztülle eine Rosette dressieren, mit Shrimps und Dillblättchen garnieren oder 1 Limette mit der Brotschneidemaschine in dünne Scheiben schneiden und als Viertel daraufsetzen.

- Durch langes Stehen kann sich die Masse verfärben.
- Anstelle von Schlagobers kann Crème fraîche oder Sauerrahm verwendet werden.

Amuse-Gueule:
- Forellenmousse mit Kavier
- Schinkenmousse auf Vogerlsalat
- Räucherlachsrose auf Friséesalat
- Lachsmousse mit Kresse

Frischkäseterrine mit Chicoréeblattgarnitur

Ziegenkäseterrine mit Salatgarnitur
Zucchini – Paprikaterrine
Terrine vom Räucherlachs

1002. Forellenmousse mit Kaviar
Mousse de truite au Kaviar

kcal	kJ	K	E	F
61	255	1	4	4

- ❑ 0,10 kg Forellenfilet geräuchert
- ❑ 1 KL Zitronensaft
- ❑ Salz
- ❑ Pfeffer
- ❑ 2 Gelatineblätter
- ❑ 2 EL Weißwein
- ❑ 1/8 l Schlagobers

Garnierung:
- ❑ Kaviar
- ❑ Krauspetersilie

Gelatine im kalten Wasser quellen lassen. Forelle gut gekühlt klein schneiden, mit Zitronensaft pürieren und würzen.
Weißwein erhitzen, Gelatine auflösen, darunterrühren, das halbfest geschlagene Schlagobers unterziehen und kalt stellen. Mit großer Spritztülle auf einen Löffel eine Rosette spritzen und mit Kaviar, Krauspetersilie oder Kerbel- oder Dillblättchen garnieren.

- Masse ev. mit gerissenem Kren abschmecken.
- Siehe Foto S. 20.

1003. Lachsmousse mit Kresse
Mousse de saumon au cresson

kcal	kJ	K	E	F
71	299	–	4	6

- ❑ 0,10 kg Lachs, geräuchert
- ❑ 1 KL Zitronensaft
- ❑ Salz
- ❑ Pfeffer
- ❑ 2 Gelatineblätter
- ❑ 2 EL Wasser
- ❑ 1/8 l Schlagobers

Garnierung:
- ❑ Kresse

Gelatine in viel kaltem Wasser quellen lassen. Lachs gut gekühlt kleiner schneiden, mit Zitronensaft pürieren und würzen.
Die angegebene Wassermenge erhitzen, Gelatine auflösen, darunterrühren, das halbfest geschlagene Schlagobers unterziehen und kalt stellen. Mit großer Spritztülle auf einen Löffel eine Rosette dressieren und mit Kresse bestreuen.

- Siehe Foto S. 20.

S 1004. Papaya mit Lachs- oder Parmaschinken
Papaya et jambon Parme

kcal	kJ	K	E	F
105	436	7	5	5

- ❑ 2 kleine Papaya
- ❑ 0,10 kg Lachsschinken
- ❑ 0,10 kg Parmaschinken dünn geschnitten
- ❑ 2 Limetten zum Betropfen

Garnierung:
- ❑ 0,10 kg Weintrauben hell oder dunkel

Weiche Früchte halbieren, Kerne entfernen, Fruchtfleisch in längliche, 2 cm dicke Spalten teilen, mit Limettensaft betropfen und garnieren – Lachsschinken zu Röllchen drehen, Parmaschinken raffen.

S

1005. Räucherlachsrose auf Friséesalat
Saumon fumé sur chicorée frisée

kcal	kJ	K	E	F
32	134	–	3	2

- ❑ 0,10 kg Lachs, geräuchert
- ❑ 4–5 Blätter Friséesalat
- ❑ 1–2 EL Balsamicoessig
- ❑ Salz

Garnierung:
- ❑ Dillblättchen

Kleine zarte Salatblättchen mit Balsamicoessig marinieren und je eines auf einen Löffel legen, ein Lachsröschen daraufsetzen und mit einem Dillblättchen garnieren.

● Siehe Foto S. 20.

1006. Schinkenmousse auf Vogerlsalat
Mousse de jambon sur mâche

kcal	kJ	K	E	F
62	260	1	6	3

- ❑ 0,10 kg Toastschinken
- ❑ 3–4 EL Hühnerbouillon
- ❑ Salz
- ❑ Pfeffer
- ❑ 1 Gelatineblatt
- ❑ 1 EL Weinbrand
- ❑ 5 EL Schlagobers

Garnierung:
- ❑ 0,05 kg Vogerlsalat
- ❑ Zitronenmarinade
- ❑ 0,05 kg Cocktailparadeiser
- ❑ Kresse

Gelatine in kaltem Wasser quellen lassen. Schinken gut gekühlt klein schneiden, mit kaltem Bouillon pürieren und würzen.
Weinbrand erhitzen, Gelatine auflösen, darunterrühren, das halbfest geschlagene Schlagobers unterziehen und kalt stellen. Auf einen Löffel vorher 2–3 kleine marinierte Vogerlsalatblättchen legen und mit großer Spritztülle eine Rosette darauf dressieren.
Mit Paradeisspalten und Kresse garnieren.

● Siehe Foto Seite 20.

1007. Sesamkäse auf Lollo rosso
Fromage au sésame sur rougette

kcal	kJ	K	E	F
279	1169	3	11	23

- ❑ 0,40 kg Mascarpone
- ❑ 0,20 kg Blauschimmelkäse
- ❑ Salz
- ❑ Pfeffer
- ❑ 0,10 kg Sesamsamen

Garnierung:
- ❑ Lollo rosso
- ❑ Kräuteressigmarinade
- ❑ 1 KL Sesamöl
- ❑ 0,10 kg Cocktailparadeiser

Käse mit der Gabel zerdrücken, würzen und passieren. Mit Hilfe einer Klarsichtfolie zu einem ca. 2 cm dicken Röllchen formen und eine Stunde tiefkühlen. Sesam in der Pfanne leicht anrösten, Röllchen darin wälzen und in 1 cm dicke Scheiben schneiden.
Marinierte Salatblättchen auf einem Löffel anrichten, Sesamröllchen daraufsetzen und mit Paradeishälfte garnieren.

ROHKOSTSALATE UND ROHKOSTBRÖTCHEN

1008. Weißkraut mit Joghurtdressing
Chou blanc assaisonné de yaourt

kcal	kJ	K	E	F
38	161	4	3	0

- ❏ 0,75 kg Weißkraut
- ❏ Salz
- ❏ Kümmel gehackt

Dressing:
- ❏ 1/2 l Joghurt
- ❏ Senf
- ❏ Pfeffer
- ❏ Salz
- ❏ Kerbel
- ❏ Essig
- ❏ 0,05 kg Zwiebel
- ❏ 1 Bund Schnittlauch
- ❏ 1 Bund Petersilie

Weißkraut fein schneiden, mit Salz und Kümmel bestreuen und 30 Minuten durchziehen lassen. Joghurt mit den Gewürzen und der fein gehackten Zwiebel nur kurz verrühren, das Kraut portionsweise anrichten, mit Dressing überziehen, mit fein gehackten Kräutern bestreuen.

● Die Rohkost kann mit roten oder grünen Paprikastreifen oder grob gerissenen Karotten farblich und geschmacklich abgewandelt werden.

S

1009. Zucchinisalat
Salade de courgettes

kcal	kJ	K	E	F
50	209	3	2	3

- ❏ 1 kg Zucchini

Marinade:
- ❏ 0,03 kg Olivenöl
- ❏ Essig
- ❏ 0,05 kg Zwiebel
- ❏ Zucker
- ❏ Salz
- ❏ Pfeffer
- ❏ Petersilie und Dille

Zucchini in 1/2 cm dicke Scheiben schneiden. Zwiebel fein hacken, Zutaten der Marinade vermischen, abschmecken, über die Zucchini gießen und ziehen lassen. Kräuter fein hacken und über den fertigen Salat streuen.

S

1010. Karotten-Apfel-Rohkost
Crudités (carottes – pommes)

kcal	kJ	K	E	F
120	504	10	3	7

- ❏ 0,80 kg Karotten
- ❏ 0,20 kg Äpfel
- ❏ 1 Zitrone
- ❏ Salz
- ❏ Honig oder Zucker
- ❏ 1/4 l Kaffeeobers

Garnierung:
- ❏ grüner Salat
- ❏ 1 Zitrone

Karotten fein reißen, Äpfel reißen oder kleinwürfelig schneiden. Zitronensaft, Salz, Zucker, Kaffeeobers vermischen, abschmecken, mit den anderen Zutaten vermengen und durchziehen lassen. Auf mariniertem Salat anrichten, mit gehackten Nüssen kurz vor dem Servieren bestreuen und mit Petersilie oder fein geschnittenem Schnittlauch garnieren.

- ❑ Salz
- ❑ Zucker
- ❑ 3–4 EL Wasser
- ❑ 0,03 kg Walnüsse
- ❑ Krauspetersilie oder Schnittlauch

1011. Sellerie-Apfel-Porreesalat mit Orangenrahm

Salade céleri pomme poireau à la crème à l'orange

kcal	kJ	K	E	F
93	391	8	3	5

- ❑ 0,30 kg Porree
- ❑ 0,30 kg Stangensellerie
- ❑ 0,30 kg Äpfel
- ❑ 2 Zitronen
- ❑ Salz
- ❑ Honig

Orangenrahm:

- ❑ ¼ l Sauerrahm
- ❑ 0,10 kg Orangen

Garnierung:

- ❑ Krulsalat
- ❑ 2–3 EL geschälte Sonnenblumenkerne

Porree der Länge nach einschneiden, waschen und julienne schneiden. Stangensellerie bei Bedarf der Länge nach durchschneiden und julienne geschnitten mit den geschälten, grob gerissenen Äpfeln zum Porree mischen. Salat mit Salz, Zitronensaft und Honig marinieren und zuletzt mit Sauerrahm und Orangensaft abschmecken. Auf einem Salatblatt anrichten und mit grob gehackten Sonnenblumenkernen bestreuen.

- Anstelle von Sauerrahm kann Crème fraîche oder Joghurt verwendet werden.
- Um dem Porree die Schärfe zu nehmen, den geschnittenen Porree in 2 EL Öl aufschäumen.

S 1012. Gervaisäpfel

Rondelles de pommes au fromage blanc

kcal	kJ	K	E	F
244	1025	7	9	19

- ❑ 0,50 kg Äpfel groß, rot (= 3 Stk. à 4 Scheiben – 1 Scheibe pro Person)
- ❑ 1 Zitrone

Zum Spritzen:

- ❑ 0,50 kg Gervais
- ❑ ⅛ l Sauerrahm
- ❑ Kren
- ❑ Salz
- ❑ Zitronensaft

Garnierung:

- ❑ 0,15 kg Gurkerl
- ❑ 0,03 kg Nusshälften (= 10 Stk.)

Äpfel entkernen, in 1 cm dicke Scheiben schneiden und mit Zitronensaft bestreichen. Gervais und Sauerrahm kurz vermischen, mit gerissenem Kren und Gewürzen abschmecken. Diese Masse mit großer Sterntülle auf die Apfelscheiben dressieren. Mit fein gehackten Gurkerln bestreuen und mit Nusshälften belegen.

- Falls die Gervaismasse zu fest ist, mit Joghurt oder Kaffeeobers verdünnen.
- Andere Garnierungsmöglichkeiten:
  rote oder grüne Paprikaringe, Krauspetersilie oder Schnittlauch.

S

1013. Mais-Paprika-Salat
Salade de mais et de poivron

kcal	kJ	K	E	F
96	401	12	3	4

- ❏ 0,30 kg rote Paprika
- ❏ 0,30 kg grüne Paprika
- ❏ 0,15 kg Vogerlsalat
- ❏ 0,50 kg Maiskörner (Dose oder TK)

Marinade:
- ❏ 2 Zitronen
- ❏ 0,03 kg Öl
- ❏ Salz
- ❏ Zucker

Paprika julienne schneiden, Salat putzen, waschen, eventuell kleiner schneiden, mit Maiskörnern mischen, marinieren, durchziehen lassen und anrichten. Maiskörner aus der Dose gut abtropfen lassen – tiefgekühlte Maiskörner in Salzwasser kurz kochen.

- Der Vogerlsalat kann durch die entsprechende Menge Paprika ersetzt werden.
- Der Salat kann mit fein geschnittenen Frankfurtern verändert werden.

S

1014. Rote-Rüben-Rohkost
Crudités à la betterave rouge

kcal	kJ	K	E	F
146	610	9	2	10

- ❏ 0,40 kg Äpfel
- ❏ 0,60 kg Rote Rüben
- ❏ Kren
- ❏ Salz
- ❏ Staubzucker
- ❏ 1 Zitrone
- ❏ 1/8 l Kaffeeobers
- ❏ 1/4 l Crème fraîche

Garnierung:
- ❏ grüner Salat
- ❏ Krauspetersilie

Crème fraîche und Kaffeeobers glatt rühren. Äpfel, Rote Rüben und Kren schälen, fein reißen, mit der Sauce vermischen und würzen.
Salat in mundgerechte Stücke teilen, Rohkost darauf anrichten und mit Petersilie garniert servieren.

- Anstelle von Kaffeeobers und Crème fraîche kann 3-5 EL kalt gepresstes Öl verwendet werden.
- Ein Teil der Roten Rüben kann durch **Karotten** ersetzt werden.

1015. Spinatrohkost-Brötchen
Canapés aux épinards

kcal	kJ	K	E	F
143	599	12	5	8

- ❏ 5 Scheiben Vollkornbrot

Aufstrich:
- ❏ 0,03 kg Butter weich
- ❏ 0,10 kg Gervais
- ❏ Salz
- ❏ Zitronensaft

Spinatrohkost:
- ❏ 0,20 kg Spinat
- ❏ 0,05 kg Zwiebel
- ❏ 1/8 l Sauerrahm
- ❏ Salz
- ❏ 1 Zitrone

Butter abrühren, Gervais beifügen, mit den Gewürzen abschmecken, die Brotscheiben damit bestreichen und halbieren. Spinat waschen, putzen, feinnudelig schneiden, marinieren, mit fein gehackter Zwiebel vermischen und auf den Brötchen verteilen.

- Der Spinat kann auch mit Crème fraîche mariniert werden.
- Anstelle von Spinat kann auch **Kohl** verwendet werden.

S 1016. Gelbe-Rüben-Rohkostbrötchen

Canapés aux carottes jaunes

kcal	kJ	K	E	F
133	558	13	3	7

- ❑ 5 Scheiben Vollkornbrot
- ❑ 0,05 kg Butter weich

Gelbe Rübenrohkost:

- ❑ 0,25 kg gelbe Rüben
- ❑ ¼ l Sauerrahm
- ❑ Salz
- ❑ Zucker
- ❑ 0,05 kg Zwiebel
- ❑ 2 Bund Schnittlauch

Brotscheiben bebuttern, die gelben Rüben schälen, fein reißen, Zwiebel fein hacken, mit Rahm und Gewürzen vermengen, pikant abschmecken und auf den Brötchen verteilen. Brote halbieren, mit einem breiten Streifen fein geschnittenem Schnittlauch bestreuen.

● Anstelle von Sauerrahm kann Joghurt verwendet werden.

S -1017. Karfiolrohkost-Brötchen

Canapés aux chou-fleur

kcal	kJ	K	E	F
203	849	13	4	14

- ❑ 5 Scheiben Vollkornbrot
- ❑ 0,05 kg Butter weich

Karfiolrohkost:

- ❑ 0,30 kg Karfiol
- ❑ 0,15 kg Fertigmayonnaise
- ❑ Mayonnaisegewürze
- ❑ ⅛ l Joghurt
- ❑ 0,05 kg Zwiebel
- ❑ 1 Bund Petersilie

Brote bebuttern, halbieren, mit Rohkost belegen und mit fein gehackter Petersilie bestreuen.

Karfiolrohkost: Karfiol putzen, waschen, fein reißen, Zwiebel fein hacken, vermengen und mit so viel Mayonnaise und Joghurt binden, bis eine dickere Masse entsteht.

S 1018. Radieschenbrötchen

Canapés aux radis

kcal	kJ	K	E	F
126	529	12	4	6

- ❑ 5 Scheiben Vollkornbrot

Aufstrich:

- ❑ 0,03 kg Butter weich
- ❑ 0,10 kg Gervais
- ❑ Salz
- ❑ Zitronensaft

Belag:

- ❑ 2 Bund Radieschen
- ❑ Salz
- ❑ 1 Bund Schnittlauch

Butter abrühren, Gervais beifügen und würzen. Vollkornbrot mit Gervaismasse bestreichen, halbieren. Radieschen putzen, waschen, entweder grob darüber reißen oder in Scheiben schneiden und belegen. Schnittlauch fein schneiden, Brötchen damit bestreuen und leicht über die Brötchen salzen.

DIE WICHTIGSTEN ARBEITSGERÄTE

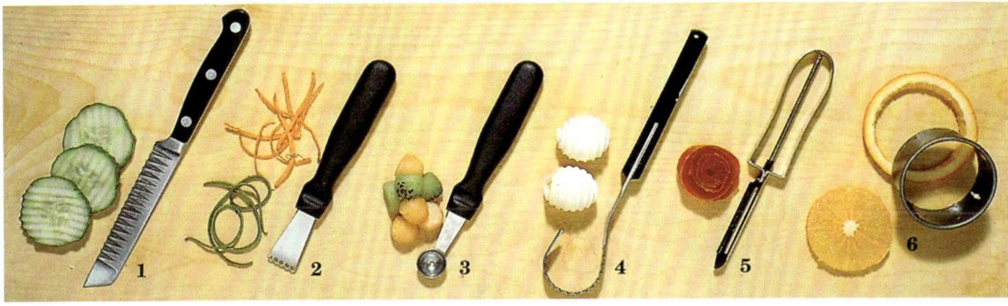

Koch & Backjournal

Dressiermesser	Zestenreißer	Kugelausstecher	Butterroller	Erdäpfel- oder	Ausstecher
Buntmesser oder Chartreusemesser	oder -schneider	oder Parisienne-ausstecher		Sparschäler mit Paradeisröschen	glatt oder gezackt

Kannelieren
(Kanneliermesser) von Obst und Gemüse: Gurke, Orange, Zitrone, Karotte, Radieschen, Champignon

Garnierungsvorschläge
für pikante und süße Speisen

Koch & Backjournal

Zucchini-„Blüte"

Koch & Backjournal

Paprikasegel

Koch & Backjournal

Apfelblüte
Dieser Schnitt ist auch für Erdbeeren, Birnen, Gurken, Karotten möglich

VORSPEISENVARIATIONEN, TERRINEN, BRÖTCHEN, AUFSTRICHE

Aufgrund der Salmonellengefahr bei Eiern wurde in den Rezepten auf selbst hergestellte Mayonnaise verzichtet und dafür Fertigmayonnaise verwendet.
(1 Ei/0,25 kg Öl entsprechen etwa 0,25 kg Fertigmayonnaise)

1019. Wiener Apfelsalat

Salade viennoise aux pommes

kcal	kJ	K	E	F
287	1201	7	14	21

- ❑ 0,60 kg Äpfel
- ❑ 0,30 kg Schinken
- ❑ 0,30 kg Gervais
- ❑ 1/8 l Kaffeeobers
- ❑ Salz
- ❑ Zitronensaft
- ❑ Senf
- ❑ Kren

Garnierung:

- ❑ grüner Salat
- ❑ 0,15 kg Paradeiser
- ❑ 2 Eier
- ❑ Krauspetersilie

Gervais, Obers und die Gewürze vermischen – es soll eine nicht zu dünne Sauce entstehen. Kren schälen, fein reißen und nach Geschmack dazugeben. Äpfel schälen, entkernen, mit dem Schinken julienne schneiden und zur Gervaismasse geben. Eier hart kochen und Salat mundgerecht teilen. Apfelsalat auf vorbereiteten Salatblättern anrichten und mit Paradeis-, Eischeiben und Krauspetersilie verzieren.

- Anstelle von Kaffeeobers kann Sauerrahm, Crème fraîche oder Joghurt verwendet werden.

1020. Elsässer Käsesalat

Salade de fromage alsacienne

kcal	kJ	K	E	F
566	2369	10	30	42

- ❑ 1 kg Emmentaler
- ❑ 0,30 kg Schalotten oder Frühlingszwiebel

Essig-Kräutersauce:

- ❑ 2 Eier
- ❑ 0,15 kg Gurkerl
- ❑ 0,03 kg Kapern
- ❑ 1 Bund Petersilie
- ❑ 0,10 kg Öl
- ❑ Salz
- ❑ Senf
- ❑ engl. Sauce
- ❑ 2 EL Essig
- ❑ 2 EL Weißwein
- ❑ Wasser nach Bedarf

- ❑ 0,10 kg Paradeiser

Käse grob reißen, Zwiebel fein hacken und mit der Kräutersauce marinieren. Mit Paradeisspalten garniert servieren.

Kräutersauce: Eier hart kochen. Gurkerl, Kapern, Eier und Petersilie fein hacken. Öl, Senf und Essig dickbreiig anrühren, mit Wasser verdünnen, würzen und die fein gehackten Zutaten dazugeben.

1021. Hühnercocktail
Cocktail au poulet

kcal	kJ	K	E	F
324	1357	6	23	21

- ❑ 1 kg Hühnerkeulen
- ❑ 0,25 kg Zeller
- ❑ 0,05 kg Champignons
- ❑ 0,15 kg Ananasscheiben
- ❑ 0,10 kg roter Paprika
- ❑ Salz
- ❑ Essig
- ❑ 1 Zitrone
- ❑ 0,25 kg Fertigmayonnaise
- ❑ Mayonnaisegewürze
- ❑ ⅛ l Sauerrahm

Garnierung:
- ❑ grüner Salat
- ❑ 0,10 kg Ananasscheiben
- ❑ Krauspetersilie

Rohr auf 200° C vorheizen, Hühnerkeulen waschen, putzen, würzen und braten, bis sie gar sind. Enthäuten und in Streifen schneiden. Zeller julienne schneiden und in Salz- und Essigwasser kernig kochen. Die blättrig geschnittenen Champignons in Zitronenwasser weich dünsten oder in wenig Öl mit fein gehackter Zwiebel anrösten. Paprika und Ananasscheiben ebenfalls julienne schneiden. Fertigmayonnaise mit den Zutaten vermischen und pikant abschmecken. Hühnersalat auf vorbereiteten Salatblättern anrichten und mit Krauspetersilie und Ananasstücken garnieren.

1022. Hühnersalat
Salade de poulet

kcal	kJ	K	E	F
367	1537	14	20	24

- ❑ 0,75 kg Hühnerschnitzel
- ❑ Salz
- ❑ 0,05 kg Öl
- ❑ 0,50 kg Mandarinenspalten (Dose)
- ❑ 0,50 kg Spargel (Dose)
- ❑ 0,50 kg Champignons (Dose)
- ❑ 0,25 kg Fertigmayonnaise
- ❑ Mayonnaisegewürze
- ❑ ⅛ l Sauerrahm
- ❑ grüner Salat
- ❑ 1 Bund Schnittlauch

Hühnerschnitzel dünn schneiden, salzen, in heißem Öl beidseitig gut abbraten und kalt stellen. Mandarinenspalten, Champignons und Spargel abseihen, gut abtropfen lassen, Spargel in 2 cm lange Stücke schneiden, kleine Champignons halbieren. Mayonnaise, Sauerrahm und Gewürze verrühren. Hühnerschnitzel in 1 cm große Würfel schneiden und mit den anderen Zutaten unter die Mayonnaise mischen, auf vorbereiteten Salatblättern anrichten und mit Schnittlauch bestreut servieren.

1023. Teufelssalat
Salade diable

kcal	kJ	K	E	F
210	879	8	12	14

- ❑ 0,40 kg Schweins- oder Kalbsleber
- ❑ 0,05 kg Öl
- ❑ 0,25 kg Extrawurst
- ❑ 0,25 kg Gurkerl

Die Leber in sehr dünne Schnitzel schneiden und in heißem Öl gut abbraten. Dann wie alle anderen Zutaten julienne schneiden. Alles vermischen, Pfefferoni fein hacken, würzen, gut durchziehen lassen und eventuell nachwürzen. Auf vorbereiteten Salat-

- ❑ 0,20 kg Hotketchup
- ❑ 1/8 l Kaffeeobers
- ❑ Curry
- ❑ Salz
- ❑ Pfefferoni

Garnierung:

- ❑ grüner Salat
- ❑ Krauspetersilie

blättern anrichten und mit Krauspetersilie garnieren.

- Anstelle frischer Pfefferoni können auch eingelegte verwendet werden.

1024. Indischer Cocktail

Cocktail á l'indienne

kcal	kJ	K	E	F
265	1108	22	3	17

- ❑ 0,30 kg Äpfel
- ❑ 0,50 kg Bananen
- ❑ 0,50 kg Orangen
- ❑ 0,30 kg Ananasscheiben
- ❑ 0,25 kg Fertigmayonnaise
- ❑ Mayonnaisegewürze
- ❑ 1/4 l Joghurt

Garnierung:

- ❑ grüner Salat
- ❑ 0,15 kg Paradeiser
- ❑ Krauspetersilie

Alle Zutaten kleinwürfelig schneiden, mit Mayonnaise und Joghurt vermischen und pikant abschmecken. Auf vorbereiteten Salatblättern anrichten, mit Krauspetersilie und Paradeisern garnieren.

1025. Fisolen-Emmentaler-Salat

Salade aux haricots verts et au gruyère

kcal	kJ	K	E	F
364	1524	6	14	30

- ❑ 0,40 kg Fisolen (frisch oder TK)
- ❑ 0,40 kg Emmentaler
- ❑ 0,25 kg Fertigmayonnaise
- ❑ Mayonnaisegewürze
- ❑ 1/8 l Sauerrahm
- ❑ 1 Bund Schnittlauch

Garnierung:

- ❑ grüner Salat
- ❑ 1 Bund Schnittlauch

Fisolen in 1–2 cm lange Stücke schneiden und in wenig Salzwasser kochen. Fisolen gut abtropfen und auskühlen lassen. Käse julienne und Schnittlauch fein schneiden, mit Mayonnaise und Sauerrahm vermischen. Abschmecken und auf vorbereiteten Salatblättern anrichten. Mit Schnittlauch bestreuen.

S 1026. Bohnen-Mais-Salat

Salade aux haricots blancs et au mais

kcal	kJ	K	E	F
405	1694	25	15	25

- ❑ 0,50 kg Maiskörner (Dose oder TK)

Frankfurter blättrig schneiden, mit dem julienne geschnittenen Paprika, den gut abgetropften Bohnen

- ❑ 0,50 kg Bohnen (Dose)
- ❑ 0,30 kg Frankfurter
- ❑ 0,20 kg grüne Paprika
- ❑ 1 Bund Schnittlauch
- ❑ 0,25 kg Fertigmayonnaise
- ❑ Mayonnaisegewürze
- ❑ 1/8 l Sauerrahm

- ❑ 0,10 kg Paprika (grün oder rot)

und dem Mais vermischen. Mayonnaise mit Sauerrahm und den Gewürzen abschmecken, alle Zutaten dazumischen und durchziehen lassen. Anrichten und mit Paprikaringen garnieren.

1027. Schweizer Käsesalat
Salade suisse au fromage

kcal	kJ	K	E	F
286	1199	4	18	20

- ❑ 0,25 kg Krakauer
- ❑ 0,25 kg Emmentaler
- ❑ 0,30 kg grüne Paprika
- ❑ 0,15 kg rote Paprika
- ❑ 0,15 kg Fertigmayonnaise
- ❑ Mayonnaisegewürze
- ❑ 1/4 l Joghurt

- ❑ grüner Salat

Krakauer, Emmentaler und Paprika feinnudelig schneiden. Mayonnaise mit Joghurt und den Gewürzen abschmecken, Zutaten dazugeben und durchziehen lassen. Nach Bedarf nachwürzen und auf vorbereiteten Salatblättern anrichten.

1028. Käse-Eier-Salat
Salade au fromage et aux oeufs

kcal	kJ	K	E	F
202	845	5	12	14

- ❑ 6 Eier
- ❑ 0,25 kg Gouda oder Tilsiter
- ❑ 0,25 kg Kohlrabi
- ❑ 0,20 kg Karotten
- ❑ 0,10 kg TK-Erbsen

Marinade:
- ❑ 0,04 kg Öl
- ❑ Essig
- ❑ Salz
- ❑ Pfeffer
- ❑ 1 KL Senf
- ❑ Kerbel
- ❑ Knoblauch

Garnierung:
- ❑ grüner Salat
- ❑ Kresse

Hart gekochte Eier in Scheiben teilen. Kohlrabi und Karotten schälen und mit dem Käse julienne schneiden. Erbsen kurz dünsten. Diese Zutaten vermischen, mit der fertigen Marinade übergießen und mindestens 2 Stunden kalt stellen. Auf vorbereiteten Salatblättern anrichten.

- Das Gemüse kann auch in kleine Würfel geschnitten und kernig weich gekocht werden.

1029. Spanischer Spargel
Asperges à l'espangnole

kcal	kJ	K	E	F
251	1052	2	9	22

- ❑ 0,75 kg Spargel (Dose)
- ❑ 0,25 kg Schinken
- ❑ 0,15 kg Fertigmayonnaise
- ❑ Mayonnaisegewürze
- ❑ 1/8 l Crème fraîche
- ❑ Ketchup
- ❑ Paprika
- ❑ Knoblauch
- ❑ 1 KL Weinbrand

Garnierung:
- ❑ Krauspetersilie
- ❑ 0,20 kg Paradeiser
- ❑ 3 Eier
- ❑ schwarze Oliven

Hart gekochte Eier für Garnierung in Spalten oder Scheiben schneiden. Den gut abgetropften Spargel strahlenförmig auf einer Platte anrichten. Die Hälfte des Spargels mit gehacktem Schinken bestreuen und mit der pikant gewürzten Mayonnaise vermischt mit Crème fraîche überziehen. Mit Paradeisvierteln, Oliven, Eiern und Krauspetersilie garnieren.

- Anstelle von Dosenspargel kann man 1 kg frischen Spargel verwenden – schälen, in Salz-Zitronenwasser mit etwas Butter 20–30 Minuten weich kochen.

1030. Zellersalat mit Schinken
Salade de céleri au jambon

kcal	kJ	K	E	F
273	1142	9	7	22

- ❑ 1 kg Zeller
- ❑ Salz
- ❑ 2 Zitronen
- ❑ 0,40 kg Äpfel
- ❑ 0,20 kg Schinken
- ❑ 0,25 kg Fertigmayonnaise
- ❑ Mayonnaisegewürze
- ❑ 1/4 l Joghurt
- ❑ 1 Bund Petersilie

Zeller julienne schneiden, salzen, mit Zitronensaft vermischen, ziehen lassen. Äpfel schälen, Kerngehäuse entfernen, mit dem Schinken julienne schneiden und dem Zeller beifügen. Mayonnaise mit Joghurt und den Mayonnaisegewürzen vermengen. Zutaten marinieren und mit gehackter Petersilie garnieren.

- Zeller kann nach dem Schneiden auch in wenig Salz-Essigwasser kernig weich gekocht werden.

1031. Châtelainesalat
Salade Châtelaine

kcal	kJ	K	E	F
160	669	10	5	11

- ❑ 0,40 kg Zeller
- ❑ Salz
- ❑ Essig
- ❑ 0,20 kg Äpfel
- ❑ 0,20 kg Birnen
- ❑ 0,15 kg Karotten
- ❑ 0,20 kg Ananas (Dose)

Zeller julienne schneiden und in Salz-Essigwasser kernig kochen. Äpfel, Birnen, Karotten und Ananas julienne schneiden. Die Zutaten der Sauce verrühren, mit den übrigen Zutaten vermischen und durchziehen lassen. Auf vorbereiteten Salatblättern anrichten und mit gehackter Petersilie bestreuen.

Sauce:
- ❏ 0,15 kg Gervais
- ❏ ca. 1/4 l Kaffeeobers
- ❏ Salz
- ❏ Zitronensaft

Garnierung:
- ❏ 1 Bund Petersilie
- ❏ grüner Salat

● Die Sauce muss **dickflüssig** sein.

1032. Eierbombe
Bombe aux oeufs

kcal	kJ	K	E	F
381	1596	4	20	29

- ❏ 10 Eier
- ❏ 0,25 kg Krakauer
- ❏ 0,20 kg Äpfel
- ❏ 0,10 kg Gurkerl
- ❏ 0,25 kg Fertigmayonnaise
- ❏ Mayonnaisegewürze
- ❏ 1/8 l Sauerrahm
- ❏ 2 Gelatineblätter

Garnierung:
- ❏ 0,10 kg Schinken (hauchdünn geschnitten)
- ❏ 2 Eier
- ❏ schwarze Oliven
- ❏ Krauspetersilie
- ❏ 0,10 kg Paradeiser

Zum Aspikieren:
- ❏ 2 Gelatineblätter

Hart gekochte Eier mit dem Eiteiler in Scheiben schneiden. Mayonnaise mit Sauerrahm vermischen und pikant abschmecken. Gelatine in kaltem Wasser einweichen. Pro Blatt 1 EL Wasser zum Kochen bringen, Gelatine auflösen und in die Mayonnaise einrühren. Wurst, Äpfel, Gurkerl dünnblättrig schneiden (1 cm im Quadrat) und mit den Eischeiben vorsichtig dazumischen. Mindestens 1 Stunde im Kühlschrank kalt stellen. Diese feste Masse kuppelartig auf einer runden Platte anrichten, mit gerafftem Schinken zur Gänze belegen, aspikieren und mit Eischeiben, Oliven, Paradeisern und Krauspetersilie garnieren.

1033. Pikant gefüllte Gurke
Concombre à la farce piquante

kcal	kJ	K	E	F
148	617	3	8	11

- ❏ 0,60 kg Gurken
- ❏ Salz

Fülle:
- ❏ 0,25 kg Extrawurst
- ❏ 0,15 kg Gurkerl
- ❏ 4 Eier
- ❏ 1/4 l Sauerrahm
- ❏ Zitronensaft

Gurken der Länge nach halbieren, aushöhlen, leicht salzen und Eier hart kochen. Für die Fülle alle Zutaten fein hacken, mit Sauerrahm und den Gewürzen vermischen und pikant abschmecken. Gurkenhälften bergartig füllen und in 4–5 cm große Stücke schneiden. Auf mariniertem Salatblatt anrichten, mit Paradeisscheiben und Dille garnieren.

● Die Fülle soll nicht zu weich sein.

- ❏ Pfeffer
- ❏ Petersilie

Garnierung:

- ❏ grüner Salat
- ❏ Essig
- ❏ Wasser
- ❏ Salz
- ❏ 0,15 kg Paradeiser
- ❏ Dille

- ● Die Gurken kann man in 4 cm große Stücke schneiden, mit einem Kugelausstecher oder Kaffeelöffel aushöhlen und bergartig füllen.
- ● Das Aushöhlen und Kannelieren von Gurken siehe Foto S. 27.
- ● Anstelle von Sauerrahm kann auch Crème fraîche verwendet werden.

1034. Amerikanischer Salat

Salade américaine

kcal	kJ	K	E	F
268	1122	10	7	21

- ❏ 4 Eier
- ❏ 0,25 kg Bananen
- ❏ 0,30 kg Äpfel
- ❏ 0,10 kg Gurkerl
- ❏ 0,10 kg Edamer
- ❏ 0,25 kg Fertigmayonnaise
- ❏ Mayonnaisegewürze
- ❏ 1/8 l Joghurt
- ❏ 1 EL Weinbrand
- ❏ 1 EL Kaffeeobers

Garnierung:

- ❏ grüner Salat
- ❏ Oliven
- ❏ Krauspetersilie

Hart gekochte Eier achteln. Restliche Zutaten kleinwürfelig schneiden. Mayonnaise mit Joghurt und den Gewürzen pikant abschmecken und vorsichtig mit den Zutaten vermischen. Auf vorbereiteten Salatblättern anrichten, mit Oliven und Krauspetersilie verzieren.

1035. Edamerröllchen

Rouleau de gruyère

kcal	kJ	K	E	F
256	1073	2	12	21

- ❏ 0,15 kg Edamer (pro Person 1 dünne Scheibe)

Fülle:

- ❏ 0,25 kg Gervais
- ❏ 0,10 kg Emmentaler
- ❏ 0,02 kg Haselnüsse
- ❏ 1/8 l Kaffeeobers
- ❏ 0,10 kg Gurkerl
- ❏ Salz
- ❏ Zitronensaft
- ❏ Paprika

Haselnüsse rösten und reiben, Emmentaler reiben, Gurkerl fein hacken. Gervais abschmecken, mit den Zutaten vermischen und mittels Dressiersack gleichmäßige Röllchen auf die Edamerscheiben auftragen. Einrollen und mit einem Tupf pikant gewürzter Gervaismasse und Krauspetersilie garnieren.

Garnierung:
- ❑ 0,05 kg Gervais
- ❑ Salz
- ❑ Zitronensaft
- ❑ Krauspetersilie

S

1036. Curry-Ei-Salat
Salade au curry et à l'oeuf

kcal	kJ	K	E	F
283	1184	4	8	25

- ❑ 10 Eier
- ❑ 0,15 kg roter Paprikasalat
- ❑ 0,10 kg Gurkerl
- ❑ 0,05 kg Zwiebel
- ❑ 1 Bund Schnittlauch
- ❑ 0,25 kg Fertigmayonnaise
- ❑ 1/4 l Sauerrahm
- ❑ Mayonnaisegewürze
- ❑ Curry
- ❑ 0,05 kg Ketchup
- ❑ Senf

Garnierung:
- ❑ grüner Salat
- ❑ 1 Bund Schnittlauch

Hart gekochte Eier mit dem Eiteiler in Scheiben teilen, Gurkerl feinblättrig, Zwiebel ringelig und Schnittlauch fein schneiden. Diese Zutaten mit Mayonnaise und Sauerrahm vorsichtig durchmischen. Auf vorbereiteten Salatblättern anrichten und mit Schnittlauch garnieren.

- Anstelle von Paprikasalat kann 0,10 kg frischer roter Paprika verwendet werden.

1037. Schinkenröllchen mit Spargel
Rouleaux de jambon aux asperges

kcal	kJ	K	E	F
214	896	2	10	16

- ❑ 0,25 kg Toastschinken dünn geschnitten

Aufstrich:
- ❑ 0,05 kg Butter weich
- ❑ 0,20 kg Gervais
- ❑ 1/2 Zitrone
- ❑ Salz
- ❑ 1–2 EL Sauerrahm zum Verdünnen
- ❑ 0,50 kg Spargel (Dose)

Zum Aspikieren:
- ❑ 2 Gelatineblätter
- ❑ 2 EL Wasser
- ❑ Salz
- ❑ Essig

Gelatineblätter in kaltem Wasser ca. 10 Minuten einweichen. Butter verrühren, Gervais dazugeben und pikant abschmecken. Toastschinken mit Aufstrich bestreichen (etwas Gervaismasse zum Spritzen aufheben), mit 2–3 gut abgetropften Spargelstücken belegen und einrollen.
Angegebene Wassermenge erhitzen, Salz und Essig beifügen und eingeweichte Gelatineblätter darin auflösen. In ölig dickem Zustand die Röllchen damit bestreichen und kalt stellen.
Mit einem Tupf Gervaismasse, Olivenspalten und Cocktailparadeisern garnieren.

- Siehe Foto Seite 37.

Garnierung:
- ❑ Krauspetersilie
- ❑ schwarze Oliven
- ❑ 0,10 kg Cocktail-paradeiser

Roastbeefröllchen mit Spargel – anstelle von Schinken englisch gebratene Beiried verwenden (siehe Allex, „Kochen nach Grundrezepten Teil 1“, Rezept Nr. 216).

1038. Knusprig gebratene Hühnerstreifen auf Blattsalat

Lamelles grillées de poulet sur salade verte

kcal	kJ	K	E	F
119	500	3	12	6

- ❑ 0,50 kg Hühnerschnitzel
- ❑ Salz
- ❑ Pfeffer
- ❑ Rosmarin
- ❑ 0,02 kg Mehl griffig
- ❑ 0,03 kg Öl
- ❑ Krulsalat

Marinade:
- ❑ Sherryessig
- ❑ 1 EL Honig
- ❑ 2 EL Maiskeim- oder Nuss -, Kürbiskern -, Distel -, Leinöl

Garnierung:
- ❑ 0,20 kg Cocktail-paradeiser
- ❑ Kresse/Krauspetersilie

Dünn geschnittene Hühnerschnitzel würzen, in 1-2 cm breite Streifen schneiden, kurz in Mehl drehen und in wenig heißem Öl knusprig abbraten und auf einer Küchenrolle abtropfen.
Salat marinieren, mit Hühnerstreifen und Paradeisern belegen und mit Kresse bestreuen.

● Spezialessig und kaltgepresste Öle verwenden.

Knusprig gebratene Speckstreifen auf Blattsalat mit Krenmarinade: – anstelle von Hühnerstreifen 0,20 kg in Streifen geschnittenen Hamburgerspeck verwenden.

Krenmarinade: ½ l Sauerrahm, Salz, Pfeffer, 1 KL Öl, 1 KL Zitronensaft, 1 KL fein gerissener Kren

1039. Blattsalat mit pikant gefüllten Kräuterfrittaten

Salade verte et lamelles de crèpes farcies

kcal	kJ	K	E	F
380	1589	12	10	31

Frittatenteig:
- ❑ 0,12 kg Mehl glatt
- ❑ Salz
- ❑ ⅛ l Wasser
- ❑ ⅛ l Milch
- ❑ 2 Eier
- ❑ 1 EL TK-Kräuter
- ❑ 1 EL Öl

Fülle:
- ❑ 2 EL Senfkörner

Frittatenteig herstellen, ca. ½ Stunde rasten lassen, 5–6 Stück dünne Frittaten backen, ausgekühlt die Fülle daraufstreichen, eng einrollen und ca. ½ Stunde kalt stellen. In schräge, 1½ cm breite Scheiben schneiden, auf marinierten Salatblättern anrichten, mit Radieschenscheiben belegen und mit fein geschnittenem Schnittlauch bestreuen.

Fülle: Senfkörner in Salzwasser 5 Minuten weich kochen, abseihen, abschrecken und abtropfen lassen. Zwiebel fein hacken, blanchieren, zur Buttergervais-

Gefüllter Schweinsbraten kalt aufgeschnitten mit Gervaisgurkenscheiben

Roastbeefröllchen mit Spargel

Roastbeef garniert

Schinkenröllchen mit Spargel

Schweinsbraten kalt aufgeschnitten mit Paradeisröschen

Budapester Canapés, Gervaisbissen, Schweizer Canapés, Gorgonzolabissen

- ❑ 0,05 kg Zwiebel
- ❑ 0,12 kg Butter weich
- ❑ 0,50 kg Gervais
- ❑ Knoblauch
- ❑ Salz
- ❑ Senf
- ❑ 2 Bund Schnittlauch
- ❑ 1 Bund Petersilie

Garnierung:

- ❑ Lollo rosso
- ❑ Essigmarinade
- ❑ 2 EL Öl
- ❑ 1 Bund Radieschen
- ❑ 1 Bund Schnittlauch

masse geben, würzen und mit fein geschnittenen Kräutern vermischen.

Schinkenfrittaten: Bechamel: 0,02 kg Butter, 0,02 kg Mehl glatt, 0,15 Liter Milch nach Bedarf, 3 Gelatineblätter eingeweicht im kochend heißem Bechamel lösen, mit Salz, Pfeffer, Kren würzen, 0,15 kg Toastschinken feinst gehackt, 1/8 Liter Schlagobers cremig geschlagen vermischen. Frittaten mit 1–2 Scheiben Frühstücksspeck belegen und mit Schinkenmus bestreichen.

● Siehe Foto S. 49.

1040. Mit Paprikaobers gefüllte Paradeiser auf Rucola

Tomates farcies à la crème de paprika sur rougette

kcal	kJ	K	E	F
199	832	5	6	16

- ❑ 1 kg Paradeiser

Fülle:

- ❑ 1/4 l Schlagobers
- ❑ 0,25 kg Gervais
- ❑ Kren
- ❑ Salz
- ❑ Pfeffer
- ❑ 0,10 kg gelber Paprika
- ❑ 0,10 kg grüner Paprika
- ❑ 0,10 kg roter Paprika
- ❑ 6 Gelatineblätter
- ❑ 6 EL Wasser

Garnierung:

- ❑ 0,10 kg Rucolasalat
- ❑ Marinade
- ❑ 1 Bund Schnittlauch
- ❑ 0,10 kg Paprika (rot oder grün)

Paradeiser abkappen, mit Kugelausstecher oder Kaffeelöffel aushöhlen, leicht salzen, füllen, mit marinierten Salatblättern anrichten und mit Paprikawürfeln und Schnittlauch bestreuen.

Fülle: Für die Fülle Gelatineblätter in viel kaltem Wasser einweichen. Paprika in 1/2 cm kleine Würfel schneiden, etwas Kren fein reißen und in die gewürzte Gervaismasse einheben. Angegebene Wassermenge erhitzen, mit Salz und Essig würzen und eingeweichte Gelatineblätter darin auflösen und noch heiß in die Fülle einrühren.

● Falls die Fülle zu weich ist, im Kühlschrank absteifen lassen.

1041. Zucchiniröllchen auf Salatbukett

Rouleaux de courgettes sur salade verte

kcal	kJ	K	E	F
155	648	3	5	13

- ❑ 0,40 kg Zucchini

Farce:

- ❑ 0,20 kg Kräutergervais
- ❑ Salz
- ❑ Pfeffer
- ❑ Knoblauch
- ❑ 0,10 kg Frühstücks- oder Hamburgerspeck

Garnierung:

- ❑ 0,10 kg Ruccolasalat
- ❑ Marinade
- ❑ 0,20 kg Cocktail-paradeiser
- ❑ Krauspetersilie
- ❑ schwarze Oliven

Ca. 18 cm lange Zucchini mit der Brotschneidemaschine der Länge nach in so dünne Scheiben schneiden, dass man sie einrollen kann. Frühlingskäse oder Kräutergervais pikant würzen, auf die Zucchinischeiben streichen, mit dünn geschnittenem Speck belegen, mit dem Ende nach unten einrollen und kalt stellen.

Auf mariniertem Salat anrichten, mit Paradeishälften, schwarzen Oliven und Krauspetersilie garnieren.

- Anstelle von Kräutergervais kann mit 1–2 EL Olivenöl pürierter Mozarella verwendet werden.
- Siehe Foto S. 49.

1042. Frischkäseterrine mit Chicoréeblattgarnitur

Terrine de fromage blanc garni d´endives

kcal	kJ	K	E	F
82	344	3	7	4

- ❑ 4 Gelatineblätter
- ❑ $^1/_8$ l Milch

- ❑ 0,25 kg Cottage Cheese
- ❑ 0,10 kg Topfen
- ❑ 0,10 l Sauerrahm
- ❑ Salz
- ❑ Senf
- ❑ Pfeffer
- ❑ Zitronensaft

- ❑ 0,15 kg Chicorée

Dressing:

- ❑ 2 EL Balsamicoessig
- ❑ 1 EL Öl
- ❑ Salz
- ❑ Knoblauch

Garnierung:

- ❑ 1 Bund Petersilie
- ❑ 0,20 kg Cocktail-paradeiser
- ❑ Kresse

Gelatine ca. 5 Minuten in kaltem Wasser einweichen, Milch erhitzen und Gelatine darin auflösen. Cottage Cheese, Topfen und Sauerrahm vermischen, die überkühlte Gelatine dazugeben und abschmecken.

In eine mit Klarsichtfolie ausgelegte Terrinenform füllen, im Kühlschrank ca. 120 Minuten absteifen lassen und stürzen.

Petersilie fein hacken, die Hälfte der Terrine in Petersilie wälzen, den anderen Teil natur lassen und in 2–3 cm dicke Scheiben schneiden.

Chicorée putzen, waschen, jeweils 3 kleinere, marinierte Blätter sternförmig auf Teller legen, dazwischen Frischkäsescheiben stellen, mit Kresse bestreuen und Paradeiserhälften garnieren.

- Zusätzlich kann die Terrine mit 0,10 kg blanchierten Sojakeimen bestreut werden.
- Einen Teil der Terrine kann man zusätzlich in Paprikapulver wälzen.
- Siehe Foto S. 20.

1043. Bunte Gemüseterrine auf Rucola

Terrine de légumes sur rougette

kcal	kJ	K	E	F
187	779	3	7	15

1. Schichte:
- ❑ 0,15 kg Broccoli TK
- ❑ Salz
- ❑ 0,20 kg Gervais
- ❑ 1/8 l Sauerrahm
- ❑ Salz
- ❑ Pfeffer
- ❑ 4 Gelatineblätter
- ❑ 4 EL Wasser

2. Schichte:
- ❑ 0,15 kg roter Paprika
- ❑ Salz
- ❑ 0,20 kg Gervais
- ❑ 1/8 l Sauerrahm
- ❑ Salz
- ❑ Pfeffer
- ❑ 4 Gelatineblätter
- ❑ 4 EL Wasser

Garnierungsvorschlag:
- ❑ 0,10 kg Rucolasalat
- ❑ Marinade
- ❑ 0,10 kg Cocktailparadeiser
- ❑ Kresse

Gelatineblätter in viel kaltem Wasser einweichen. Broccoliröschen in wenig Salzwasser kernig kochen, abseihen und pürieren. Gervais mit Sauerrahm und dem Broccolibrei vermischen. Die angegebene Wassermenge erhitzen, die eingeweichten Gelatineblätter darin auflösen, sofort in die grüne Gervaismasse einrühren, in eine mit Klarsichtfolie ausgelegte Terrinenform streichen, kalt stellen und kurz tiefkühlen.

Für die zweite Schichte wieder Gelatineblätter einweichen, Paprika in kleine Stücke schneiden, kernig kochen, abseihen und pürieren. Wie bei der ersten Schichte die gleiche Gervaismasse mit der roten Paprikamasse vorbereiten und auf die erste, bereits feste Masse streichen, kalt stellen oder kurz tiefkühlen.
Kurz vor dem Service stürzen, in 2–3 cm breite Scheiben schneiden und mit mariniertem Rucolasalat, Paradeishälften anrichten und mit Kresse bestreuen.

- Man kann auch nur eine Art zubereiten. Anstelle der Terrinenform können auch Dariolformen oder Moccatassen verwendet werden.
- Anstelle von Broccoliröschen können auch Kräuter – frisch oder tiefgekühlt – verwendet werden.
- Siehe Foto S. 49.

1044. Ziegenkäseterrine mit Salatgarnitur

Terrine de chèvre garnie de Salade verte

kcal	kJ	K	E	F
99	415	6	5	6

- ❑ 9 Gelatineblätter
- ❑ 0,40 kg Ziegenfrischkäse
- ❑ 1/4 l Acidophilusmilch
- ❑ 0,10 l Schlagobers
- ❑ 1/4 l Gemüsesud
- ❑ 1/2 Zitrone
- ❑ Salz
- ❑ Pfeffer
- ❑ 0,05 kg Oliven grün
- ❑ Krulsalat
- ❑ Marinade
- ❑ 0,20 kg Cocktailparadeiser

Gelatine in viel kaltem Wasser einweichen. Ziegenkäse passieren, mit Acidophilusmilch und leicht geschlagenem Obers vermischen.
Gemüsefond mit Zitronensaft aufkochen, die eingeweichten Gelatineblätter darin auflösen und sofort in die Ziegenkäsemasse einrühren und abschmecken. Eine Terrinenform mit Klarsichtfolie auslegen, die Masse einfüllen und ca. 120 Minuten kalt stellen. Die Terrine stürzen, in gehackten Oliven wälzen und portionieren. Salat marinieren, Terrine anrichten, mit Paradeisern und Salatblättern garnieren.

- Anstelle von Oliven kann man gehackte Kräuter verwenden.
- Siehe Foto S. 20.

1045. Zucchini-Paprikaterrine auf Vogerlsalat mit Petersilrahm

Terrine de courgettes-poivron sur mâche à la crème de persil

kcal	kJ	K	E	F
150	627	9	11	7

- ❏ 0,60 kg roter Paprika
- ❏ 0,04 kg Butter
- ❏ $^{1}/_{4}$ l Hühnerbouillon
- ❏ 0,08 kg Paradeismark (Tube)
- ❏ Salz
- ❏ Pfeffer
- ❏ Knoblauch
- ❏ 12 Gelatineblätter
- ❏ 0,40 kg Zucchini

Garnierung:

- ❏ 0,10 kg Vogerlsalat
- ❏ Marinade

Petersilrahm:

- ❏ $^{1}/_{4}$ l Sauerrahm
- ❏ $^{1}/_{8}$ l Joghurt
- ❏ 1 Bund Petersilie
- ❏ Salz
- ❏ Pfeffer
- ❏ Zitronensaft

Paprika in $^{1}/_{2}$ cm kleine Würfel schneiden, in Butter anlaufen lassen, mit Suppe aufgießen, mit Paradeismark und den Gewürzen abschmecken und ca. 10 Minuten dünsten.
Gelatineblätter in viel kaltem Wasser 5 Minuten einweichen und in der heißen Masse auflösen. Dann erst grob gerissene Zucchini untermischen. Terrinenform mit kaltem Wasser ausschwemmen, mit Frischhaltefolie auslegen, Masse einfüllen und im Kühlschrank ca. 1–2 Stunden absteifen lassen. In 2–3 cm große Stücke schneiden, mit mariniertem Vogerlsalat anrichten und Petersilrahm dazu reichen.

Petersilrahm: Petersilie fein hacken, mit den Zutaten vermischen und pikant abschmecken.

● Siehe Foto S. 20.

1046. Käsebrötchen

Canapés au fromage

kcal	kJ	K	E	F
303	1269	15	18	17

- ❏ 1 Toastbrot (10 Scheiben)
- ❏ 0,03 kg Butter weich

Aufstrich:

- ❏ 0,25 kg Gervais
- ❏ 0,25 kg Krakauer
- ❏ 3 EL Sauerrahm
- ❏ 1 Zitrone
- ❏ Kren
- ❏ Salz
- ❏ Senf

Garnierung:

- ❏ 0,10 kg Edamer dünn geschnitten
- ❏ Krauspetersilie oder Dille

Die vorbereiteten Scheiben bebuttern. Bergartig mit Aufstrich bestreichen, mit ausgestochenen Käsescheiben belegen und mit Krauspetersilie oder Dille garnieren.

Aufstrich: Wurst fein hacken und mit Gervais, Sauerrahm, fein gerissenem Kren und den Gewürzen abschmecken.

Brot vorbereiten: ausstechen oder durchschneiden.

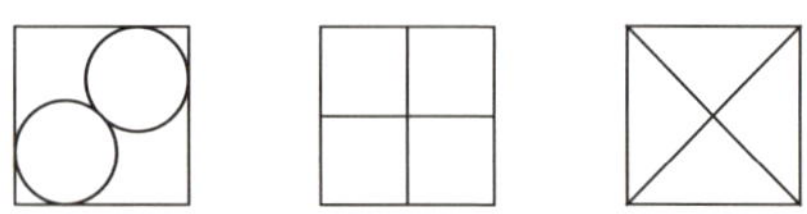

1047. Champignonbrötchen
Canapés aux champignons

kcal	kJ	K	E	F
137	574	10	5	8

- ❏ 5 Scheiben Waerlandbrot
- ❏ 0,03 kg Butter weich

Aufstrich:
- ❏ 0,02 kg Öl
- ❏ 0,05 kg Zwiebel
- ❏ 0,15 kg Champignons
- ❏ 3 Eier
- ❏ 1 Bund Petersilie
- ❏ Pfeffer
- ❏ Salz
- ❏ 1/8 l Sauerrahm

Garnierung:
- ❏ 0,15 kg Paradeiser klein
- ❏ 1 Bund Schnittlauch

Hart gekochte Eier fein hacken und Brote bebuttern. Zwiebel fein hacken, hell anrösten, die blättrig geschnittenen Champignons beifügen und kurz dünsten. Die Eier und die fein gehackte Petersilie mit den übrigen Zutaten vermischen und pikant abschmecken. Brote dick mit der Masse bestreichen, halbieren und mit Paradeisscheiben und fein geschnittenem Schnittlauch garnieren.

- Anstelle des Waerlandbrotes kann Vollkornbrot verwendet werden.
- Anstelle von frischen Champignons können fein gehackte, eingelegte verwendet werden.

1048. Eibrötchen
Canapés à l'oeuf

kcal	kJ	K	E	F
173	722	14	9	8

- ❏ 1 Toastwecken (10 Scheiben)
- ❏ 0,03 kg Butter weich

Aufstrich:
- ❏ 4 Eier
- ❏ Salz
- ❏ Pfeffer
- ❏ Zitronensaft
- ❏ 0,10 kg Gurkerl
- ❏ 0,10 kg Krakauer
- ❏ 1/8 l Sauerrahm oder Crème fraîche

Garnierung:
- ❏ 0,10 kg roter Paprikasalat
- ❏ Dille

Eier hart kochen, schälen, Brotscheiben bebuttern und alle Zutaten fein hacken. Mit Sauerrahm oder Crème fraîche vermischen und pikant würzen. Aufstrich bergartig auftragen, mit rotem Paprikasalat oder Paprikastreifen und Dille verzieren.

- Anstelle des Paprikasalates kann 0,10 kg roter Paprika verwendet werden.

1049. Budapester Canapés
Canapés Budapest

kcal	kJ	K	E	F
241	1007	24	10	10

- ❏ 1 Toastwecken (10 Scheiben)
- ❏ 0,03 kg Butter weich

Butter verrühren, Gervais beifügen, würzen. Toastscheiben bestreichen und halbieren. Salamischeiben halbieren, daraus Tüten formen und das

- ❏ 0,10 kg Gervais
- ❏ Salz
- ❏ Zitronensaft
- ❏ Paprika
- ❏ 0,10 kg Salami (dünn geschnitten)
- ❏ 2 Bund Schnittlauch

Brot der Länge nach belegen (4–5 Tüten pro Brot). Beide Seiten mit fein geschnittenem Schnittlauch bestreuen (Teigkarte dazu verwenden).

- Anstelle von Toastbrotscheiben können Vollkornbrotscheiben (Simonsbrot) verwendet werden.
- Siehe Foto S. 37.

1050. Schweizer Canapés

Canapés suisses

kcal	kJ	K	E	F
329	1377	26	11	19

- ❏ 1 Toastwecken (10 Scheiben)
- ❏ 0,03 kg Butter weich

Aufstrich:

- ❏ 0,20 kg Emmentaler
- ❏ 0,05 kg Erdnüsse gesalzen
- ❏ 0,05 kg Fertigmayonnaise
- ❏ 1/4 l Sauerrahm
- ❏ Salz
- ❏ Pfeffer
- ❏ Zitronensaft

Garnierung:

- ❏ 5–10 Cocktailkirschen
- ❏ 0,05 kg Nusshälften

Aus dem Toastwecken runde Scheiben ausstechen und bebuttern. Emmentaler julienne schneiden und Erdnüsse grob hacken. Diese Zutaten mit Mayonnaise und Sauerrahm vermischen und würzen. Bergartig aufstreichen und mit einer Cocktailkirsche und/oder einer Nusshälfte garnieren.

- Siehe Foto S. 37.

S 1051. Gorgonzolabissen

Amuse-geule au gorgonzola

kcal	kJ	K	E	F
155	647	6	4	12

- ❏ 1/2 P. Salz-Crackers rund (1 P. = 0,15 kg)
- ❏ 0,02 kg Butter weich

Zum Spritzen:

- ❏ 0,03 kg Butter weich
- ❏ 0,05 kg Gervais
- ❏ 0,10 kg Gorgonzola

Belag:

- ❏ 0,03 kg Mandeln
- ❏ 1 EL Öl
- ❏ Salz

Mandeln blanchieren, halbieren, in leicht gesalzenem Öl wälzen und im Rohr bei 100° C hell bräunen. Crackers in der Mitte mit Butter dünn bestreichen (hält die Feuchtigkeit ab). Restliche Butter verrühren, Gervais und passierten Käse beifügen. Auf die vorbereiteten Crackers große Rosetten spritzen und mit einer Mandelhälfte verzieren.

- **Andere Garnierungsmöglichkeiten:** Krauspetersilie, Schnittlauch, Dillblättchen, Radieschenscheibe.
- Siehe Foto S. 37.

S

1052. Gervaisbissen
Amuse-geule au gervais

kcal	kJ	K	E	F
160	668	8	4	12

- ❑ ½ P. Salz-Crackers rund
- ❑ 0,02 kg Butter weich

Zum Spritzen:
- ❑ 0,03 kg Butter weich
- ❑ 0,15 kg Gervais
- ❑ 2–3 EL Crème fraîche
- ❑ Zitronensaft
- ❑ Salz
- ❑ eventuell Kren

Garnierung:
- ❑ Schnittlauch oder Kresse
- ❑ Radieschenscheiben

Crackers in der Mitte dünn mit Butter bestreichen. In die restliche Butter Gervais einrühren, mit Crème fraîche vermischen und pikant würzen. Auf die vorbereiteten Crackers große Rosetten spritzen und verschiedenartig verzieren.

- **Andere Garnierungsvorschläge:** Große, helle und dunkle Weintrauben, Nusshälften, Dillblättchen, Krauspetersilie.
- Anstelle von Crème fraîche kann auch Sauerrahm verwendet werden.
- Siehe Foto Seite 37.

1053. Gefülltes Dawabrot
Pain noir farci

kcal	kJ	K	E	F
349	1463	21	9	24

- ❑ 0,50 kg Dawabrot
- ❑ 0,15 kg Butter weich
- ❑ 0,25 kg Gervais
- ❑ 0,10 kg Gurkerl
- ❑ 0,05 kg Nüsse
- ❑ Senf
- ❑ Salz
- ❑ Zitronensaft
- ❑ Weißbrotschmolle

Die Brotenden abschneiden und mit Hilfe eines Kochlöffels vorsichtig die Schmolle entfernen (= Brot aushöhlen). Butter verrühren, Gervais beifügen, mit kleinwürfelig geschnittenen Gurkerl, grob gehackten Nüssen und mit klein geschnittener Weißbrotschmolle vermischen und pikant abschmecken. Das Brot damit füllen und ca. 12 Stunden kalt stellen. Dann erst aufschneiden.

- Anstelle von Dawabrot kann jedes dunkle Brot (kleiner, schlanker Wecken) verwendet werden.

S

1054. Pikanter Brotaufstrich
Pâte à tartiner piquante

kcal	kJ	K	E	F
131	547	0	5	12

- ❑ 0,05 kg Butter weich
- ❑ 0,05 kg Leberpastete (Leberstreichwurst)
- ❑ Salz
- ❑ Kapern
- ❑ Sardellenpaste
- ❑ Pfeffer
- ❑ 3 Eier
- ❑ 0,05 kg Krakauer
- ❑ 0,05 kg Gurkerl
- ❑ 0,05 kg Fertigmayonnaise

Hart gekochte Eier fein hacken. Butter mit der Leberpastete schaumig rühren, mit den anderen fein gehackten Zutaten vermischen und pikant abschmecken.

S

1055. Käseaufstrich
Pâte à tartiner à base de fromage

kcal	kJ	K	E	F
114	477	1	4	10

- ❑ 0,05 kg Butter weich
- ❑ 0,10 kg Gervais
- ❑ 0,05 kg Räucherkäse
- ❑ 0,05 kg Tilsiter
- ❑ 0,10 kg Gurkerl
- ❑ Salz
- ❑ Kapern
- ❑ 1 Bund Schnittlauch

Butter verrühren, Gervais beifügen, mit den fein gehackten Zutaten vermischen und pikant abschmecken.

F
S

1056. Topfenaufstrich mit Kräutern
Pâte à tartiner à la crème fraîche aux fines herbes

kcal	kJ	K	E	F
83	345	2	3	7

- ❑ 0,25 kg Topfen
- ❑ 1/8 l Crème fraîche
- ❑ 1/2 Zitrone
- ❑ 1 Bund Schnittlauch
- ❑ 1 Bund Petersilie
- ❑ etwas Dille
- ❑ Salz
- ❑ weißer Pfeffer
- ❑ Knoblauch

Kräuter fein hacken, Topfen und Crème fraîche verrühren, Kräuter nach Geschmack dazumischen und pikant abschmecken. Etwas Schnittlauch zum Garnieren verwenden.

- **Variation Bärlauchaufstrich:** Anstelle der Kräuter 0,05 kg Bärlauch verwenden.

  Vom Bärlauch grobe Stängel entfernen, Blätter fein schneiden, mit Topfen und Crème fraîche vermischen und pikant würzen.
- Bärlauch (Waldknoblauch) wächst im Frühjahr, nur vor der Blüte pflücken (wird scharf).

F
S

1057. Schinkenaufstrich
Pâte à tartiner au jambon

kcal	kJ	K	E	F
128	537	1	5	11

- ❑ 0,15 kg Gervais
- ❑ 1/8 l Crème fraîche
- ❑ 0,10 kg Schinken
- ❑ Salz
- ❑ Senf
- ❑ etwas Kren
- ❑ 0,02 kg Zwiebel
- ❑ 1 Bund Schnittlauch

Schinken und Zwiebel fein hacken, Gervais mit Crème fraîche verrühren, die restlichen Zutaten dazumischen und pikant würzen. Fein geschnittenen Schnittlauch teilweise in die Masse geben, teilweise zum Garnieren verwenden.

- Zwiebel kann nach dem Hacken blanchiert werden. Die Schärfe geht dadurch verloren.

1058. Ei-Champignonaufstrich

Pâte à tartiner aux oeufs
et aux champignons

kcal	kJ	K	E	F
162	677	1	3	15

- ❑ 0,15 kg Fertigmayonnaise
- ❑ Zitronensaft
- ❑ Salz
- ❑ Zucker
- ❑ Senf
- ❑ Pfeffer
- ❑ ⅛ l Crème fraîche
- ❑ 3 Eier
- ❑ 1 Bund Petersilie
- ❑ 0,30 kg Champignons (Dose)
- ❑ 1 Bund Schnittlauch

Eier hart kochen und Champignons abtropfen lassen. Champignons, Petersilie und Eier fein hacken, Schnittlauch schneiden. Zutaten mit Mayonnaise und Crème fraîche abschmecken. Mit Schnittlauch garnieren.

- Anstelle von Mayonnaise kann Sauerrahm verwendet werden.

F S

1059. Eiaufstrich

Pâte à tartiner aux oeufs

kcal	kJ	K	E	F
161	675	1	7	14

- ❑ 0,25 kg Gervais
- ❑ ⅛ l Crème fraîche
- ❑ 3 Eier
- ❑ 0,15 kg Gurkerl
- ❑ Salz
- ❑ Senf
- ❑ weißer Pfeffer
- ❑ 1 Bund Schnittlauch

Eier hart kochen, Gervais und Crème fraîche verrühren, Eier und Gurkerl fein hacken. Alle Zutaten vermischen und pikant abschmecken. Schnittlauch fein schneiden und zum Garnieren verwenden.

- Zum Würzen kann zusätzlich Curry verwendet werden = **Curry-Eiaufstrich.**

S F

1060. Schinken-Kresseaufstrich

Pâte à tartiner au jambon et au cresson

kcal	kJ	K	E	F
170	710	1	7	14

- ❑ 0,25 kg Gervais
- ❑ ⅛ l Crème fraîche
- ❑ 0,10 kg Schinken
- ❑ Zitronensaft
- ❑ 0,01 kg Kren
- ❑ Kresse
- ❑ Salz
- ❑ Senf
- ❑ weißer Pfeffer

Schinken fein hacken, Kren fein reißen und nach Geschmack beigeben. Gervais und Crème fraîche verrühren, alle Zutaten vermischen und pikant abschmecken. Etwas Kresse in die Masse geben, den Rest zum Garnieren verwenden.

1061. Zigeuneraufstrich
Pâte à tartiner à la tzigane

kcal	kJ	K	E	F
123	517	2	4	11

- ❑ 0,05 kg Butter weich
- ❑ 0,20 kg Gervais
- ❑ 0,10 kg Zwiebel rot
- ❑ 0,10 kg grüner Paprika
- ❑ 0,10 kg roter Paprika
- ❑ Salz
- ❑ Pfeffer
- ❑ Senf
- ❑ Kümmel gehackt
- ❑ Paprikapulver
- ❑ Tabasco
- ❑ 1 Bund Schnittlauch

Butter verrühren und Gervais beifügen. Paprika und Zwiebel fein hacken. Zutaten zur Gervaismasse mischen und pikant abschmecken. Schnittlauch fein schneiden, teils in den Aufstrich geben, teils als Garnierung verwenden.

F 1062. Pikanter Topfenaufstrich
Pâte à tartiner piquante au fromage blanc

kcal	kJ	K	E	F
131	547	0	5	12

- ❑ 0,25 kg Topfen
- ❑ ⅛ l Crème fraîche
- ❑ 0,10 kg Schinken
- ❑ 2 Eier
- ❑ ½ Zitrone
- ❑ 0,10 kg Gurkerl
- ❑ 0,10 kg grüner Paprika
- ❑ Salz
- ❑ Senf
- ❑ weißer Pfeffer
- ❑ Kresse

Eier hart kochen, Schinken, Paprika, Gurkerl und Eier fein hacken, Topfen und Crème fraîche verrühren. Zutaten zur Topfenmasse mischen und pikant abschmecken. Etwas Kresse in die Masse geben, Rest zum Garnieren verwenden.

Zucchiniröllchen auf Salatbukett

Pikant gefüllte Schinken-
frittaten auf Rucola

Bunte Gemüseterrine mit Rucola

FISCH – EINMAL ANDERS ZUBEREITET

VORSPEISEN

S **1063. Matjescocktail**
Cocktail de hareng vierge

kcal	kJ	K	E	F
407	1702	4	10	37

- ❑ 0,70 kg Matjesfilets (1/2 Filet pro Person)
- ❑ grüner Salat
- ❑ 0,10 kg Zwiebel
- ❑ 0,15 kg Äpfel
- ❑ 0,10 kg Gurkerl
- ❑ 0,15 kg Fertigmayonnaise
- ❑ Mayonnaisegewürze
- ❑ 1/8 l Sauerrahm

Garnierung:
- ❑ Dille
- ❑ 0,10 kg Paradeiser

Salat putzen, waschen, teilen, Matjesfilets der Länge nach halbieren, leicht einrollen und auf ein Salatblatt legen. Zwiebel und Gurkerl fein hacken, Äpfel schälen und grob reißen. Mayonnaise pikant würzen, mit den Zutaten vermischen und die Masse durchziehen lassen. Fisch mit Sauce übergießen, mit gehackter Dille bestreuen und mit Paradeisscheiben garnieren.

S **1064. Kopenhagener Matjesfilet**
Filet de hareng vierge Kopenhague

kcal	kJ	K	E	F
377	1577	4	10	34

- ❑ 0,70 kg Matjesfilets (1/2 Filet pro Person)
- ❑ 0,30 kg Gurkerl
- ❑ Kapern
- ❑ 0,30 kg Äpfel
- ❑ Kren
- ❑ 1/4 l Schlagobers

Garnierung:
- ❑ Petersilie
- ❑ 0,10 kg Paradeiser

Matjesfilets der Länge nach halbieren und einrollen. Gurkerl und Äpfel kleinwürfelig schneiden, die Kapern hacken und den Kren fein reißen. Diese Zutaten in das nicht zu steif geschlagene Schlagobers einheben. Masse portionsweise bergartig auf einem Dessertteller anrichten, die Matjesrolle darauf setzen, mit gehackter Petersilie bestreuen und mit Paradeisspalten garnieren.

1065. Fischcocktail
Cocktail de poisson

kcal	kJ	K	E	F
377	1577	6	24	26

- ❑ 1 kg Kabeljaufilet
- ❑ Salz
- ❑ 1 Zitrone
- ❑ 0,60 kg Paradeiser
- ❑ 0,30 kg Spargel (Dose)

Eier hart kochen, Kabeljaufilet marinieren, in wenig Wasser dünsten, abseihen und ausgekühlt würfelig schneiden. Paradeiser blanchieren, entkernen und würfeln, den Spargel gut abtropfen lassen, in 2 cm lange Stücke schneiden und die Nüsse grob hacken. Mayonnaise mit Sauerrahm vermischen, pikant ab-

- ❑ 0,10 kg Walnüsse
- ❑ 0,25 kg Fertigmayonnaise
- ❑ Mayonnaisegewürze
- ❑ ¼ l Sauerrahm

Garnierung:
- ❑ grüner Salat
- ❑ 2 Eier
- ❑ 0,10 kg Paradeiser
- ❑ Krauspetersilie

schmecken, mit den vorbereiteten Zutaten vermischen und – falls notwendig – nachwürzen. Auf vorbereiteten Salatblättern bergartig anrichten, mit Ei- und Paradeisscheiben sowie Krauspetersilie garnieren.

1066. Japanischer Fischcocktail
Cocktail de poisson à la japonaise

kcal	kJ	K	E	F
428	1791	8	12	36

- ❑ 0,60 kg Thunfisch mit Gemüse (Dose)
- ❑ 0,30 kg Zeller
- ❑ Salz
- ❑ Essig
- ❑ 0,30 kg Äpfel
- ❑ 0,15 kg Ananasscheiben
- ❑ 0,25 kg Fertigmayonnaise
- ❑ Mayonnaisegewürze
- ❑ ⅛ l Sauerrahm

Garnierung:
- ❑ grüner Salat
- ❑ 0,10 kg Ananasscheiben
- ❑ 0,10 kg Paradeiser
- ❑ Krauspetersilie

Den Thunfisch mit der Gabel in kleine Stücke teilen, Zeller kleinwürfelig schneiden, in wenig Salz-Essigwasser kernig kochen. Äpfel und Ananasscheiben in kleine Würfel schneiden. Mayonnaise und Sauerrahm pikant würzen, die Zutaten dazumischen und ziehen lassen. Auf vorbereiteten Salatblättern anrichten, mit Krauspetersilie, Paradeisern und Ananasspalten garnieren.

1067. Muschelcocktail
Cocktail aux moules

kcal	kJ	K	E	F
343	1435	5	11	29

- ❑ 0,40 kg Muscheln (Glas)
- ❑ 6 Eier
- ❑ 0,20 kg grüne Paprika
- ❑ 0,60 kg Paradeiser
- ❑ 0,10 kg Zwiebel
- ❑ 0,25 kg Fertigmayonnaise
- ❑ Mayonnaisegewürze
- ❑ ⅛ l Sauerrahm

Garnierung:
- ❑ grüner Salat
- ❑ 1 Bund Schnittlauch

Hart gekochte Eier in Scheiben schneiden, Paprika julienne schneiden, Paradeiser blanchieren und würfelig schneiden. Die Zwiebel fein hacken und mit den gut abgetropften Muscheln vermischen. Mayonnaise mit Sauerrahm verbessern, würzen und mit den Zutaten vermischen. Auf vorbereiteten Salatblättern anrichten und mit fein geschnittenem Schnittlauch bestreuen.

S

1068. Thunfischcocktail
Cocktail au thon

kcal	kJ	K	E	F
260	1090	7	9	20

- ❑ 0,40 kg Thunfisch ohne Gemüse (Dose)
- ❑ 0,20 kg Ketchup
- ❑ 0,30 kg Gurkerl
- ❑ 0,20 kg Zwiebel
- ❑ Zitronensaft
- ❑ 0,10 kg Fertigmayonnaise
- ❑ Mayonnaisegewürze
- ❑ ⅛ l Sauerrahm

Garnierung:
- ❑ grüner Salat
- ❑ 0,02 kg Kaviar (Glas)
- ❑ Krauspetersilie

Den Thunfisch mit der Gabel zerteilen, Gurkerl und Zwiebel fein hacken. Mayonnaise mit Sauerrahm verbessern, pikant würzen und Zutaten dazumischen. Auf vorbereiteten Salatblättern anrichten und garnieren.

1069. Thunfischsalat
Salade au thon

kcal	kJ	K	E	F
494	2069	14	13	40

- ❑ 0,25 kg Fertigmayonnaise
- ❑ Mayonnaisegewürze
- ❑ ¼ l Sauerrahm
- ❑ Petersilie
- ❑ Dille
- ❑ Schnittlauch

- ❑ 0,03 kg Öl
- ❑ 0,15 kg Reis
- ❑ 0,30 l Wasser
- ❑ Curry
- ❑ Salz

- ❑ 0,60 kg Thunfisch mit Gemüse (Dose)
- ❑ Zitronensaft

Garnierung:
- ❑ grüner Salat
- ❑ 0,10 kg roter Paprikasalat

Reis dünsten und auskühlen lassen. Mayonnaise mit Sauerrahm vermischen, pikant abschmecken, die fein gehackten Kräuter, den Reis und den zerteilten Thunfisch beimengen, durchmischen und durchziehen lassen. Nach Bedarf nachwürzen, auf vorbereiteten Salatblättern mit Paprikasalat oder -ringen garniert anrichten.

- Anstelle des Paprikasalates kann auch roter Paprika verwendet werden.

S

1070. Thunfischparadeiser
Tomates au thon

kcal	kJ	K	E	F
272	1138	4	9	23

- ❑ 0,80 kg Paradeiser (pro Person 1 Stück)

Paradeiser abkappen, aushöhlen, leicht salzen und füllen. Zwiebel in Ringe schneiden, Paradeiser je-

Fülle:
- ❑ 0,40 kg Thunfisch (Dose)
- ❑ 0,20 kg grüne Paprika
- ❑ 0,05 kg Zwiebel
- ❑ 1 Bund Schnittlauch
- ❑ 0,10 kg Fertigmayonnaise
- ❑ Mayonnaisegewürze
- ❑ 1/8 l Crème fraîche

Garnierung:
- ❑ grüner Salat
- ❑ 0,05 kg Zwiebel
- ❑ 1 Bund Schnittlauch

weils mit einem Ring belegen und die Mitte mit Schnittlauch bestreuen.

Fülle: Thunfisch mit der Gabel zerteilen, Paprika und Zwiebel fein hacken, mit geschnittenem Schnittlauch zur Mayonnaise geben, Crème fraîche dazumischen und pikant abschmecken.

- Anstelle von Fertigmayonnaise kann Gervais verwendet werden.

1071. Shrimpscocktail garniert
Salade de crevettes garnie

kcal	kJ	K	E	F
208	870	3	3	19

- ❑ 0,20 kg Shrimps
- ❑ 0,01 kg Butter
- ❑ 0,50 kg Champignons (Dose)
- ❑ 0,15 kg Äpfel
- ❑ 0,10 kg Fertigmayonnaise
- ❑ 1/4 l Crème fraîche oder Sauerrahm
- ❑ Salz
- ❑ Zitronensaft
- ❑ Senf
- ❑ 2 EL Ketchup
- ❑ 2 KL Weinbrand

Garnierung:
- ❑ 2 Eier
- ❑ 0,10 kg Rucolasalat
- ❑ 0,10 kg Oliven schwarz
- ❑ Dillblättchen

Shrimps und blättrig geschnittene Champignons gut abtropfen lassen. Eier hart kochen. Shrimps in Butter kurz aufschäumen, geschälte Äpfel brunoise schneiden, mit den übrigen Zutaten vermischen und pikant abschmecken. Auf Rucolasalat anrichten, mit Eischeiben, Olivenspalten und Dillblättchen garnieren.

- Anstelle von Champignons, Bananen und filetierte Orangen verwenden.
  ODER
- Champignonmenge halbieren und statt dessen 2 Stück weiche Avocados klein geschnitten beifügen. Als Garnierung 2 Stück Avocados in Scheiben schneiden.
- Der Salat kann in ausgehöhlten Avocadohälften angerichtet werden.

1072. Lachsroulade mit Gervaisfülle
Rouleau de saumon farci au fromage blanc

kcal	kJ	K	E	F
456	1907	3	22	37

- ❑ 0,50 kg Lachs, geräuchert

Fülle:
- ❑ 0,60 kg Gervais
- ❑ 1/4 l Crème fraîche

Lachs auf einer Frischhaltefolie zu einem Rechteck leicht überlappend auflegen. Fülle daraufstreichen, von der Längsseite straff einrollen, kurz tiefkühlen mit einem scharfen Messer in ca. 3 cm breite Scheiben schneiden und mit marinierten Salatbättern, Kaviar oder Dillblättchen garnieren.

- ❑ Salz
- ❑ Pfeffer
- ❑ Zitronensaft
- ❑ 1 KL Kren
- ❑ 4 Gelatinblätter
- ❑ 4 EL Wasser

Garnierung:
- ❑ 0,05 kg Kaviar
- ❑ Marinade
- ❑ Krulsalat
- ❑ Dillblättchen

Fülle: Gelatine ca. 5 Minuten in kaltem Wasser einweichen. Gervais mit Crème fraîche verrühren, würzen, die angegebene Wassermenge erhitzen, Gelatineblätter darin auflösen und sofort in die Gervaismasse einrühren.

1073. Räucherforellensalat auf Apfelscheibe
Salade de truite fumée sur rondelle de pomme

kcal	kJ	K	E	F
206	863	6	17	10

- ❑ 0,30 kg Äpfel = 3 Stk. (Golden Delicious)
- ❑ 2 Stk. Zitronen
- ❑ $^{1}/_{4}$ l Wasser
- ❑ 0,06 l Weißwein

Fülle:
- ❑ 0,50 kg Forellenfilet geräuchert
- ❑ 0,10 kg roter Paprika
- ❑ $^{1}/_{4}$ l Schlagobers
- ❑ Salz
- ❑ Pfeffer
- ❑ Zitronensaft

Garnierung:
- ❑ Krulsalat
- ❑ Marinade
- ❑ 0,20 kg Cocktailparadeiser
- ❑ Dillblättchen

Äpfel entkernen, schälen, in 1 cm dicke Scheiben schneiden und partienweise in leicht wallendem Zitronen-Weinwasser 1–2 Minuten poschieren. Gut abgetropft bergartig mit Räucherforellensalat anrichten, mit Paradeishälften und Dillblättchen garnieren, mit mariniertem Salatblatt servieren.

Fülle: Forelle in 1 cm große Stücke und Paprika brunoise schneiden. Schlagobers leicht schlagen, die vorbereiteten Zutaten unterheben und pikant abschmecken.

- Die Fülle kann mit 0,10 kg fein geschnittenen, blanchierten Scharlotten verändert werden.

1074. Fischsalat in Ringform
Salade de poisson forme ronde

kcal	kJ	K	E	F
269	1124	6	15	19

(für 2 Ringformen)
- ❑ 0,40 kg Tiefkühlfisch (Dorsch)
- ❑ Zitronensaft
- ❑ Salz
- ❑ 0,15 kg Zeller

Fisch würzen, im Rohr bei 200° C ca. 15 Minuten garen, auskühlen lassen und klein zerteilen. Zeller und Karotten kleinwürfelig schneiden und in wenig Salz-Essigwasser weich kochen. Alle anderen Zutaten ebenfalls kleinwürfelig schneiden. Diese Zutaten mit Mayonnaise, Joghurt und flüssiger Gelatine

- ❑ 0,15 kg Karotten
- ❑ 0,10 kg Äpfel
- ❑ 0,15 kg Gurkerl
- ❑ 0,05 kg Ananasscheiben
- ❑ 0,25 kg Fertigmayonnaise
- ❑ Mayonnaisegewürze
- ❑ 1/8 l Joghurt
- ❑ Kren

Garnierung zum Auslegen:
- ❑ 0,10 kg Karotten
- ❑ 0,10 kg Oliven schwarz
- ❑ 0,10 kg Gurkerl oder Petersilie
- ❑ 1 Ei

Aspik zum Chemisieren und *zum Festigen der Masse:*
- ❑ 1/2 l Wasser
- ❑ Salz
- ❑ Essig
- ❑ 30 Gelatineblätter

Garnierung beim Anrichten:
- ❑ 0,10 kg Paradeiser
- ❑ Krauspetersilie
- ❑ 1 Zitrone

(1/16 l) vermischen, pikant würzen und ziehen lassen.

Garnierung: Hart gekochtes Ei vorsichtig in Scheiben schneiden, geputzte Karotte weich kochen und in dünne Scheiben schneiden, Oliven in Scheiben oder Segmente teilen, Gurkerl in Scheiben schneiden.
2 Ringformen chemisieren, mit vorbereiteter Garnierung auslegen, mit wenig Aspik bedecken, erkalten lassen, Salat vorsichtig einfüllen, kalt stellen, aber nicht tiefkühlen.

Stürzen: Vorher die Form kurz in heißes Wasser tauchen und stürzen. Mit Paradeis-, Zitronenscheiben und Krauspetersilie garnieren.

Gelatinezubereitung: Gelatine 5–10 Minuten in kaltem Wasser einweichen, angegebene Wassermenge mit Salz und Essig aufkochen, Gelatine zufügen und auflösen.

1075. Terrine vom Räucherlachs mit kalter Senfsauce

Terrine de saumon fumé sauce moutarde

kcal	kJ	K	E	F
325	1358	7	20	22

- ❑ 0,40 kg Lachs geräuchert

Fülle:
- ❑ 1/2 l Joghurt
- ❑ 0,25 kg Topfen
- ❑ 1 Zitrone
- ❑ Salz
- ❑ Pfeffer
- ❑ 0,20 l Schlagobers
- ❑ 1 Bund Dille
- ❑ 10 Gelatineblätter
- ❑ 5 EL Schlagobers

Garnierung:
- ❑ Lollo rosso

Terrinenformen dünn mit Öl ausstreichen, mit Klarsichtfolie auslegen und die Formen mit 2/3 der Lachsscheiben auskleiden. Die fertige Fülle hineingießen, ca. eine Stunde kalt stellen, restliche Lachsscheiben darauflegen, nochmals kalt stellen, stürzen, in 2–3 cm dicke Scheiben schneiden, mit Gurken-, Paradeisscheiben, marinierten Salatblättern und Dillblättchen garnieren.

Fülle: Gelatine in kaltem Wasser ca. 5 Minuten quellen lassen. Topfen mit Joghurt vermischen, die größere Schlagobersmenge cremig schlagen, in die Topfenmasse einrühren, würzen und mit fein gehackter Dille vermischen. Restliches Schlagobers erhitzen, Gelatine darin auflösen und sofort in die Masse einrühren.

- ❏ Marinade
- ❏ 0,15 kg Paradeiser
- ❏ 0,15 kg Gurken
- ❏ Dillblättchen

Kalte Senfsauce:
- ❏ 1 EL verschiedenfärbige Senfkörner
- ❏ 1/4 l Jogurt
- ❏ 2 EL Senf
- ❏ 2–3 EL Fertigmayonnaise
- ❏ Salz
- ❏ Pfeffer
- ❏ Zitronensaft

Kalte Senfsauce: Senfkörner im leicht gesalzenen Wasser 1 Minute kochen, abseihen und mit Joghurt, Mayonnaise und den Gewürzen abschmecken.

- Siehe Foto S. 20.

1076. Thunfischbrötchen
Canapés au thon

kcal	kJ	K	E	F
260	1088	14	9	17

- ❏ 1 Toastwecken (10 Scheiben)
- ❏ 0,05 kg Butter weich
- ❏ Salz
- ❏ Senf
- ❏ 0,40 kg Thunfisch ohne Gemüse (Dose)

Garnierung:
- ❏ 0,10 kg Gurkerl
- ❏ 0,05 kg Zwiebel

Butter würzen, Brotscheiben bestreichen und halbieren. Den Thunfisch abtropfen lassen, darauf verteilen und mit Fächergurkerln und Zwiebelringen garnieren.

- Gurkerl der Länge nach halbieren und in Fächer schneiden. – Siehe Foto S. 17.

1077. Lachsbrötchen
Canapés au saumon

kcal	kJ	K	E	F
233	974	14	10	14

- ❏ 1 Toastbrot (10 Scheiben)
- ❏ 0,05 kg Butter weich
- ❏ Zitronensaft
- ❏ 0,25 kg Lachs geräuchert in Scheiben

Garnierung:
- ❏ 1 Tb. Fertigmayonnaise
- ❏ 0,02 kg Kaviar (Glas)
- ❏ 1 Gelatineblatt
- ❏ 1 EL Wasser
- ❏ 0,10 kg Cornichon

Brote rund ausstechen oder halbieren und mit Zitronenbutter dünn bestreichen, mit Lachsscheiben belegen und garnieren.

Garnierung: Einen Tupf Mayonnaise aufspritzen, entweder mit Gurkerln oder Kaviar garnieren.

- Gurkerl der Länge nach halbieren, in Fächer schneiden und aspikieren, siehe Foto S. 17.
- Zum Kaviar wenig Gelatine zur Festigung geben und erstarren lassen.
- Cornichon = kleine Gurkerl.

1078. Fischaufstrich

Pâte à tartiner à base de poisson

kcal	kJ	K	E	F
78	324	1	4	6

- ❑ 0,20 kg Sardinen (Dose)
- ❑ 0,05 kg Zwiebel
- ❑ Petersilie
- ❑ Schnittlauch
- ❑ 1 Ei
- ❑ Salz
- ❑ Zitronensaft
- ❑ Senf
- ❑ 6 EL Sauerrahm

Ei hart kochen, Sardinen mit einer Gabel zerdrücken, mit den anderen fein gehackten Zutaten vermischen und pikant abschmecken.

S

1079. Thunfischaufstrich

Pâte à tartiner au thon

kcal	kJ	K	E	F
243	1017	1	11	20

- ❑ 0,40 kg Thunfisch ohne Gemüse (Dose)
- ❑ 0,05 kg grüner Paprika
- ❑ 0,05 kg roter Paprika
- ❑ 0,05 kg Zwiebel
- ❑ Zitronensaft
- ❑ 0,20 kg Gervais
- ❑ 1/8 l Sauerrahm
- ❑ Salz
- ❑ Pfeffer
- ❑ Senf
- ❑ 1 Bund Schnittlauch

Paprika und Zwiebel fein hacken und Thunfisch mit der Gabel zerteilen. Gervais mit Sauerrahm vermischen, die restlichen Zutaten dazugeben und pikant würzen. Schnittlauch fein schneiden, einen Teil in die Masse geben, den restlichen zum Garnieren verwenden.

HAUPTSPEISEN

1080. Fischlaibchen
Galette de poisson

- ❑ 0,90 kg Fischfilet
- ❑ 1 Zitrone
- ❑ Salz
- ❑ 0,05 kg Öl zum Abbraten
- ❑ 0,02 kg Öl
- ❑ 0,05 kg Zwiebel
- ❑ 0,30 kg Knödelbrot
- ❑ etwas Milch
- ❑ 0,05 kg Brösel
- ❑ 1 Bund Petersilie
- ❑ 3 Eier
- ❑ Muskatnuss
- ❑ Salz
- ❑ 0,15 kg Öl zum Ausbacken

Fischfilets säuern, salzen und in heißem Öl kurz abbraten. Auskühlen lassen und mit der Gabel zerteilen. Knödelbrot in wenig Milch einweichen, ausdrücken, faschieren oder passieren oder mit der Gabel fein zerdrücken. Zwiebel fein hacken, anrösten. Petersilie fein hacken, alle Zutaten gut durchmischen, bei Bedarf noch Brösel beifügen und Masse abschmecken. Laibchen formen und in heißem Fett beidseitig hellbraun backen.

- Um Fett zu sparen, kann man die Laibchen auf ein leicht befettetes Blech legen und im Rohr bei 200° C garen.

1081. Fisch „Monte Carlo"
Poisson Monte Carlo

kcal	kJ	K	E	F
328	1374	11	30	15

- ❑ 1,50 kg Kabeljaufilets
- ❑ 1 Zitrone
- ❑ Salz
- ❑ 0,05 kg Öl

Sauce:
- ❑ 0,05 kg Senf
- ❑ 0,05 kg Öl
- ❑ 2 Eier
- ❑ Kapern
- ❑ 0,02 kg Sardellen (Sardellenringerl)
- ❑ 0,05 kg Zwiebel
- ❑ Zitronensaft
- ❑ engl. Sauce

Erdäpfelbrei:
- ❑ 0,50 kg Erdäpfel
- ❑ Salz
- ❑ 0,03 kg Butter
- ❑ $^1/_4$ l Milch
- ❑ Muskatnuss

Erdäpfel schälen, für den Erdäpfelbrei kochen. Hart gekochte Eier fein hacken. Fischfilets säuern, salzen, in Öl einseitig anbraten und mit der gebratenen Seite nach oben in befettete Gratinierformen legen.

Sauce: Senf und Öl verrühren und alle anderen Zutaten fein gehackt beifügen. Filets damit überziehen.

Für den **Erdäpfelbrei** geschälte, gekochte Erdäpfel heiß pressen oder mit dem Handmixer zerkleinern, Milch erhitzen und mit Butter und den Gewürzen zu einer dressierfähigen Masse verarbeiten. Fischfilets damit bedecken (eventuell dressieren) und im Rohr bei 200–220° C überkrusten.

1082. Holländischer Käsefisch
Poisson au fromage hollandais

kcal	kJ	K	E	F
401	1678	31	23	18

- ❑ 0,30 kg Reis
- ❑ Salz
- ❑ 0,02 kg Öl
- ❑ 0,80 kg Kabeljaufilets
- ❑ 1 Zitrone
- ❑ Salz
- ❑ 0,05 kg Mehl griffig
- ❑ 0,03 kg Öl

Sauce:
- ❑ 0,15 kg Zwiebel
- ❑ 0,05 kg Öl
- ❑ 0,50 kg Paradeiser (frisch oder Dose)
- ❑ Salz
- ❑ Paprika
- ❑ Hotketchup
- ❑ 0,20 kg Reibkäse
- ❑ Öl für die Form

Reis dünsten und in gut befetteten Gratinierformen verteilen. Die Fischfilets würzen, eine Seite in Mehl tauchen, beidseitig abbraten, auf dem Reis dachziegelartig anrichten, mit Sauce begießen, mit Käse bestreuen, im Rohr bei 200° C so lange garen, bis der Käse schmilzt.

Sauce: Zwiebel fein hacken, in Öl anrösten, die blanchierten geviertelten Paradeiser dazugeben, Masse eindicken lassen und abschmecken.

1083. Fiskefat
Fiskefat (Skandinavien)

kcal	kJ	K	E	F
252	1056	9	26	10

- ❑ 1 kg Schollenfilets
- ❑ 1 Zitrone
- ❑ Salz
- ❑ 0,20 kg Shrimps (Dose oder Glas)
- ❑ 0,50 kg Champignons geschnitten (Dose)
- ❑ 0,50 kg Spargel (Dose)

Béchamelsauce:
- ❑ 0,03 kg Butter
- ❑ 0,04 kg Mehl glatt
- ❑ ½ l Milch
- ❑ Salz
- ❑ Pfeffer
- ❑ 0,02 kg Emmentaler
- ❑ 0,15 kg Paradeiser
- ❑ 0,02 kg Emmentaler
- ❑ 0,02 kg Brösel
- ❑ 0,02 Butter
- ❑ Butter für die Form

Rohr auf 200° C vorheizen und eingelegte Zutaten abtropfen lassen. Den Fisch würzen und dachziegelartig in befettete Gratinierformen schlichten, mit Shrimps, Champignons und 1 cm großen Spargelstücken belegen. Mit gut gewürzter Béchamelsauce übergießen, mit blanchierten, in Scheiben geschnittenen Paradeisern belegen, mit geriebenem Emmentaler und Bröseln bestreuen und mit zerlassener Butter betropfen. Ca. 20–30 Minuten gratinieren.

Béchamelsauce: Eine Milcheinmach zubereiten, überkühlt Käse dazugeben und abschmecken.

- In die überkühlte Sauce kann 1 Eidotter eingerührt werden.

1084. Andalusischer Fisch
Poisson andalou

kcal	kJ	K	E	F
263	1097	11	28	9

- ❑ 1,50 kg Fischfilets (Dorsch, Scholle)
- ❑ 1 Zitrone
- ❑ Salz
- ❑ 0,05 kg Öl

Sauce:
- ❑ 0,05 kg Selchspeck
- ❑ 0,15 kg Zwiebel
- ❑ 0,15 kg Ketchup
- ❑ 0,15 kg Hotketchup
- ❑ 0,25 kg Paprikasalat rot
- ❑ 0,20 kg Äpfel
- ❑ Senf
- ❑ Curry
- ❑ 0,10 kg Banane

- ❑ 1 Bund Petersilie

Rohr auf 200° C vorheizen, die Filets würzen und auf einer Seite abbraten. Fisch in befettete Gratinierformen dachziegelartig einschlichten, mit Sauce übergießen und im Rohr 20–30 Minuten ausdünsten lassen. Mit gehackter Petersilie bestreut servieren.

Sauce: Äpfel schälen und in 1 cm große Würfel schneiden, Selchspeck kleinwürfelig und Zwiebel ringelig schneiden. Speck auslassen und die Zwiebel anrösten. Äpfel und den Paprikasalat sowie Gewürze und Ketchup beifügen und kurz dünsten lassen. Banane in 1 cm große Würfel schneiden und zuletzt mit der Sauce vermischen.

- Das Abbraten des Fisches ist nicht unbedingt erforderlich. Bei größerer Personenanzahl Selchspeck faschieren.
- **Andalusische Schnitzel** = Schnitzel (Huhn, Pute, Schwein, Kalb) dafür vorher kurz abbraten.

1085. Fisch auf Gärtner Art
Poisson à la jardinière

kcal	kJ	K	E	F
315	1317	7	30	16

- ❑ 1,50 kg Kabeljaufilets
- ❑ 1 Zitrone
- ❑ Salz
- ❑ 0,05 kg Öl

- ❑ 0,10 kg Zwiebel
- ❑ 0,05 kg Öl
- ❑ 0,50 kg grüne Paprika
- ❑ 0,50 kg Paradeiser

- ❑ ½ l Sauerrahm
- ❑ Salz
- ❑ 0,02 kg Mehl glatt
- ❑ 1 Bund Schnittlauch

Fischfilets säuern und salzen, in heißem Öl beidseitig kurz abbraten und dachziegelartig in Gratinierformen schlichten. Rohr auf 200° C vorheizen, Zwiebel ringelig und Paprika nudelig schneiden. Zwiebel hell anrösten, Paprika kurz mitrösten und den Fisch damit bestreuen. 20 Minuten im Rohr dünsten lassen. Mit blanchierten, in dicke Scheiben geschnittenen Paradeisern belegen und mit leicht gebundenem und gewürztem Sauerrahm übergießen und weitere 20 Minuten im Rohr überbacken. Mit Schnittlauch bestreut servieren.

- Der Fisch muss nicht abgebraten werden.

1086. Matrosenfisch
Poisson style matelot

kcal	kJ	K	E	F
298	1246	4	29	16

- ❑ 1,50 kg Kabeljaufilets
- ❑ 1 Zitrone

Fischfilets säuern, salzen, in Fett beidseitig abbraten und dachziegelartig in Gratinierformen schlichten. Rohr auf 200° C vorheizen, Zwiebel fein hacken,

- ❏ Salz
- ❏ 0,05 kg Öl

- ❏ 0,10 kg Zwiebel
- ❏ 0,05 kg Öl
- ❏ 0,25 kg Champignons
- ❏ ½ Zitrone
- ❏ Kapern
- ❏ Salz
- ❏ Sardellenpasta
- ❏ ½ l Sauerrahm
- ❏ 1 Bund Petersilie

Champignons blättrig schneiden. Zwiebel hell anrösten, die Champignons kurz mitdünsten, mit Zitronensaft, Sardellenpasta, fein gehackten Kapern, Sauerrahm und Salz vermischen. Sauce über den Fisch verteilen und ca. ½ Stunde im Rohr dünsten. Mit fein gehackter Petersilie bestreut servieren.

1087. Fischbraten
Rôti de poisson

kcal	kJ	K	E	F
367	1537	11	29	20

- ❏ 1,50 kg Fischfilets
- ❏ 0,40 kg Erdäpfel mehlig
- ❏ 0,10 kg Zwiebel
- ❏ 0,03 kg Öl
- ❏ Salz
- ❏ Pfeffer
- ❏ Senf
- ❏ Kapern
- ❏ Paprika
- ❏ 1 Bund Petersilie

- ❏ 0,05 kg Brösel
- ❏ 0,20 kg Schweinsnetz

Schweinsnetz wässern, Erdäpfel dämpfen, schälen und mit entgrätetem Fisch faschieren. Rohr auf 200° C vorheizen, fein gehackte Zwiebel anrösten und die übrigen fein gehackten Zutaten beifügen, würzen und sehr gut vermischen. Auf bebröseltem Brett eine Rolle formen und diese ins Schweinsnetz dünn einhüllen und ca. 1½ Stunden im Rohr braten. Während des Bratens öfters begießen und Röstprodukte lösen. Braten 10 Minuten überkühlen lassen und, in dicke Scheiben geschnitten, servieren.

1088. Fischröllchen
Rouleaux de poisson

kcal	kJ	K	E	F
242	1011	4	35	7

- ❏ 1,50 kg Fischfilets 2–3 mm dick geschnitten (Dorsch, Scholle, Seezunge)
- ❏ 1 Zitrone
- ❏ Salz
- ❏ 0,05 kg Blattspinat (frisch oder TK)

Fülle:
- ❏ 0,40 kg Fischfilet
- ❏ 0,20 l Kaffee- oder Schlagobers

Gemüsesud: Zutaten grob schneiden und mit den Gewürzen ca. 30 Minuten kochen lassen (Fischwanne oder Bratpfanne).

Fischfilets waschen, marinieren, dicht nebeneinander auf befettetes Pergamentpapier oder Klarsichtrolle legen und Spinatblätter darüber verteilen. Fülle darauf streichen, mittels Papier einrollen, an den Seiten einschlagen, im siedenden Gemüsesud 10 Minuten ziehen lassen. Vom Papier lösen und in Portionen teilen.

Fülle: Filet klein zerteilen und mit den übrigen Zutaten pürieren. Petersilie fein hacken, beifügen und abschmecken.

- ❑ Salz
- ❑ Muskatnuss
- ❑ 1 Bund Petersilie
- ❑ 0,02 kg Butter zum Befetten

Gemüsesud:

- ❑ 2 l Wasser
- ❑ 0,15 kg Zwiebel
- ❑ 0,10 Petersilienwurzel
- ❑ 0,15 kg Zeller
- ❑ 0,10 kg Porree
- ❑ 0,10 kg Karotten
- ❑ Lorbeerblatt
- ❑ Wacholderbeeren
- ❑ Pfefferkörner
- ❑ Neugewürzkörner
- ❑ Salz

- Bereits in Portionen geschnittener tiefgekühlter Fisch (Dorsch) eignet sich für Fischröllchen nicht.
- Dazu passen Remouladensauce und Erdäpfel.

1089. Garnelen in Paprikasauce

Crevettes sauce paprika

kcal	kJ	K	E	F
360	1511	15	27	19

- ❑ 1,20 kg Garnelen 2 Stk. pro Person
- ❑ Salz
- ❑ 1 Zitrone
- ❑ 0,10 kg Mehl griffig
- ❑ 0,03 kg Butter
- ❑ 0,03 kg Öl

Paprikasauce:

- ❑ 0,02 kg Butter
- ❑ 0,03 kg Öl
- ❑ 0,15 kg Zwiebel
- ❑ 0,20 kg roter Paprika
- ❑ 1/8 l Hühnerbouillon
- ❑ 5–6 EL Weißwein
- ❑ 0,02 kg Mehl glatt
- ❑ 1/8 l Sauerrahm
- ❑ 2 EL Mehl glatt
- ❑ 1/8 l Schlagobers

Garnierung:

- ❑ 1/2 Bund Petersilie

Garnelen auslösen: Den Schwanz der Garnele an der gefurchten Unterseite aufbrechen, den fächerförmigen Schwanz nicht abtrennen und den Darm entfernen, indem man die Rückenmitte der Länge nach etwas einschneidet und den dunklen Darm herauszieht. Garnelen waschen, salzen, mit Zitronensaft beträufeln, in Mehl wenden und langsam im Butter-Ölgemisch ca. 7 Minuten abbraten. Garnelen nicht fest werden lassen, Druckprobe anwenden, mit Sauce anrichten und mit fein gehackter Petersilie bestreut servieren.

Paprikasauce: Zwiebel fein hacken, im Butter-Ölgemisch anlaufen lassen, Paprika brunoise geschnitten zugeben, mit Wein und Hühnerbouillon ca. 10 Minuten garen. Mehl mit Sauerrahm und Wasser vermischen, Sauce binden, verkochen, pürieren, aufkochen und leicht geschlagenes Schlagobers unterziehen.

Garnelen sind Schwimmkrebse. Es gibt 2500 Arten von Langschwanzkrebsen wie Shrimps, Krevetten, Prawns, King Prawns oder die Riesengarnelen, die bis zu 15 cm groß werden und aus Grönland kommen. Die besten sind die Nordseegarnelen. Freshwater sind Süßwassergarnelen aus dem asiatischen Raum und haben einen ausgeprägten Fischgeschmack.

1090. Lachsschnitte in Kerbelsauce

Tranche de saumon sauce cerfeuil

kcal	kJ	K	E	F
575	2409	12	35	39

- ❏ 1,50 kg Lachs frisch oder TK-Lachsfilet
- ❏ Salz
- ❏ 1 Zitrone
- ❏ 0,05 kg Mehl griffig

Zum Beölen:

- ❏ 2 EL Öl

Kerbelsauce:

- ❏ 0,06 kg Butter
- ❏ 0,06 kg Öl
- ❏ 0,15 kg Schalotten
- ❏ 3–4 EL Weißwein
- ❏ 1/8 l Hühnerbouillon
- ❏ 0,30 kg Paradeiser
- ❏ 1 EL grüne Pfefferkörner
- ❏ 0,02 kg Mehl glatt
- ❏ 1/8 l Sauerrahm
- ❏ 2 EL Wasser
- ❏ 1 KL frischen Kerbel
- ❏ 1/8 l Schlagobers

Garnierung:

- ❏ 0,03 kg frischen Kerbel

Rohr auf 220° C vorheizen. Hautseite vom Lachs aufs Brett legen, beim Schwanz beginnend Richtung Kopf mit scharfem Messer die Haut abziehen, portionieren, salzen, mit Zitronensaft bestreichen und mit bemehlter Seite auf beöltes Blech legen. Im Rohr ca. 10–15 Minuten je nach Dicke des Lachses garen, anrichten, mit Kerbelsauce garnieren und mit frischen Kerbelblättern bestreut servieren.

Kerbelsauce: Zwiebel fein hacken, in Butter-Ölgemisch glasig anrösten, mit Wein ablöschen, mit Hühnerbouillon aufgießen und 5–10 Minuten dünsten lassen. Paradeiser blanchieren, entkernen, brunoise geschnitten zugeben, mit eingelegtem Pfeffer würzen und ca. 10 Minuten dünsten. Rahm mit Mehl und Wasser vermischen, einrühren, verkochen, pürieren und zuletzt mit Schlagobers und fein gehacktem Kerbel verbessern.

1091. Seezungenfilet mit Champignon-Weinsauce

Filet de sole champignons de Paris sauce au vin

kcal	kJ	K	E	F
289	1208	9	4	24

- ❏ 1,50 kg Seezungenfilets
- ❏ 1 Zitrone
- ❏ Salz
- ❏ 0,03 kg Butter

Champignonsauce:

- ❏ 0,05 kg Butter
- ❏ 0,03 kg Öl
- ❏ 0,15 kg Zwiebel
- ❏ 0,50 kg Champignons frisch

Rohr auf 200° C vorheizen, Bratpfanne mit Butter bestreichen, Filets salzen, säuern und eng nebeneinander in die Pfanne legen. Falls die Filets zu flach sind, in der Hälfte zusammenschlagen. Zwiebel fein hacken, Champignons blättrig schneiden, Zwiebel in Butter-Ölgemisch anlaufen lassen, Champignons zugeben, mit Zitronensaft beträufeln, kurz anrösten, mit Wein aufgießen und die Filets damit überziehen.
Im Rohr so lange garen, bis die Filets gerade fest sind, überschüssigen Fischfond abgießen, zudecken und warm stellen.

- ❑ ½ Zitrone
- ❑ Salz
- ❑ ⅛ l Weißwein

Sauce à la crème:

- ❑ 0,08 kg Butter
- ❑ 0,08 kg Mehl glatt
- ❑ Salz
- ❑ Pfeffer
- ❑ ¼ l Schlagobers

Sauce à la crème: Butter aufschäumen lassen, Mehl dazugeben, verrühren, mit so viel abgegossenen Fischfond aufgießen, dass eine dicke Sauce entsteht. Schlagobers einrühren, aufkochen und abschmecken. Fisch anrichten mit Sauce überziehen und sofort servieren.

- Anstelle von Seezungenfilet kann **Scholle** verwendet werden.

GRILLGERICHTE

Beachtenswertes (siehe auch Allex, „Kochen nach Grundrezepten Teil 1"):

- Alle Grillgeräte müssen vor ihrer Verwendung sehr heiß sein, damit sich die Poren des Grillgutes sofort schließen und die Nähr- und Geschmacksstoffe im Inneren erhalten bleiben.
- Da das Gegrillte nur mit Fett bestrichen wird und das Fett des Grillgutes abläuft, ist dieses Garen auch für spezielle Diätformen geeignet.
- Grillgut immer auf einen Rost legen und handbreit unter die Grillstäbe einschieben. Darunter eine Tasse zum Auffangen des Grillsaftes stellen.
- Erst **nach** dem Umdrehen des Grillgutes **beölen.** Damit kein Saft verloren geht, Gegrilltes nicht anstechen.
- Gegrilltes sofort servieren.

S **1092. Berner Würstel**
Saucisses bernoises

kcal	kJ	K	E	F
482	2017	1	26	39

- ❑ 1 kg Frankfurter (pro Person 1 Paar)
- ❑ 0,20 kg Edamer dünn geschnitten
- ❑ 0,20 kg Frühstücksspeck dünn geschnitten
- ❑ Zahnstocher

Die Frankfurter der Länge nach spalten, mit Käse füllen, mit Speckstreifen umwickeln, mit Zahnstochern fest stecken, damit sie sich nicht aufdrehen können. Die Grillzeit beträgt ca. 5 Minuten auf jeder Seite.

- Pro Person rechnet man 4 dünne Scheiben Frühstücksspeck.

S

1093. Wurstspieß
Brochette de charcuterie

kcal	kJ	K	E	F
211	884	3	7	18

- ❑ 0,50 kg Braunschweiger
- ❑ 0,20 kg Zwiebel
- ❑ 0,25 kg grüne Paprika
- ❑ 0,30 kg Paradeiser klein
- ❑ 0,03 kg Öl

Obwohl Braunschweiger eine billige Wurst ist, eignet sie sich zum Grillen besonders gut. Gemüse und Wurst in nicht zu dünne Scheiben schneiden und abwechselnd aufspießen, leicht beölen und auf jeder Seite ca. 2–3 Minuten grillen, salzen und eventuell pfeffern.

1094. Leberspieß
Brochette au foie

kcal	kJ	K	E	F
242	1014	4	15	17

- ❑ 0,60 kg Schweinsleber
- ❑ 0,20 kg Frühstücksspeck im Ganzen
- ❑ 0,20 kg Zwiebel
- ❑ 0,30 kg grüne Paprika
- ❑ 0,15 kg Gurkerl
- ❑ 0,30 kg Paradeiser fest

Leber, Speck, Zwiebel, Gurkerl, Paprika und Paradeiser in $1/2$ cm dicke Scheiben schneiden. Zutaten abwechselnd nach Möglichkeit der Länge nach aufspießen.

- **Reihenfolge:** Leber, Zwiebel, Speck, Paradeiser, Paprika, Gurkerl. Spieße leicht beölen, 3–5 Minuten auf jeder Seite grillen, salzen und eventuell pfeffern.

1095. Hirtenspieß
Brochette

kcal	kJ	K	E	F
375	1570	2	31	24

- ❑ 0,45 kg Kalbfleisch
- ❑ 0,45 kg Schweinefleisch (Lungenbraten)
- ❑ 0,45 kg Schweinsleber
- ❑ 0,25 kg Frühstücksspeck im Ganzen
- ❑ 0,15 kg Zwiebel klein
- ❑ 0,30 kg Champignons klein, fest

Die Fleisch- und Leberstücke nicht zu dünn schneiden (ca. 0,03 kg) Zwiebel und Speck in $1/2$ cm dicke Scheiben schneiden.

- **Reihenfolge:** Fleisch, Zwiebel, Leber, Zwiebel, Speck, Champignons, Fleisch. Zu Beginn und am Schluss sollte immer Fleisch sein, Gemüse würde an den Enden herabfallen. Spieße leicht beölen. Grillzeit ca. 4–5 Minuten auf jeder Seite, salzen und eventuell pfeffern.

1096. Ćevapčići

kcal	kJ	K	E	F
412	1724	2	24	38

- ❏ 1 kg Faschiertes (Schweine- und Rindfleisch)
- ❏ 0,30 kg Zwiebel
- ❏ 8 EL Wasser
- ❏ Pfeffer
- ❏ Paprika
- ❏ Salz
- ❏ Knoblauch
- ❏ 2 Eier

- ❏ Paprika
- ❏ 0,05 Öl

Zwiebel fein hacken und alle Zutaten gut vermischen. Faschiertes $^1/_2$ Stunde stehen lassen. Daumendicke Röllchen formen, (4–5 cm lang, 1 cm dick), leicht beölen, jede Seite 3–4 Minuten grillen. Vor dem Servieren eventuell mit einem Paprika-Öl-Gemisch bestreichen.

- Anstelle von Rindfleisch kann Lammfleisch verwendet werden.
- **Beigaben:** fein gehackte Zwiebel, grüner und roter Paprika, Senf.
- Das Wort Ćevapčići stammt aus dem Serbokroatischen = gegrilltes Röllchen aus Faschiertem.

S 1097. Kräuterfisch

Poisson aux fines herbes

kcal	kJ	K	E	F
421	1763	1	44	23

- ❏ 2 kg Makrelen frisch
- ❏ 1 Zitrone
- ❏ Salz

Kräuterbutter:

- ❏ 0,10 kg Butter weich
- ❏ 1 Bund Petersilie
- ❏ Dille
- ❏ Salbei
- ❏ Salz
- ❏ Knoblauch
- ❏ Alufolie

Makrelen säubern, säuern, salzen, mit Kräuterbutter füllen, in Alufolie einschlagen und auf jeder Seite ca. 10 Minuten grillen.

Kräuterbutter: Kräuter fein hacken, Butter schaumig rühren, Kräuter und die Gewürze nach Geschmack beifügen.

- Kräuterbutter in Form von Rosetten auf Folie dressieren oder Röllchen formen und in Sichtfolie einschlagen und kalt stellen.
- **2. Art:** Vorbereiteten Fisch mit Öl bestreichen, beidseitig grillen und vor dem Service mit Kräuterbutter belegen.

S 1098. Paradeisröschen

Rosettes de tomates

kcal	kJ	K	E	F
99	414	3	4	7

- ❏ 1 kg Paradeiser klein, fest
- ❏ Salz
- ❏ 0,05 kg Butter
- ❏ 0,10 kg Emmentaler

Paradeiser auf der runden Seite kreuzweise einschneiden, Hautecken 1 cm zurückziehen, sodass das Innere der Paradeiser bloßliegt, ein Stückchen Butter darauf legen, mit geriebenem Käse bestreuen, grillen, bis sie Farbe bekommen, salzen und pfeffern.

- Paradeiser können auch halbiert werden – Schnittfläche zuerst nach unten legen, grillen, umdrehen, beölen und grillen.

1099. Grillerdäpfel
Pommes de terre grillées

kcal	kJ	K	E	F
152	640	26	3	3

- ❑ 1,50 kg Erdäpfel groß
- ❑ Salz
- ❑ 0,03 kg Öl

Erdäpfel waschen und gut abbürsten, in ½ cm dicke Scheiben schneiden, beölen und grillen, bis sie Farbe bekommen, salzen.

S

1100. Schweinskotelett delikat
Cotelette de porc grillée

kcal	kJ	K	E	F
554	2319	1	38	40

- ❑ 2 kg Schweinskoteletts (pro Person 1 Stück)
- ❑ 0,02 kg Öl
- ❑ Salz
- ❑ Kümmel gehackt
- ❑ Knoblauch
- ❑ 0,25 kg Champignons
- ❑ 0,03 kg Butter
- ❑ Salz

Kräuterbutter:
- ❑ 0,06 kg Butter weich
- ❑ Petersilie
- ❑ Dille
- ❑ Salz

Champignons blättrig schneiden, in Butter kurz dünsten und würzen.

Kräuterbutter wie bei Rezept Nr. 1097.

Koteletts einschneiden, beölen, auf jeder Seite ca. 5 Minuten grillen (sie müssen völlig gar sein), würzen und mit Champignons und Kräuterbutter belegen.

TOASTS

Toastbrote können verschieden vorbereitet werden:

- Brot auf beiden Seiten toasten, mit Butter bestreichen, belegen und toasten.
- Brot auf einer Seite toasten, die ungetoastete Seite mit Butter bestreichen, belegen und toasten.
- Brot mit Butter bestreichen, belegen und toasten.

S **1101. Toast Hawaii**
Pain grillé Hawaii

kcal	kJ	K	E	F
308	1289	31	11	14

- ❑ 1 Toastbrot (10 Scheiben)
- ❑ 0,05 kg Butter weich
- ❑ 0,15 kg Toastschinken (pro Scheibe 1 Blatt)
- ❑ 1 kg Ananasscheiben (pro Scheibe 1 Stück)
- ❑ 0,20 kg Scheiblettenkäse (pro Scheibe 1 Blatt)
- ❑ 0,05 kg Preiselbeermarmelade oder Cocktailkirschen

Toastbrote vorbereiten.

Schinken, Ananasscheibe und Käse auflegen und goldgelb toasten.
Preiselbeermarmelade oder Cocktailkirsche in die Vertiefung geben.

1102. Budapester Toast
Pain grillé Budapest

kcal	kJ	K	E	F
330	1380	17	15	20

- ❑ 1 Toastbrot (10 Scheiben)
- ❑ 0,05 kg Butter weich

Belag:
- ❑ 0,10 kg Zwiebel
- ❑ 0,03 kg Öl
- ❑ 0,50 kg Paprika
- ❑ Salz
- ❑ Pfeffer
- ❑ 0,50 kg Paradeiser
- ❑ 0,20 kg Edamer (pro Person 1 Blatt)
- ❑ 10 Eier
- ❑ 0,02 kg Öl
- ❑ Salz

Toastbrote vorbereiten.

Belag: Zwiebel ringelig, Paprika nudelig schneiden, Paradeiser blanchieren und blättrig schneiden. Zwiebel anrösten, Paprika kurz mitrösten, die Paradeiser beifügen und so lange dünsten, bis die Masse eingedickt ist. Masse überkühlt auf die Toastscheiben verteilen. Diese mit Käse belegen und toasten. Spiegeleier herstellen, rund ausstechen, auf den Toast legen und servieren.

- Spiegeleier müssen durchgegart sein (Salmonellengefahr!).
- Das Spiegelei kann auch in eine größere runde Ausstechform, die sich in der Bratpfanne befindet, geschlagen werden.

S

1103. Paradeistoast
Pain grillé aux tomates

kcal	kJ	K	E	F
219	915	15	9	12

- ❑ 1 Toastbrot (10 Scheiben)
- ❑ 0,05 kg Butter weich
- ❑ 0,20 kg Toastschinken
- ❑ 0,50 kg Paradeiser
- ❑ 0,20 kg Scheiblettenkäse (pro Person 1 Scheibe)

Toastbrote vorbereiten.

Mit Schinken, Paradeisscheiben und Käse belegen und toasten.

S

1104. Sardinentoast
Pain grillé aux sardines

kcal	kJ	K	E	F
286	1198	14	13	18

- ❑ 1 Toastbrot (10 Scheiben)
- ❑ 0,05 kg Butter weich
- ❑ 0,05 kg Emmentaler
- ❑ 0,25 kg grätenfreie Sardinen (Dose)

- ❑ 0,15 kg Emmentaler
- ❑ 2 Eier

Emmentaler reiben, Brote bebuttern, mit etwas geriebenem Emmentaler bestreuen und darauf die Sardinenhälften geben. Den restlichen Emmentaler mit versprudelten Eiern binden, die Toasts mit dem Käsegemisch überziehen und toasten.

1105. Hamburger Toast
Pain grillé à la viande hâchée

kcal	kJ	K	E	F
308	1287	15	15	19

- ❑ 1 Toastbrot (10 Scheiben)
- ❑ 0,05 kg Butter weich

- ❑ 0,50 kg Faschiertes
- ❑ 0,20 kg Zwiebel
- ❑ 2 Eier
- ❑ Salz
- ❑ Pfeffer
- ❑ Majoran
- ❑ Knoblauch
- ❑ Senf

- ❑ 0,10 kg Zwiebel
- ❑ Ketchup

Toastbrote vorbereiten.

Faschiertes würzen, Zwiebel fein hacken und mit den Eiern vermischen. Laibchen formen, Toasts damit belegen und grillen. Zwiebel ringelig schneiden, auf die Brote legen und kurz mitgrillen. Mit Ketchup garniert servieren.

1106. Bananen-Schinken-Toast
Pain grillé à la banane et au jambon

kcal	kJ	K	E	F
275	1151	20	11	15

- ❑ 1 Toastbrot (10 Scheiben)
- ❑ 0,05 kg Butter weich
- ❑ 0,20 kg Toastschinken
- ❑ 0,30 Bananen fest
- ❑ 1 Zitrone
- ❑ Curry
- ❑ 0,20 kg Scheiblettenkäse (pro Person 1 Scheibe)

Toastbrote vorbereiten.

Bananen mit Zitronensaft bestreichen und mit Curry würzen. Schinkenblätter mit Bananen belegen und einrollen. Die Rolle in 1 cm dicke Scheiben schneiden und den Toast damit belegen, mit einer Käsescheibe abdecken und toasten.

1107. Spargeltoast
Pain grillé aux asperges

kcal	kJ	K	E	F
212	890	17	8	12

- ❑ 1 Toastbrot (10 Scheiben)
- ❑ 0,05 kg Butter weich
- ❑ 0,50 kg Spargel (Dose)

Béchamel:
- ❑ 0,02 kg Butter
- ❑ 0,02 kg Mehl glatt
- ❑ ¼ l Milch
- ❑ Salz
- ❑ Pfeffer
- ❑ Zitronensaft
- ❑ engl. Sauce
- ❑ 0,01 kg Parmesan
- ❑ 0,10 kg Toastschinken

- ❑ 0,05 kg Emmentaler

Béchamel: Eine Milcheinmach zubereiten, würzen und überkühlt fein gehackten Schinken und Parmesan einrühren.

Toastbrote vorbereiten.

Den gut abgetropften Spargel auf die Brote legen und mit Béchamelsauce überziehen. Mit geriebenem Emmentaler bestreuen und toasten.

1108. Schlemmertoast
Pain grillé succulent

kcal	kJ	K	E	F
271	1134	14	15	15

- ❑ 1 Toastbrot (10 Scheiben)
- ❑ 0,05 kg Butter weich

Tartarenmasse:
- ❑ 0,50 kg Rindfleisch zweimal faschiert

Eier hart kochen. Toastbrote vorbereiten, mit der Tartarenmasse bestreichen, grillen und mit Eischeiben und Kaviar garnieren.

Tartarenmasse: Faschiertes würzen und mit den fein gehackten Zutaten und den Eidottern vermischen.

- ❏ Salz
- ❏ Pfeffer
- ❏ Senf
- ❏ Paprika
- ❏ Kapern
- ❏ 0,05 kg Zwiebel
- ❏ 0,10 kg Gurkerl
- ❏ 2 Eidotter

- ❏ 2 Eier
- ❏ 0,05 kg Kaviar (Glas)

1109. Champignontoast
Pain grillé aux champignons

kcal	kJ	K	E	F
259	1083	15	11	16

- ❏ 1 Toastbrot (10 Scheiben)
- ❏ 0,05 kg Butter weich
- ❏ 0,15 kg Toastschinken (pro Person 1 Blatt)
- ❏ 0,03 kg Öl
- ❏ 0,10 kg Zwiebel
- ❏ 0,30 kg Champignons
- ❏ 1/2 Zitrone
- ❏ 1 Bund Petersilie
- ❏ Salz
- ❏ 0,15 kg Emmentaler

Toastbrote vorbereiten.

Auf jede Brotscheibe ein Blatt Schinken legen. Die fein gehackte Zwiebel anrösten, die blättrig geschnittenen Champignons beifügen, mit Zitronensaft beträufeln und kurz dünsten, würzen und mit fein gehackter Petersilie vermischen. Überkühlt auf die Toastbrote verteilen, mit geriebenem Emmentaler bestreuen und toasten.

1110. Pikanter Toast
Pain grillé piquant

kcal	kJ	K	E	F
274	1148	14	13	17

- ❏ 1 Toastbrot (10 Scheiben)
- ❏ 0,05 kg Butter weich
- ❏ 2 Eier
- ❏ 0,20 kg Toastschinken
- ❏ 0,20 kg Emmentaler
- ❏ Salz
- ❏ Muskatnuss

Toastbrote vorbereiten.

Schinken fein hacken, Emmentaler reiben, mit den versprudelten Eiern vermischen und würzen. Masse auf die Brote streichen und toasten.

- Falls die Masse zum Aufstreichen zu fest ist, mit Ei verdünnen.

S **1111. Spezialtoast**
Croque-monsieur spécial

kcal	kJ	K	E	F
214	895	20	12	8

- ❏ 1 Toastbrot (10 Scheiben)
- ❏ 0,25 kg Hotketchup
- ❏ 0,30 kg Rollschinken (pro Person 1 Blatt)
- ❏ 0,20 kg Edamer (pro Person 1 Blatt)

Brote toasten, mit Ketchup bestreichen, mit Rollschinken und Käsescheiben belegen und toasten.

S **1112. Käsetoast**
Pain grillé au fromage

kcal	kJ	K	E	F
220	921	14	10	13

- ❏ 1 Toastbrot (10 Scheiben)
- ❏ 0,05 kg Butter weich
- ❏ 3 Eier
- ❏ 0,20 kg Emmentaler
- ❏ Salz
- ❏ Paprika
- ❏ Muskatnuss

Toastbrote vorbereiten.

Die Eier versprudeln, den geriebenen Käse beigeben und pikant würzen.
Auf das vorbereitete Brot dick aufstreichen und toasten.

S **1113. Camemberttoast**
Pain grillé au camembert

kcal	kJ	K	E	F
190	796	14	12	9

- ❏ 1 Toastbrot (10 Scheiben)
- ❏ 0,05 kg Butter weich
- ❏ 0,40 kg Camembert
- ❏ Pfeffer

Toastbrote vorbereiten.

Camembert in Scheiben schneiden, auf den Toast legen und so lange toasten, bis der Käse schmilzt, anschließend mit Pfeffer bestreuen.

● Nicht zu reifen, weichen Käse verwenden.

BEWÄHRTE KOCHREZEPTE AUS ÖSTERREICH

SUPPEN

1114. Bircher-Benner-Suppe
Potage Bircher-Benner

kcal	kJ	K	E	F
65	270	7	2	3

- ❑ 0,03 kg Butter
- ❑ 0,05 kg Zwiebel
- ❑ 0,04 kg Vollkornmehl
- ❑ 1 3/4 l Wasser
- ❑ Salz
- ❑ Suppenwürze
- ❑ 0,25 kg Wurzelgemüse
- ❑ 0,01 kg Hefeflocken
- ❑ 1 Bund Petersilie

Zwiebel fein hacken und eine Einmach herstellen, würzen und ca. 20 Minuten verkochen. Gemüse fein reißen, dazugeben und 5 Minuten mitkochen. Mit Hefeflocken und fein gehackter Petersilie aufwerten.

- Gemüse muss kernig bleiben.
- **Wurzelgemüse** = Karotten, Zeller, Petersilienwurzel, gelbe Rübe.

1115. Brennnesselsuppe
Potage aux orties

kcal	kJ	K	E	F
110	463	9	4	6

- ❑ 0,05 kg Butter
- ❑ 0,08 kg Mehl glatt
- ❑ 1 1/2 l Wasser
- ❑ Salz
- ❑ Pfeffer
- ❑ Muskatnuss
- ❑ 0,20 kg junge Brennnesselblätter
- ❑ 1/2 l Milch

Eine Einmach herstellen, mit Wasser aufgießen, 20 Minuten verkochen und würzen. Brennnesselblätter waschen, blanchieren, durchhacken und mit Milch pürieren. Brennnesselmilch in die gewürzte Suppe geben, aufkochen lassen und abschmecken.

- Die Suppe kann mit 1/8 l Schlagobers verbessert werden. Zuletzt entweder leicht geschlagen oder ungeschlagen beifügen und sofort servieren.
- Brennnesselblätter im Frühjahr vor der Blüte verwenden – am besten die oberen Blätter (3–4).

1116. Stambulsuppe
Potage Stambul

kcal	kJ	K	E	F
126	527	12	3	7

- ❑ 1 kg Paradeiser
- ❑ 0,05 kg Zwiebel
- ❑ 0,05 kg Butter
- ❑ 0,08 kg Mehl glatt
- ❑ 1 1/2 l Wasser
- ❑ Salz
- ❑ Zucker
- ❑ Zitronensaft

Paradeiser blanchieren und kleiner schneiden, Zwiebel grob hacken und hell anrösten, Paradeiser beigeben und mit wenig Wasser weich dünsten. Stauben, aufgießen, passieren und mit Wasser auf die benötigte Flüssigkeitsmenge ergänzen, würzen und zum Kochen bringen. Paprika feinnudelig schneiden und in der Suppe weich kochen. Kaffeeobers mit Stärkemehl abrühren, die Suppe damit

- ❑ 0,50 kg grüne Paprika
- ❑ $^1/_8$ l Kaffeeobers
- ❑ 0,01 kg Stärkemehl
- ❑ 1 Bund Petersilie

binden und kurz verkochen. Mit fein gehackter Petersilie aufwerten.

- **Anstelle frischer Paradeiser** kann die Suppe mit 0,10 kg Paradeismark oder Paradeisern – Dose/Packerl – hergestellt werden.

1117. Kräuterkäsecremesuppe

Potage aux herbes et au fromage

kcal	kJ	K	E	F
223	933	13	7	15

- ❑ 0,07 kg Butter
- ❑ 0,05 kg Zwiebel
- ❑ 0,08 kg Mehl glatt
- ❑ $1^3/_4$ l Wasser
- ❑ Salz
- ❑ Pfeffer
- ❑ Muskatnuss
- ❑ 0,30 kg Kräuterschmelzkäse

Einlage:

- ❑ 2 Semmeln
- ❑ 0,03 kg Butter
- ❑ 1 Bund Petersilie

Eine Einmach mit fein gehackter Zwiebel herstellen, aufgießen und gut verkochen. Den Käse beigeben, würzen, kurz aufkochen lassen und mit fein gehackter Petersilie aufwerten. Die stiftelig geschnittenen Semmeln in Butter leicht anrösten und zur Suppe reichen.

- Anstelle von Wasser kann mit Knochen- oder Gemüsesud oder Würfelsuppe aufgegossen werden.

1118. Innsbrucker Knoblauchrahmsuppe

Potage à l'ail et à la crème d'Innsbruck

kcal	kJ	K	E	F
135	565	11	2	8

- ❑ 0,03 kg Butter
- ❑ 0,10 kg Zwiebel
- ❑ 0,08 kg Dinkel gemahlen
- ❑ 2 l Wasser
- ❑ Suppenwürze
- ❑ Knoblauch
- ❑ Muskatnuss
- ❑ Salz
- ❑ Pfeffer
- ❑ $^1/_8$ l Schlagobers
- ❑ 1 Bund Schnittlauch

Einlage:

- ❑ 2 Semmeln
- ❑ 0,02 kg Butter

Zwiebel fein hacken und mit Dinkel in Butter hell anrösten. Mit kaltem Wasser langsam aufgießen, würzen und ca. 20 Minuten verkochen lassen. Schlagobers ungeschlagen zum Schluss beifügen, mit Mixstab aufschlagen, aber nicht mehr kochen lassen. Schnittlauch fein schneiden und die Suppe damit aufwerten.

Für die Einlage Semmeln stiftelig schneiden, in Butter leicht anrösten und zur Suppe reichen.

- Anstelle von Semmeln können auch Backerbsen, statt Dinkel glattes Mehl verwendet werden.

1119. Südtiroler Zwiebelsuppe

Soupe à l'oignon du Tyrol du Sud

kcal	kJ	K	E	F
185	776	10	4	14

- ❑ 0,50 kg Zwiebel
- ❑ 0,04 kg Butter
- ❑ 1 1/2 l Wasser
- ❑ Suppenwürze oder Fleisch- oder Knochenbrühe
- ❑ 0,20 l Schlagobers

Einlage:

- ❑ 5 Scheiben Toastbrot
- ❑ 2 Eier
- ❑ 0,03 kg Butter
- ❑ Salz
- ❑ 1 Bund Schnittlauch

Zwiebeln schälen, fein hacken, in Butter hell anrösten, mit Wasser oder Bouillon aufgießen, würzen und auf kleiner Flamme ca. 25 Minuten kochen lassen. Mit Mixstab pürieren, aufkochen, Schlagobers beigeben und abschmecken.

Die Toastbrotscheiben eventuell rund ausstechen, in versprudeltes Ei tauchen und in heißer Butter auf beiden Seiten goldgelb backen. Als Einlage in die angerichtete Suppe geben, mit Schnittlauch bestreut servieren.

1120. Kärntner Kirchtagssuppe

Potage de kermesse carinthien

kcal	kJ	K	E	F
245	1025	9	20	12

- ❑ 0,25 kg Rindfleisch zum Kochen
- ❑ 0,25 kg Lammschulter
- ❑ 0,25 kg Geflügelklein
- ❑ 0,05 kg Rindsmilz
- ❑ 0,05 kg Schweinsleber
- ❑ 0,50 kg Rindfleischknochen
- ❑ 2 l Wasser
- ❑ 0,10 kg Suppengemüse
- ❑ 0,10 kg Zwiebel
- ❑ 5 Pfefferkörner
- ❑ Safran
- ❑ 5 Nelken
- ❑ 1 Salbeiblatt
- ❑ Msp. Ingwer
- ❑ Basilikum
- ❑ Salz
- ❑ 1 Lorbeerblatt
- ❑ Zimt

- ❑ 1/4 l Sauerrahm
- ❑ 1 Eidotter
- ❑ 0,02 kg Mehl glatt
- ❑ 2 EL Weißwein
- ❑ 0,10 kg Schwarzbrot

Das Fleisch mit den Gewürzen und dem Suppengemüse in kaltem Wasser zustellen und langsam kochen lassen. Wenn das Fleisch weich ist, herausnehmen, überkühlen und klein schneiden. Suppe abseihen und aufkochen lassen.

Rahm, Eidotter und Mehl verrühren, Suppe damit legieren, Fleisch dazugeben und mit Wein abschmecken.

Schwarzbrot kleinwürfelig schneiden, in der Pfanne oder im Rohr trocken rösten. Suppe mit Schwarzbrot servieren.

- Anstelle der Schwarzbrotwürfel kann man süßes Weizenbrot = „Reindling“ dazugeben.
- Anstelle von Geflügelklein kann Suppenhuhn verwendet werden.

1121. Metnitztaler Kassuppe

Potage au fromage de la vallée de Metnitz

kcal	kJ	K	E	F
274	1148	14	9	19

- ❑ 0,05 kg Butter
- ❑ 0,10 kg Schalotten oder Zwiebel
- ❑ 0,10 kg Mehl glatt
- ❑ 3/4 l Milch
- ❑ 1 l kräftige Rindsuppe oder 1 l Wasser und Suppenwürfel
- ❑ 0,15 kg Bergkäse oder milder Emmentaler
- ❑ Salz
- ❑ Muskatnuss
- ❑ Kümmel gehackt
- ❑ Zitronensaft
- ❑ ungespritzte Zitronenschale
- ❑ 1/4 l Sauerrahm

Garnierung:

- ❑ 1/8 l Schlagobers
- ❑ 1 Eidotter

Bergkäse reiben, Schalotten fein schneiden, in der heißen Butter anlaufen lassen, Mehl dazugeben und kurz anrösten. Mit Milch aufgießen, Bergkäse und Kümmel beifügen und unter ständigem Rühren einmal aufkochen. Suppe und geriebene Zitronenschale hinzufügen, verkochen lassen und mit Salz, Zitronensaft und Muskatnuss abschmecken. Abgerührten Sauerrahm beifügen und mit Mixstab kurz vor dem Service aufschlagen.

Leicht geschlagenes Obers und Eidotter vermischen. Die Suppe in Tassen füllen, mit Schlagobersgemisch begießen und im Rohr bei 250° C goldgelb überbacken (nur Oberhitze).

- Die Suppe kann auch in ein **Brottöpferl** gefüllt werden. Für die Herstellung des Brottöpferls wird Brotteig aus Weizen- und Roggenmehl in kleinen Formen (ca. 10–12 cm Durchmesser) vom Bäcker gebacken, dann der Deckel abgeschnitten und ausgehöhlt.

1122. Burgenländische Bohnensuppe

Potage de haricots blancs

kcal	kJ	K	E	F
117	489	14	6	3

- ❑ 0,15 kg Bohnen getrocknet
- ❑ 1 l Wasser
- ❑ 0,10 kg Zwiebel
- ❑ 0,03 kg Schweineschmalz
- ❑ Salz
- ❑ Suppenwürze
- ❑ 0,20 kg Karotten

Farferl – Einlage:

- ❑ 1 Ei
- ❑ 0,06 kg Mehl griffig
- ❑ 1 Bund Petersilie

Bohnen in kaltem Wasser ca. 2 Stunden oder über Nacht einweichen und weich kochen.

Fein gehackte Zwiebel anrösten, mit den gekochten Bohnen aufgießen, würzen, die fein gerissenen Karotten darin weich kochen und auf die erforderliche Suppenmenge ergänzen.

Farferl: Für die Einlage Ei und Mehl vermischen, in die kochende Suppe bröseln und kurz verkochen lassen. Zuletzt pikant abschmecken und mit fein gehackter Petersilie bestreut servieren.

1123. Broccolicremesuppe
Velouté de broccoli

kcal	kJ	K	E	F
93	388	2	2	8

- ❏ 0,05 kg Butter
- ❏ 0,10 kg Zwiebel
- ❏ 0,80 kg Broccoli
- ❏ Salz
- ❏ Suppenwürze
- ❏ Knoblauch
- ❏ Pfeffer
- ❏ 1 l Wasser

- ❏ 1/8 l Schlagobers
- ❏ 1 Bund Petersilie

Broccoli putzen, kleine schöne Röschen abschneiden und in wenig Salzwasser kochen. Die restlichen Broccoli kleiner schneiden, Zwiebel hacken, in Butter hell anlaufen lassen, Broccoli dazugeben, mit Wasser bedecken, würzen und weich kochen. Broccoli pürieren, auf die gewünschte Suppenmenge ergänzen, aufkochen und nachwürzen. Schlagobers in die kochend heiße Suppe einrühren, mit Mixstab aufschlagen oder leicht geschlagen auf die bereits angerichtete Suppe geben.
Die Broccoliröschen als Einlage in die Suppe legen und mit fein gehackter Petersilie bestreut servieren.

1124. Fenchelcremesuppe
Potage au fenouil

kcal	kJ	K	E	F
119	496	6	4	8

- ❏ 0,03 l Olivenöl
- ❏ 0,10 kg Zwiebel
- ❏ 0,70 kg Fenchel
- ❏ 3 cl Pernot
- ❏ 1 l Hühnerbouillon
- ❏ 1 KL Liebstöckl frisch
- ❏ 0,50 l Acidophilusmilch
- ❏ Salz
- ❏ Muskatnuss

- ❏ 1/8 l Schlagobers
- ❏ Fenchelgrün gehackt

Fenchel putzen (siehe Seite 17), in 1 cm große Stükke schneiden, Zwiebel fein hacken, in Öl glasig anlaufen lassen, Fenchel dazugeben, mit Pernot und Hühnerbouillon aufgießen, weichkochen und zuletzt Liebstöckl beifügen. 1/3 der Fenchelstücke als Suppeneinlage herausnehmen, die restliche Masse pürieren mit Acidophilusmilch aufgießen, würzen, aufkochen und zuletzt mit Schlagobers verfeinern und anrichten.
Als Einlage Fenchelstücke dazugeben und zum Bestreuen fein gehacktes Fenchelgrün verwenden.

- Als Einlage kann man zusätzlich gebähte Vollkornbrotwürfel oder Knoblauchcroûtons reichen – in der Pfanne oder im Rohr bei 100° C bähen.

1125. Karfiolcremesuppe
Velouté de choux-fleurs

kcal	kJ	K	E	F
83	349	3	3	7

- ❏ 1 kg Karfiol
- ❏ 1 l Wasser
- ❏ Suppenwürze
- ❏ Salz
- ❏ Muskatnuss

Karfiol in Röschen teilen und Strunk kleiner schneiden. Einen Teil der Röschen als Suppeneinlage verwenden und in wenig Salzwasser garen. Den restlichen Karfiol mit Wasser bedecken, würzen und weich kochen. Karfiol pürieren, auf die notwendige Suppenmenge ergänzen und mit Salz und Muskatnuss

- ❑ 0,20 l Schlagobers
- ❑ 1 Bund Petersilie

abschmecken. Schlagobers in die kochend heiße Suppe einrühren, mit Mixstab aufschlagen oder leicht geschlagen auf die bereits angerichtete Suppe geben. Die Karfiolröschen als Einlage in die Suppe geben und mit fein gehackter Petersilie bestreut servieren.

1126. Porreecremesuppe mit Schinkenstreifen

Velouté de poireaux au jambon

kcal	kJ	K	E	F
150	627	11	5	10

- ❑ 0,02 kg Öl
- ❑ 0,50 kg Porree
- ❑ 0,50 kg Erdäpfel
- ❑ 1/2 l Wasser
- ❑ Salz
- ❑ Suppenwürze
- ❑ Pfeffer
- ❑ 0,01 kg Butter
- ❑ 1 l Wasser

- ❑ 1/8 l Schlagobers
- ❑ 1 Bund Petersilie
- ❑ 0,10 kg Schinken

Porree putzen, waschen und fein schneiden. Etwas Porree als Suppeneinlage verwenden und in Butter kernig dünsten. Erdäpfel schälen und würfelig schneiden. Den restlichen Porree in Öl anrösten, Erdäpfel beifügen, mit Wasser bedecken, würzen und weich dünsten. Petersilie fein hacken und Schinken julienne schneiden. Suppe pürieren, auf die gewünschte Menge ergänzen, nachwürzen, aufkochen, mit Obers verbessern und nochmals mit Mixstab aufschlagen. Mit Petersilie und Schinkenstreifen bestreut servieren.

1127. Kürbiscremesuppe

Velouté de potiron

kcal	kJ	K	E	F
97	406	4	2	8

- ❑ 0,05 kg Butter
- ❑ 0,10 kg Zwiebel
- ❑ 1,50 kg Kürbis
- ❑ 1 l Wasser
- ❑ Suppenwürze
- ❑ Salz
- ❑ frischer Thymian
- ❑ Lorbeerblatt
- ❑ Knoblauch

- ❑ 1/8 l Schlagobers
- ❑ 1 Bund Petersilie

Kürbis schälen, halbieren, entkernen und in größere Würfel schneiden. Zwiebel grob hacken, in Butter glasig anrösten, Kürbiswürfel beigeben, kurz mitrösten, mit Wasser bedecken, würzen und weich kochen. Mit Mixstab pürieren, auf die notwendige Suppenmenge ergänzen, nachwürzen und aufkochen. Schlagobers ungeschlagen beifügen, mit dem Mixstab aufschlagen oder leicht geschlagen auf die bereits angerichtete Suppe geben. Mit fein gehackter Petersilie verbessern.

- Man kann Kürbiskerne als Suppeneinlage verwenden.
- Anstelle von Kürbis können Zucchini genommen werden = **Zucchinicremesuppe** (Zucchini nicht schälen).

1128. Zellercremesuppe
Velouté de céleri

kcal	kJ	K	E	F
95	397	3	2	8

- ❑ 0,05 kg Butter
- ❑ 0,10 kg Zwiebel
- ❑ 0,80 kg Zeller
- ❑ ½ Zitrone
- ❑ Salz
- ❑ Pfeffer
- ❑ Muskatnuss
- ❑ 1 l Wasser
- ❑ ⅛ l Schlagobers
- ❑ 1 Bund Petersilie

Zeller schälen, waschen, in größere Stücke schneiden, Zwiebel hacken und in Butter hell anrösten, Zeller beigeben, mit Wasser bedecken, würzen und weich dünsten. Petersilie fein hacken, Zeller mit Mixstab pürieren, auf die notwendige Suppenmenge ergänzen, nachwürzen und aufkochen. Schlagobers ungeschlagen beifügen und mit dem Mixstab aufschlagen oder leicht geschlagen auf die bereits angerichtete Suppe geben und mit fein gehackter Petersilie aufwerten.

1129. Karottencremesuppe
Velouté de carottes

kcal	kJ	K	E	F
150	626	6	2	12

- ❑ 0,10 kg Zwiebel
- ❑ 0,70 kg Karotten
- ❑ 0,05 kg Butter
- ❑ 1 KL Kristallzucker
- ❑ $^1/_{10}$ l Weißwein
- ❑ 1 l Wasser
- ❑ Salz
- ❑ Suppenwürze
- ❑ ¼ l Schlagobers
- ❑ 1 Bund Petersilie

Karotten putzen, waschen und reißen oder würfelig schneiden. Zwiebel fein hacken und in Butter hell anrösten. Karotten und etwas Zucker dazugeben, mitrösten, mit Wein löschen, mit Wasser aufgießen, würzen und weich kochen. Mit Mixstab pürieren, auf die erforderliche Suppenmenge ergänzen, nachwürzen und aufkochen. Ungeschlagenes Obers beifügen, nochmals aufschlagen, aber nicht mehr kochen lassen. Oder Schlagobers extra schlagen und auf die fertig angerichtete Suppe geben. Mit fein gehackter Petersilie bestreut servieren.

- Als Einlage kann man Topfennockerl, Backerbsen oder geröstete Semmelstangerl geben.

1130. Paradeissuppe mit Champignons
Potage de tomates aux champignons

kcal	kJ	K	E	F
102	426	7	2	7

- ❑ 0,03 kg Butter
- ❑ 0,15 kg Zwiebel
- ❑ 0,20 kg Champignons
- ❑ ½ Zitrone
- ❑ 0,04 kg Mehl glatt
- ❑ 1 kg Paradeiser (Dose)
- ❑ Salz
- ❑ Suppenwürze
- ❑ Pfeffer
- ❑ Oregano

Zwiebel fein hacken, Champignons feinblättrig schneiden und mit Zitronensaft beträufeln. Paradeiser klein schneiden, Zwiebel in Butter hell anrösten, Champignons mitrösten, bis die Flüssigkeit verdunstet ist, mit Mehl stauben, Paradeissaft und Paradeiser beifügen, würzen und ca. 20 Minuten dünsten lassen. Auf die gewünschte Suppenmenge ergänzen, aufkochen, mit Wein abschmecken und nachwürzen. Schlagobers leicht schlagen, auf die bereits angerichtete Suppe geben und mit fein gehackter Petersilie aufwerten.

- ❑ Knoblauch
- ❑ 1/16 l Rotwein
- ❑ 1/8 l Schlagobers
- ❑ 1 Bund Petersilie

● Anstelle von Dosenparadeisern können auch frische, vorher blanchierte Paradeiser verwendet werden.

1131. Sauerampfersuppe
Potage à l'oseille

kcal	kJ	K	E	F
154	645	12	3	9

- ❑ 0,05 kg Butter
- ❑ 0,05 kg Zwiebel
- ❑ 0,08 kg Mehl glatt
- ❑ 1 1/2 l Wasser oder Fleischbrühe
- ❑ 0,50 kg Sauerampfer
- ❑ Salz
- ❑ Pfeffer
- ❑ Muskatnuss
- ❑ Knoblauch
- ❑ 1/8 l Weißwein
- ❑ 1/4 l Sauerrahm

Einlage:
- ❑ 0,10 kg Schwarzbrot
- ❑ 0,02 kg Butter

Eine helle Zwiebeleinmach zubereiten, aufgießen, verkochen lassen und würzen. Sauerampferblätter waschen, einen Teil weggeben und zum Aufwerten fein schneiden und mit Sichtfolie abdecken. Die restlichen Blätter kurz blanchieren, abseihen, fein hacken und in die verkochte Einmach geben. Suppe pürieren, mit Weißwein abschmecken, auf die erforderliche Suppenmenge ergänzen, aufkochen und nachwürzen. Sauerrahm mit Wasser vermischen und zuletzt einrühren. Schwarzbrot in Würfel schneiden und in Butter rösten. Mit fein geschnittenem Sauerampfer aufwerten.

● Geschnittenen Sauerampfer unbedingt abdecken, da er sich sonst graugrün verfärbt.

● Anstelle von Sauerrahm kann auch Schlagobers verwendet werden.

● Sauerampferblätter nur im Frühjahr verwenden.

1132. Austernpilzsuppe mit Knoblauchcroûtons
Potage aux pleurotes et croûtons à l'ail

kcal	kJ	K	E	F
201	841	9	3	16

- ❑ 0,50 kg Austernpilze
- ❑ 0,05 kg Butter
- ❑ 0,15 kg Zwiebel
- ❑ Knoblauch
- ❑ Majoran
- ❑ Salz
- ❑ 5–6 EL Weißwein
- ❑ 1 1/2 l Hühnerbouillon
- ❑ 1/4 l Schlagobers
- ❑ 1/2 Bund Petersilie

Knoblauchbrot:
- ❑ 5 Scheiben Toastbrot
- ❑ 0,04 kg Butter
- ❑ Knoblauch
- ❑ Salz

Pilze putzen, waschen, kleiner schneiden, Zwiebel fein hacken, glasig anrösten, Pilze beifügen und ca. 5 Minuten dünsten lassen. Einen Teil der Pilze als Einlage herausnehmen, die restlichen Pilze mit Wein ablöschen, mit Hühnerbouillon aufgießen, 5 Minuten kochen lassen, pürieren und zuletzt mit Schlagobers verfeinern, aber nicht mehr kochen. Mit gehackter Petersilie aufwerten und als Einlage die gedünsteten Pilze und Knoblauchcroûtons in die Suppe geben.

Knoblauchcroûtons: Toastbrotscheiben mit gewürzter Knoblauchbutter bestreichen, 1 cm große Würfel schneiden oder Herzen ausstechen und im Rohr bei 100° C bähen.

1133. Klare Suppe mit Kräutertopfennockerln

Bouillon aux boulettes de fromage blanc aux fines herbes

kcal	kJ	K	E	F
118	496	5	7	7

- ❑ 1 ¾ klare Suppe
- ❑ 1 Bund Schnittlauch

Einlage:

- ❑ 0,50 kg Topfen
- ❑ 2 Eier
- ❑ 1 Bund Petersilie
- ❑ 1 Bund Schnittlauch oder TK-Kräuter
- ❑ 0,05 kg Mehl griffig
- ❑ Salz
- ❑ Muskatnuss

Eine klare Suppe herstellen – siehe Allex, „Kochen nach Grundrezepten Teil 1“.

Einlage: Topfen und Ei vermischen und Kräuter fein schneiden. Mehl, Kräuter und Gewürze beigeben. Kleine Nockerl mit einem Kaffeelöffel formen, in kochendes Salzwasser einlegen und zugedeckt 15 Minuten ziehen, aber nicht kochen lassen.

- Die gegarten Nockerl eignen sich zum Tiefkühlen.
- Auch als Einlage für diverse Cremesuppen.
- Anstelle von Mehl kann man Vollmehl verwenden.

1134. Klare Suppe mit Käsenockerln

Bouillon au boulettes de fromage

kcal	kJ	K	E	F
191	799	8	7	14

- ❑ 1 ¾ l klare Suppe
- ❑ 1 Bund Schnittlauch

Einlage:

- ❑ 0,10 kg Butter weich
- ❑ 4 Eier
- ❑ Salz
- ❑ Muskatnuss
- ❑ 1 Bund Petersilie
- ❑ 0,10 kg Emmentaler
- ❑ 0,10 kg Brösel
- ❑ 4 EL Wasser lauwarm

Eine klare Suppe herstellen – siehe Allex, „Kochen nach Grundrezepten Teil 1“.

Einlage: Butter schaumig rühren, Eier versprudelt langsam beifügen, würzen, Käse reiben, Petersilie fein hacken, mit den übrigen Zutaten vermischen, 30 Minuten ziehen lassen. Nockerl formen und in die leicht wallende fertige Suppe einkochen. 10 Minuten offen ziehen lassen, mit fein geschnittenem Schnittlauch die Suppe aufwerten.

1135. Klare Suppe mit Kaspressknödeln

Bouillon aux boulettes au fromage

kcal	kJ	K	E	F
499	2090	25	26	13

- ❑ 1¾ l klare Suppe
- ❑ 1 Bund Schnittlauch

Einlage:

- ❑ 0,05 kg Zwiebel
- ❑ 0,40 kg Graukäse
- ❑ 0,40 kg Emmentaler oder Edamer
- ❑ 0,20 kg Knödelbrot
- ❑ 0,08 kg Mehl griffig

Eine klare Suppe herstellen – siehe Allex, „Kochen nach Grundrezepten Teil 1“.

Einlage: Zwiebel fein hacken, Käse grob reißen, Schnittlauch schneiden und mit den anderen Zutaten vermischen. 30 Minuten rasten lassen. Kleine Knödel formen, diese 1 cm dick flach drücken (=pressen), kleine Laibchen formen, in Bröseln wälzen und in wenig heißem Fett herausbacken. Das Öl

- ❏ Salz
- ❏ Pfeffer
- ❏ Kräutersalz
- ❏ 1 Bund Schnittlauch
- ❏ 3 Eier
- ❏ 1/8 l Joghurt
- ❏ Brösel zum Wälzen
- ❏ 0,05 kg Öl zum Herausbacken

muss sehr heiß sein. Kaspressknödel in heiße Suppe geben und sofort servieren.

- Die Suppe kann vor dem Servieren zusätzlich mit gerösteten Zwiebeln bestreut werden.
- Diese Suppeneinlage ist eine **Lungauer Spezialität.**
- Im **Pongau** wird anstelle von Graukäse gut gereifter Bierkäse verwendet.

1136. Klare Suppe mit Käsestrudel

Bouillon au stroudel au fromage

kcal	kJ	K	E	F
185	772	9	7	12

- ❏ 1 3/4 l klare Suppe
- ❏ 1 Bund Schnittlauch

Einlage:

- ❏ 0,12 kg Mehl glatt
- ❏ 0,01 kg Öl
- ❏ 1/16 l Wasser lauwarm
- ❏ Salz

Fülle:

- ❏ 0,20 kg Emmentaler
- ❏ 1 Bund Petersilie
- ❏ 0,05 kg Butter
- ❏ Mehl zum Ausarbeiten
- ❏ Öl zum Bestreichen

Eine klare Suppe herstellen – siehe Allex, „Kochen nach Grundrezepten Teil 1“.

Einlage: Einen Strudelteig herstellen, nach dem Rasten dünn ausziehen, mit Butter beträufeln, mit geriebenem Käse und fein gehackter Petersilie bestreuen, einrollen und befettet im Rohr bei 180–200° C backen. Strudel portionieren und zur Suppe reichen.

- Anstelle von selbst hergestelltem Teig kann 1 Doppelpackung Fertigstrudel verwendet werden.

1137. Klare Suppe mit Fleischroulade (Hascheeroulade)

Bouillon au rouleau de viande

kcal	kJ	K	E	F
220	921	12	11	13

- ❏ 1 3/4 l klare Suppe
- ❏ 1 Bund Schnittlauch

Einlage:

- ❏ 5 Eiklar
- ❏ Salz
- ❏ 5 Eidotter
- ❏ 0,09 kg Mehl griffig
- ❏ Butter zum Befetten

Fülle:

- ❏ 0,20 kg Zwiebel
- ❏ 0,02 kg Öl

Eine klare Suppe herstellen – siehe Allex, „Kochen nach Grundrezepten Teil 1“.

Einlage: Blech befetten, Rohr auf 200° C vorheizen. Eiklar mit Salz steif schlagen, Eidotter und Mehl einmelieren und Masse dünn aufstreichen, backen, auf ein feuchtes Hangerl stürzen und sofort einrollen. Mit Fülle bestreichen, einrollen und portionieren.

Fülle: Fein gehackte Zwiebel in Öl anrösten, das Faschierte beifügen, mitrösten, pikant abschmecken und die Masse mit Ei, fein gehackter Petersilie und Bröseln binden.

- ❑ 0,25 kg Faschiertes
- ❑ 1 Bund Petersilie
- ❑ Salz
- ❑ Pfeffer
- ❑ 1 Ei
- ❑ 0,05 kg Brösel

- Anstelle von Ei kann man die Fülle mit Béchamel oder einer eingeweichten, passierten Semmel binden.

1138. Klare Suppe mit Bärlauchfrittaten

Bouillon aux crêpes coupées à l'ail sauvage

kcal	kJ	K	E	F
98	412	10	2	5

- ❑ $1\,^3/_4$ l klare Suppe
- ❑ 1 Bund Schnittlauch

Einlage:

- ❑ 0,12 Mehl glatt
- ❑ $^1/_8$ l Milch
- ❑ $^1/_8$ l Wasser
- ❑ 1 Ei
- ❑ 1 EL Öl
- ❑ Salz
- ❑ 0,04 kg Bärlauch
- ❑ Öl zum Herausbacken

Eine klare Suppe herstellen – siehe Allex, „Kochen nach Grundrezepten“.

Einlage: Einen Frittatenteig herstellen. Vom Bärlauch die groben Stängel entfernen, waschen, die Blätter fein schneiden und in den Teig geben. Dünne Frittaten backen, einrollen oder der Länge nach vierteln und feinnudelig schneiden.

- Bärlauch kann nur im Frühjahr vor der Blütezeit verwendet werden.
- Anstelle von Bärlauch können frische oder tiefgekühlte Kräuter in den Teig gemischt werden – **Kräuterfrittaten.**

1139. Geeiste Gurkensuppe

Potage froid aux conconbres

kcal	kJ	K	E	F
125	525	7	7	7

- ❑ 2 Gurken frisch
- ❑ $^1/_4$ l Hühnerbouillon
- ❑ $^1/_4$ l Kaffeeobers
- ❑ $^1/_2$ l Joghurt
- ❑ $^1/_2$ Bund Dille
- ❑ 1 Zitrone
- ❑ Salz
- ❑ Knoblauch
- ❑ Pfeffer

Garnierung:

- ❑ Dillblättchen

Gurken schälen, groß würfelig schneiden, in kochenden Hühnerbouillon geben, 5 Minuten garen lassen und pürieren. Kalt stellen, mit Kaffeeobers, Joghurt und fein gehackter Dille vermischen, würzen, sehr kalt in eiskalten Bouillontassen mit Dillspitzen servieren.

- Diese Suppe ist besonders für die heiße Jahreszeit geeignet und sehr erfrischend.
- Als Einlage kann man zusätzlich Fleurons (= Blätterteighalbmonde) geben.

ca. 4–5 cm Durchmesser des Ausstechers

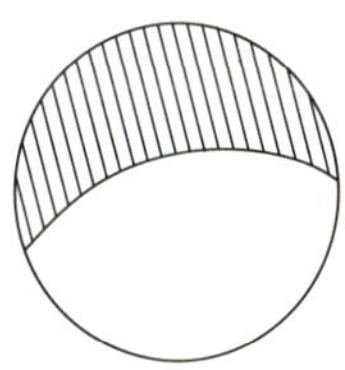

HAUPTSPEISEN

1140. Fisolenfleisch
Viande aux haricots verts

kcal	kJ	K	E	F
376	1569	8	27	23

- ❑ 0,05 kg Öl
- ❑ 0,25 kg Zwiebel
- ❑ 1,20 kg Schweinsschulter
- ❑ 1,20 kg Fisolen
- ❑ Knoblauch
- ❑ Paprika
- ❑ Kümmel gehackt
- ❑ Salz
- ❑ 0,03 kg Paradeismark
- ❑ 1/4 l Sauerrahm
- ❑ 1 EL Mehl glatt
- ❑ 1 Bund Petersilie

Zwiebeln ringelig, das Fleisch in 2–3 cm große Würfel schneiden. Zwiebeln hell anrösten, das Fleisch beifügen und gut mitrösten. Zuerst im eigenen Saft, dann mit wenig Wasser aufgießen, halbweich dünsten, würzen und geputzte, in 2 cm große Stücke geschnittene Fisolen beifügen und fertig dünsten. Sauerrahm mit Mehl und wenig Wasser verrühren, den Eintopf damit binden, kurz verkochen und mit fein gehackter Petersilie aufwerten.

- Anstelle von frischen Fisolen kann man 1 kg TK-Fisolen verwenden.
- Verbesserung: Dille und Zitronensaft.

1141. Giselabraten
Rôti Giséla

kcal	kJ	K	E	F
642	2688	18	31	44

- ❑ 1 kg Faschiertes
- ❑ 0,25 kg Magertopfen
- ❑ 3 Semmeln
- ❑ 2 Eier
- ❑ 0,05 kg Zwiebel
- ❑ 0,02 kg Öl
- ❑ 1 Bund Petersilie
- ❑ Salz
- ❑ Pfeffer
- ❑ Majoran
- ❑ 0,05 kg Brösel

Fülle:
- ❑ 0,10 kg Gurkerl
- ❑ 2 Eier
- ❑ 0,10 kg Karotten
- ❑ 0,10 kg Schweinsnetz

Saft:
- ❑ 0,01 kg Butter

oder Sauce:
- ❑ 1/8 l Sauerrahm
- ❑ 0,01 kg Mehl glatt

Schweinsnetz wässern, Karotten in wenig Wasser kernig kochen und Eier 7–8 Minuten kochen. Semmeln einweichen, gut ausgedrückt faschieren oder passieren. Rohr auf 200° C vorheizen. Zwiebel fein hacken, in Öl anrösten, Petersilie fein hacken und Faschiertes mit allen Zutaten sehr gut vermischen und würzen. Schweinsnetz dünn ausbreiten, die Fleischmasse 1 cm dick aufstreichen, der Länge nach mit Eiern, Gurkerln und Karotten belegen, einrollen und hauchdünn ins Schweinsnetz einhüllen. 1 bis 1 1/2 Stunden braten. Saft entfetten, mit Butter verbessern, mit wenig Bouillon aufgießen und Braten 5 Minuten überkühlen lassen, schneiden.
Falls Sauce erforderlich ist, Sauerrahm mit Mehl und wenig Wasser vermischen, den entfetteten Bratensaft binden und aufkochen.

- Das Faschierte kann auch mit Bröseln geformt und mit wenig Öl gebraten werden.
- Um ein Platzen des Bratens zu verhindern, Fleischmasse sehr gut durcharbeiten.

1142. Schwedischer Frittatenkuchen
Crêpes à la viande hâchée style suédois

kcal	kJ	K	E	F
427	1787	26	19	25

Frittatenteig:
- ❑ 0,25 kg Mehl glatt
- ❑ 1/4 l Wasser
- ❑ 1/4 l Milch
- ❑ 1 EL Öl
- ❑ 2 Eier
- ❑ Salz

- ❑ 0,03 kg Öl

Fülle:
- ❑ 0,50 kg Faschiertes
- ❑ 0,02 kg Öl
- ❑ 0,05 kg Zwiebel
- ❑ 1 Bund Petersilie
- ❑ Salz
- ❑ Pfeffer
- ❑ Majoran
- ❑ 2 Semmeln

Überguss:
- ❑ 1/4 l Sauerrahm
- ❑ 2 Eier
- ❑ Salz

Einen Frittatenteig zubereiten – siehe Allex, „Kochen nach Grundrezepten Teil 1".
Frittaten backen und Rohr auf 200° C vorheizen. In eine befettete Auflaufform lagenweise Frittaten und Fülle geben. Mit einer Frittate abschließen, den Überguss darüber verteilen, die Masse leicht anstechen und 1/2 Stunde backen, bis der Kuchen hellbraun ist.

Fülle: Semmeln einweichen, Zwiebel fein hacken, in Öl kurz anrösten. Petersilie hacken, Semmeln passieren oder faschieren. Faschiertes mit allen Zutaten vermischen und würzen.

Überguss: Zutaten vermischen.

- Anstelle des Faschierten können auch 0,50 kg Krakauer oder Braunschweiger faschiert oder 0,40 kg Faschiertes und 0,20 kg blättrig geschnittene Champignons verwendet werden.

1143. Esterházyrostbraten
Rosbif Esterházy

kcal	kJ	K	E	F
516	2158	9	32	35

- ❑ 1,50 kg Rostbraten (pro Person 0,15 kg)
- ❑ Salz
- ❑ Pfeffer
- ❑ Knoblauchpulver
- ❑ 3–4 EL Mehl griffig
- ❑ 0,03 kg Öl
- ❑ Suppenwürze
- ❑ Thymian
- ❑ Paprika
- ❑ Kapern
- ❑ Lorbeerblatt

- ❑ 1/4 l Kaffeeobers
- ❑ 0,02 kg Stärkemehl

Fleisch leicht plattieren, würzen, eine Seite in Mehl tauchen und partienweise in wenig heißem Öl kurz und scharf abbraten, mit wenig Wasser aufgießen, pikant würzen und ca. 1 Stunde weich dünsten. Kaffeeobers mit Stärkemehl vermengen, beifügen, kurz verkochen und bei Bedarf zu einer sämigen Sauce verdünnen.

Rostbraten anrichten, die Sauce darüber gießen, das gedünstete Gemüse in der Mitte der Schnitzel anrichten, mit fein gehackter Petersilie bestreuen und mit Zitronenscheiben garnieren.

Belag: Zwiebel fein hacken, hell anrösten, das julienne geschnittene Gemüse beifügen und kernig dünsten.

Belag:
- ❑ 0,10 kg Zwiebel
- ❑ 0,04 kg Butter
- ❑ 0,20 kg Petersilienwurzel
- ❑ 0,15 kg Karotten
- ❑ 0,10 kg Zeller

Garnierung:
- ❑ 1 Bund Petersilie
- ❑ 2 Zitronen

1144. Girardischnitzel
Escalope Girardi

kcal	kJ	K	E	F
336	1411	5	34	16

- ❑ 1,50 kg Rindsschnitzel (pro Person 0,15 kg)
- ❑ Salz
- ❑ Pfeffer
- ❑ 3–4 EL Mehl griffig
- ❑ 0,03 kg Öl
- ❑ 1/4 l Weißwein

- ❑ 0,03 kg Öl
- ❑ 0,10 kg Zwiebel
- ❑ 0,30 kg Champignons
- ❑ 0,05 kg Gurkerl
- ❑ 1 EL Kapern
- ❑ 1 EL Senf
- ❑ 1 EL Ketchup
- ❑ 1/4 l Sauerrahm
- ❑ 0,01 kg Mehl glatt

- ❑ 1 Ei
- ❑ 1 Bund Petersilie

Schnitzel plattieren, würzen, eine Seite in Mehl tauchen, partienweise abbraten, mit wenig Wasser und Wein aufgießen und 1–1 1/2 Stunden weich dünsten. Zwiebel, Gurkerl und Champignons fein hacken. Zwiebel hell anrösten, Champignons und Gurkerl beifügen und zuletzt kurz mit dem Fleisch mitdünsten, mit fein gehackten Kapern, Senf und Ketchup würzen. Sauerrahm mit Mehl und wenig Wasser versprudeln, die Sauce binden, aufkochen lassen und nachwürzen.
Beim Anrichten die Sauce über das Fleisch gießen, das hart gekochte, fein gehackte Ei und die fein gehackte Petersilie in der Mitte darüber streuen.

- Die Champignons können auch feinblättrig geschnitten werden.

1145. Ratsherrenroulade
Rouleau de boeuf en sauce

kcal	kJ	K	E	F
542	2271	8	45	32

- ❑ 1,50 kg Rindsschnitzel dünn geschnitten (pro Person 0,15 kg)
- ❑ Salz
- ❑ Pfeffer
- ❑ Senf

Gurkerl und Zwiebel fein hacken und Wurzelwerk fein reißen. Schnitzel plattieren, würzen, mit Senf bestreichen, mit Gurkerln bestreuen und mit Speck und Würstel belegen. Einrollen, binden oder feststecken, in wenig Öl partienweise abbraten. Im restlichen Fett das Wurzelwerk und die Zwiebel anrös-

Lammfilet in der Erdäpfel–Kürbiskruste mit Kerbelsauce und Romanescoröschen

Flugentenbrust in Gewürzsaat mit Blutorangensauce, Erdäpfelsäckchen und Gemüsegarnitur

Mozarella mit Paradeisern und Basilikum

- ❑ 0,10 kg Gurkerl
- ❑ 0,15 kg Frühstücksspeck dünn geschnitten
- ❑ 0,40 kg Debreziner
- ❑ 0,06 kg Öl
- ❑ 0,40 kg Wurzelwerk
- ❑ 0,10 kg Zwiebel
- ❑ Pfefferkörner
- ❑ Lorbeerblatt
- ❑ Thymian
- ❑ 1/8 l Weißwein
- ❑ 1 EL Paradeismark
- ❑ 1–2 KL Stärkemehl
- ❑ 1/8 l Kaffeeobers

ten, die Röllchen darauf legen, aufgießen, würzen und 60–90 Minuten weich dünsten. Die Rollen herausnehmen, das Gemüse passieren oder pürieren, mit den restlichen Zutaten verbessern, leicht binden und kurz verkochen. Die Röllchen entweder ganz lassen oder schräg durchschneiden.

1146. Chicoréeröllchen

Rouleaux de chicorée

kcal	kJ	K	E	F
367	1540	2	33	21

- ❑ 0,70 kg Chicorée
- ❑ 0,15 kg Frühstücksspeck dünn geschnitten
- ❑ 1,50 kg Rindsschnitzel
- ❑ Salz
- ❑ Pfeffer
- ❑ Paprikapulver
- ❑ 0,04 kg Öl
- ❑ 1/4 l Weißwein
- ❑ 2 EL Paradeismark
- ❑ 1/8 l Crème fraîche oder Sauerrahm

Chicorée waschen, mit kleinem Messer den kegelförmigen, bitteren Kern entfernen (siehe Seite 17) und in Salzwasser blanchieren. Gut abgetropft jeweils mit 2 dünnen Speckstreifen umwickeln. Schnitzel plattieren, würzen, Chicorée darauf legen, einrollen und feststecken. In wenig heißem Öl partienweise abbraten, mit Wein die Röstprodukte lösen, mit wenig Wasser aufgießen und mit Paradeismark abschmecken. Röllchen 60–90 Minuten weich dünsten. Crème fraîche oder Sauerrahm mit Wasser abrühren, Saft verfeinern und bei Bedarf aufgießen.

1147. Flugentenbrust in Gewürzsaat mit Blutorangensauce

Poitrine d'oie épicée sauce à l'orange

kcal	kJ	K	E	F
466	1952	10	32	29

- ❑ 1,20 kg kleine Flugentenbrüstchen
- ❑ Salz
- ❑ Pfeffer
- ❑ 0,01 kg Öl
- ❑ 0,01 kg Butter

Rohr auf 200° C vorheizen. Flugentenbrust auf der Fettseite 2 mm breit der Breite nach einschneiden, würzen und im Öl-Buttergemisch scharf anbraten bis die Fettseite hellbraun ist. Überkühlt mit Gewürzsaat bedecken und im Rohr ca. 15 Minuten braten. Alufolie über das Fleisch geben, Rohr ausschal-

Gewürzsaat:
- ❑ 1–2 EL Sesamsamen
- ❑ 1–2 EL Leinsamen
- ❑ 1 EL Koriander
- ❑ 1–2 EL Pistazienkerne

Blutorangensauce:
- ❑ 0,01 kg Öl
- ❑ 0,01 kg Butter
- ❑ 1 KL Zucker
- ❑ 0,10 kg Schalotten
- ❑ 1 EL Weinessig
- ❑ $^1/_{16}$ l Rotwein
- ❑ $^1/_2$ l Hühnerbouillon
- ❑ 5 grüne eingelegte Pfefferkörner
- ❑ 0,20 kg Blutorangen
- ❑ 1–2 KL Stärkemehl
- ❑ 2 cl Orangenlikör
- ❑ Salz
- ❑ Pfeffer

ten und bei leicht geöffneter Backrohrtüre ca. 10 Minuten nachziehen lassen.
$^1/_2$ cm dick aufschneiden, fächerförmig anrichten, mit Orangenzesten bestreuen und Sauce dazu reichen.

Gewürzsaat: Sesam und Leinsamen trocken rösten, Koriander und grob gehackte Pistazien dazumischen.

Blutorangensauce: Schalotten fein hacken, mit Zucker im Butter-Ölgemisch hell anrösten, mit Essig und Wein löschen, mit Hühnerbouillon aufgießen, mit Salz und zerdrückten Pfefferkörnern abschmecken und ca. 10 Minuten kochen lassen.
Blutorange zesten, blanchieren und auspressen. Stärkemehl mit dem Orangensaft vermischen, Sauce binden, verkochen, pürieren und zuletzt mit Orangenlikör abschmecken.

● Siehe Foto S. 87.

1148. Gerollte Truthahnbrust
Poitrine de dinde roulée

kcal	kJ	K	E	F
276	1156	0	43	8

- ❑ 1,75 kg Truthahnbrust
- ❑ Salz
- ❑ Pfeffer
- ❑ Rosmarin
- ❑ Pfefferminzblätter frisch
- ❑ Salbeiblätter frisch
- ❑ 1 Bund Petersilie
- ❑ 0,05 kg Selchspeck
- ❑ 0,05 kg Hamburger Speck (sehr dünn geschnitten)
- ❑ 0,01 kg Butter

Rohr auf 200° C vorheizen. Petersilie und Kräuter fein hacken, Selchspeck in dünne Scheiben schneiden. Die flach aufgeschnittene Truthahnbrust würzen, mit Kräutern und Petersilie bestreuen, dünn mit Selchspeck belegen, einrollen, mit dem Hamburgerspeck belegen, binden und 1 $^1/_2$–2 Stunden anfangs in geschlossener, dann in offener Bratpfanne braten. Vor dem Aufschneiden 5 Minuten überkühlen lassen. Saft entfetten, mit Butter verbessern und abschmecken.

1149. Truthahnschnitzel Valencia
Escalope de dinde Valencia

kcal	kJ	K	E	F
286	1195	5	37	10

- ❑ 1,50 kg Truthahnschnitzel (pro Person 0,15 kg)
- ❑ Salz

Schnitzel plattieren, würzen, eine Seite in Mehl tauchen und partienweise in heißem Öl abbraten. Fleisch mit wenig Wasser aufgießen und ca. 1 Stunde weich

- ❑ Pfeffer
- ❑ 0,05 kg Öl
- ❑ 0,02 kg Mehl griffig

- ❑ 0,05 kg Zwiebel
- ❑ 0,02 kg Öl
- ❑ 0,15 kg Orangen
- ❑ 2 EL Rotwein
- ❑ 0,02 kg Paradeismark
- ❑ 1 EL Ketchup
- ❑ Knoblauch

- ❑ 0,20 kg Paprikasalat rot
- ❑ 0,02 kg Haselnüsse
- ❑ 0,01 kg Mehl glatt

dünsten. Zwiebel ringelig schneiden, hell anrösten, mit Orangensaft und Rotwein aufgießen und mit den Gewürzen dem Fleisch beigeben. Haselnüsse reiben und Paprikasalat kleiner schneiden. Vor dem Fertigstellen Paprikasalat sowie Nüsse dazugeben, mit Mehl binden, aufkochen und abschmecken.

- Anstelle von Paprikasalat kann frischer Paprika verwendet werden.

1150. Truthahnzöpfchen in Kräutersauce

Tresse de dindon sauce fines herbes

kcal	kJ	K	E	F
268	1123	33	30	13

- ❑ 1,20 kg Putenschnitzel
- ❑ 0,06 kg Selchspeck oder Hamburgerspeck
- ❑ Salz
- ❑ 1 EL provenzalische Kräuter: Rosmarin, Thymian, Majoran, Oregano

- ❑ Mehl zum Bemehlen
- ❑ 0,02 kg Öl zum Abbraten

- ❑ Hühnerbouillon

Sauce:

- ❑ 1/8 l Crème fraîche
- ❑ 1 EL TK-Kräuter oder frische

Schnitzel der Länge nach 2 x einschneiden, mit dünnen Speckstreifen jeden Teil der Länge nach spicken, einen Zopf flechten, Ende mit Zahnstocher oder Rouladennadel zusammenstecken, salzen, mit Kräutern bestreuen, leicht in Mehl wälzen und in wenig heißem Öl beidseitig anbraten, mit Hühnerbouillon Röstprodukte lösen, aufgießen und ca. 30 Minuten dünsten lassen. Zuletzt Saft mit Crème fraîche oder Schlagobers verbessern und mit Kräutern aufwerten.

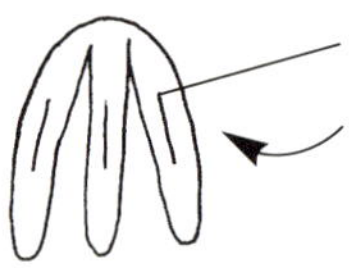

1151. Pikante Truthahnbrust

Poitrine de dinde piquante

kcal	kJ	K	E	F
440	1840	30	43	13

- ❑ 1,75 kg Truthahnbrust
- ❑ Salz
- ❑ Pfeffer
- ❑ Rosmarin

Rohr auf 200° C vorheizen. Petersilie und Kräuter fein hacken, Truthahnbrust flach aufschneiden, mit Petersilie, den Kräutern und den Gewürzen bestreuen, einrollen, binden und 1 1/2–2 Stunden braten. Ungespritzte Zitrone dünn schälen, die Schalen 20

- ❑ Pfefferminzblätter frisch
- ❑ Salbeiblätter frisch
- ❑ 1 Bund Petersilie
- ❑ 0,05 kg Öl
- ❑ 1 Zitrone
- ❑ 0,50 kg Weintrauben große
- ❑ 1/8 l Crème fraîche oder Sauerrahm
- ❑ 0,01 kg Stärkemehl
- ❑ 1 kg Pfirsichhälften (Dose) 1 Stück pro Person
- ❑ 0,02 kg Butter

Minuten mitbraten und dann wieder entfernen. Weintrauben halbieren, entkernen, die Hälfte passieren oder mixen und zuletzt kurz mitbraten. Zum Schluss den Saft mit Crème fraîche und Stärkemehl leicht binden.
Pfirsichhälften in Butter schwenken, auf das aufgeschnittene Fleisch legen, jede Hälfte mit den restlichen halbierten Weintrauben belegen und die Sauce dazu reichen.

- Arbeitserleichterung = kernlose Weintrauben.

1152. Gefüllte Putenschnitzel
Escalope de dinde farcis

kcal	kJ	K	E	F
329	1375	1	49	11

- ❑ 1,50 kg Putenschnitzel (pro Person à 0,15 kg)
- ❑ Salz

Fülle:

- ❑ 0,50 kg Putenfleisch
- ❑ 1/4 l Kaffeeobers
- ❑ Salz
- ❑ Muskatnuss
- ❑ 1 Bund Petersilie
- ❑ Kerbelkraut
- ❑ 0,03 kg Öl für das Blech und zum Befetten der Schnitzel
- ❑ 0,01 kg Butter

Rohr auf 220° C vorheizen, Blech mit Öl befetten, Schnitzel plattieren, leicht salzen, füllen, zusammenklappen, Rand leicht klopfen, befetten und 15–20 Minuten im Rohr garen. Röstprodukte mit Wasser lösen, nachwürzen und mit Butter verbessern.

Fülle: Fleisch in sehr kaltem Zustand zweimal faschieren oder pürieren und mit den anderen Zutaten vermischen.

1153. Gefüllte Putenbrust im Strudelteig
Poitrine de dinde farcie en pate feuilletée

kcal	kJ	K	E	F
359	1504	36	24	11

- ❑ 0,75 kg Putenschnitzel 5 Stück à 0,15 kg
- ❑ Salz
- ❑ 0,03 kg Öl

Fleisch plattieren, würzen, füllen, zusammenklappen, mit Rouladennadeln feststecken, beidseitig anbraten und erkalten lassen. Rouladennadeln entfernen, Rohr auf 200° C vorheizen.

Fülle:
- ❑ 0,02 kg Butter
- ❑ 0,05 kg Zwiebel
- ❑ 0,10 kg Champignons frisch
- ❑ 0,50 kg Maiskörner (Dose)
- ❑ Salz
- ❑ Pfeffer

- ❑ 1 P. Strudelteig à 4 Blätter
- ❑ 0,03 kg Öl zum Bestreichen

Garnierung:
- ❑ 0,10 kg Paradeiser
- ❑ Krauspetersilie

Fertigstrudelteig auf ein feuchtes Tuch legen, beölen, ein zweites Blatt darauflegen, leicht beölen und je nach Größe der Päckchen zuschneiden, Täschchen darauflegen, Strudelteig einschlagen, beölen und ca. 30 Minuten im Rohr backen. Päckchen schräg aufschneiden – (1 Täschchen = für 2 Portionen) und garnieren.

Fülle: Zwiebel fein hacken, glasig anrösten und blättrig geschnittene Champignons beigeben und so lange dünsten, bis der Saft verdunstet ist. Maiskörner dazugeben und würzen.

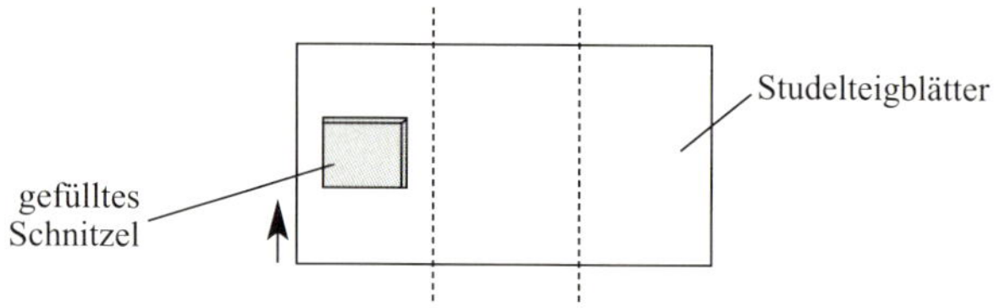

1154. Gefüllte Putenröllchen mit Porree
Rouleaux de dinde farcis au poireau

kcal	kJ	K	E	F
473	1981	7	44	26

- ❑ 1,50 kg Putenschnitzel (pro Person 0,15 kg)
- ❑ Salz
- ❑ Pfeffer
- ❑ 0,05 kg Öl zum Abbraten

Fülle:
- ❑ 0,80 kg Porree
- ❑ 0,15 kg Toastschinken

Sauce:
- ❑ 0,03 kg Butter
- ❑ 0,05 kg Zwiebel
- ❑ 0,02 kg Mehl glatt
- ❑ $^1/_{16}$ l Weißwein
- ❑ $^1/_4$ l Schlagobers
- ❑ 1 EL TK-Kräuter

Garnierungsvorschlag:
- ❑ 0,20 kg Porree
- ❑ 0,05 kg Butter
- ❑ 0,05 kg Schinken oder/und Cocktail-paradeiser
- ❑ Krauspetersilie

Fleisch plattieren und würzen. Porree putzen, der Länge nach einschneiden, waschen, in 6–8 cm lange Stücke schneiden und blanchieren. Schnitzel mit Schinken und Porreestücken belegen, einrollen und feststecken. Öl erhitzen, die Röllchen abbraten, die Röstprodukte mit Wasser lösen und 30–40 Minuten dünsten.

Zwiebel fein hacken und eine lichte Einmach bereiten. Mit Weißwein löschen und mit Putensaft aufgießen. Die gedünsteten Röllchen einlegen, kurz durchziehen lassen und die Sauce mit einem Teil des ungeschlagenen Obers verbessern. Restliches Obers leicht geschlagen als Garnierung verwenden. Sauce mit Tiefkühlkräutern aufwerten.

Garnierungsvorschlag: Porree und Schinken julienne schneiden. Porree in Butter kernig dünsten. Schinken und Porree beim Anrichten gefällig auf die Sauce streuen, mit halbierten Cocktailparadeisern und Krauspetersilie garnieren.

1155. Hühnerschnitzel mit Mozzarella und Basilikum gefüllt

Escaloppes de poulet farcies à la mozzarella et au basilic

kcal	kJ	K	E	F
233	975	3	32	8

- ❑ 1,20 kg Hühnerschnitzel groß, dünn – 10 Stück
- ❑ Salz
- ❑ ca. 40 Basilikumblätter
- ❑ 0,20 kg Mozzarella
- ❑ 0,40 kg Paradeiser
- ❑ 0,02 kg Mehl griffig
- ❑ 0,03 kg Öl
- ❑ Hühnerbouillon

Garnierung:

- ❑ Basilikumblätter

Schnitzel plattieren (Klarsichtfolie), würzen, die Hälfte mit Basilikumblättern belegen, darauf in dünne Scheiben geschnittenen Käse und dünne Paradeisscheiben legen, zusammenschlagen und mit einer Rouladennadel zusammenstecken. Eine Seite in Mehl tauchen, partienweise in wenig heißem Öl abbraten, mit wenig Bouillon aufgießen und ca. 30 Minuten dünsten lassen. Beim Anrichten Schnitzel in 2–3 cm dicke Scheiben schneiden.

● Der Natursaft kann mit 1/8 l Schlagobers oder Crème fraîche verbessert werden.

1156. Huhn in pikanter Sauce

Poulet á la sauce piquante

kcal	kJ	K	E	F
400	1673	3	53	16

- ❑ 2,50 kg Hühnerkeulen (pro Person 0,25 kg)
- ❑ Salz
- ❑ Pfeffer
- ❑ 0,03 kg Öl

Sauce:

- ❑ 0,03 kg Butter
- ❑ 0,10 kg Zwiebel
- ❑ 0,30 kg Paradeiser
- ❑ 1/8 l Kaffeeobers
- ❑ 0,01 kg Mehl glatt
- ❑ 1 Bund Petersilie

Rohr auf 250° C vorheizen. Hühner flambieren, putzen, waschen, würzen und partienweise hellbraun abbraten. In Gratinierformen legen, mit Sauce übergießen, 20 Minuten zugedeckt und 20 Minuten offen im Rohr braten. Zuletzt Kaffeeobers mit Mehl abrühren und die Sauce damit binden. Die Hälfte der fein gehackten Petersilie in die Sauce geben, die andere Hälfte zum Bestreuen der fertigen Hauptspeise verwenden.

Sauce: Fein gehackte Zwiebel anrösten und die blanchierten, kleinwürfelig geschnittenen Paradeiser beifügen.

1157. Pikante Kalbsröllchen

Rouleaux de veau piquants

kcal	kJ	K	E	F
271	1136	2	33	12

- ❑ 1,50 kg Kalbsschnitzel (pro Person 0,15 kg)
- ❑ 0,10 kg Toastschinken (pro Person 1 Blatt)

Die plattierten Kalbsschnitzel würzen, mit Schinken und Salbeiblättern belegen, einrollen, festspießen, in Mehl wenden und rasch von allen Seiten in Butter-Öl-Gemisch abbraten. Mit Wein und Wasser den Bratenfond lösen und das Fleisch weich dünsten.

- ❑ Salz
- ❑ Pfeffer
- ❑ frische Salbeiblätter oder Salbeipulver
- ❑ 0,03 kg Mehl griffig
- ❑ 0,01 kg Butter
- ❑ 0,02 kg Öl
- ❑ Marsala

- Salbeipulver sehr sparsam verwenden, da es intensiv schmeckt.
- In Italien wird diese Speise **„Saltimbocca“** genannt; die Röllchen sind kleiner.

1158. Frankfurter Braten
Rôti Francfort

kcal	kJ	K	E	F
396	1657	0	40	23

- ❑ 1,80 kg Kalbskarree
- ❑ 0,20 kg Frankfurter
- ❑ Salz
- ❑ 0,02 kg Öl

Saft:
- ❑ 0,01 kg Butter

Rohr auf 200° C vorheizen. In das ausgelöste Karree der Länge nach drei Löcher bohren und diese mit den Würsteln füllen. Das Fleisch salzen, binden, in heißem Öl anbraten und im Rohr mit wenig Wasser unter öfterem Begießen und Wenden ca. 90 Minuten braten. Saft zuletzt entfetten und mit Butter verbessern.

S 1159. Geschnetzeltes
Eminié de veau à la crème

kcal	kJ	K	E	F
375	1567	2	37	19

- ❑ 1,80 kg Kalbskarree
- ❑ 0,02 kg Mehl glatt
- ❑ 0,05 kg Öl
- ❑ 0,05 kg Zwiebel
- ❑ Salz
- ❑ Muskatnuss
- ❑ 1/4 l Weißwein
- ❑ 1/8 l Kaffeeobers

Knochen auslösen, Fleisch feinstblättrig schneiden (= schnetzeln), mit Mehl vermischen und in Öl partienweise rasch abbraten. Fein gehackte Zwiebel kurz mitrösten, würzen, mit Weißwein löschen und zuletzt mit Kaffeeobers verbessern.

- Bei Verwendung von Kalbsschulter (1,50 kg) geschnittenes Fleisch ca. 30 Minuten dünsten lassen.

1160. Jägerschnitzel
Escalopes forestière

kcal	kJ	K	E	F
383	1605	5	31	24

- ❑ 1,50 kg Schweinsschnitzel (pro Person 0,15 kg)
- ❑ Salz
- ❑ Pfeffer
- ❑ 0,02 kg Mehl griffig
- ❑ 0,03 kg Öl

Schweinsschnitzel plattieren, würzen, einseitig in Mehl tauchen und beidseitig abbraten, aufgießen und weich dünsten. Sauce beifügen und mit Kaffeeobers und Mehl binden. Mit fein gehackter Petersilie bestreut servieren.

Sauce:
- ❑ 0,03 kg Öl
- ❑ 0,10 kg Zwiebel
- ❑ 0,30 kg Champignons
- ❑ Zitronensaft
- ❑ 0,30 kg Paradeiser

- ❑ 0,01 kg Mehl glatt
- ❑ 1/8 l Kaffeeobers
- ❑ 1 Bund Petersilie

Sauce: Zwiebel fein hacken, Champignons grobblättrig schneiden, Paradeiser blanchieren und würfelig schneiden. Zwiebel hell anrösten, Champignons mitrösten, Paradeiser beifügen und kurz dünsten lassen.

1161. Pusztaschnitzel
Escalopes à la Pouszta

kcal	kJ	K	E	F
384	1610	5	31	24

- ❑ 1,50 kg Schweinsschnitzel (pro Person 0,15 kg)
- ❑ Salz
- ❑ Pfeffer
- ❑ 0,02 kg Mehl griffig
- ❑ 0,03 kg Öl

Sauce:
- ❑ 0,03 kg Öl
- ❑ 0,10 kg Zwiebel
- ❑ 0,10 kg Karotten
- ❑ 0,10 kg Fisolen (TK)
- ❑ 0,05 kg Zeller
- ❑ 0,20 kg grüne Paprika
- ❑ 0,10 kg Gurkerl
- ❑ Salz
- ❑ Knoblauch
- ❑ Pfeffer

- ❑ 0,01 kg Stärkemehl
- ❑ 1/8 l Kaffeeobers
- ❑ 1 Bund Petersilie

Schnitzel plattieren, würzen, in Mehl tauchen und beidseitig abbraten. Die Röstprodukte mit Wasser lösen und das Fleisch halbweich dünsten. Vorbereitetes Gemüse beigeben und fertig dünsten. Kaffeeobers mit Stärkemehl abrühren, Saft binden und zuletzt die Gurkerl beigeben. Verkochen lassen, nachwürzen und mit fein gehackter Petersilie bestreut servieren.

Gemüsevorbereitung: Zwiebel fein hacken, Karotten, Zeller und Paprika julienne schneiden und Fisolen in 1 cm große Stücke teilen. Zwiebel hell anrösten, Gemüse beigeben und sautieren. Gurkerl julienne schneiden.

1162. Ungarische Schnitzel
Escalopes hongroises

kcal	kJ	K	E	F
434	1820	7	32	28

- ❑ 1,50 kg Schweinsschnitzel (pro Person 0,15 kg)
- ❑ Salz
- ❑ Pfeffer

Vorbereiten der Schnitzel wie in Rezept Nr. 1161. Vorbereitete Zutaten beigeben und fertig dünsten. Kaffeeobers mit Stärkemehl abrühren, Saft binden, kurz verkochen und nachwürzen. Mit fein gehackter Petersilie und geröstetem Speck bestreut servieren.

- ❑ 0,02 kg Mehl griffig
- ❑ 0,05 kg Öl

Sauce:

- ❑ 0,05 kg Frühstücksspeck
- ❑ 0,02 kg Öl
- ❑ 0,10 kg Zwiebel
- ❑ 0,30 kg grüne Paprika
- ❑ 0,30 kg rote Paprika
- ❑ 0,50 kg Paradeiser (Dose)
- ❑ 5 EL Hotketchup
- ❑ 5 EL Ketchup
- ❑ Salz
- ❑ Knoblauch
- ❑ Pfeffer

- ❑ 0,01 kg Stärkemehl
- ❑ 1/8 l Kaffeeobers
- ❑ 1 Bund Petersilie

Zutatenvorbereitung: Zwiebel fein hacken, Speck und Paprika julienne schneiden, Paradeiser klein schneiden. Speck in Öl leicht anrösten, Speckrückstände entfernen, Zwiebel beifügen, anrösten, Paprika und Paradeiser dazugeben und würzen.

1163. Gratinierte Schweinsschnitzel
Escalopes de porc gratinées

kcal	kJ	K	E	F
566	2374	14	40	35

- ❑ 1,50 kg Schweinsschnitzel (pro Person 0,15 kg)
- ❑ Salz
- ❑ 0,02 kg Mehl griffig
- ❑ 0,03 kg Öl

Sauce:

- ❑ 0,05 kg Butter
- ❑ 0,06 kg Mehl glatt
- ❑ 3/4 l Milch
- ❑ Salz
- ❑ Zitronensaft
- ❑ engl. Sauce
- ❑ Pfeffer
- ❑ 0,10 kg Emmentaler
- ❑ 3 Eidotter

- ❑ 0,10 kg Emmentaler
- ❑ 0,05 kg Brösel
- ❑ 0,03 kg Butter

Schnitzel plattieren, würzen, einseitig in Mehl tauchen und beidseitig abbraten. Auf ein Blech legen, mit Béchamelsauce überziehen, mit Käse und Bröseln bestreuen und mit zerlassener Butter betropfen. Im Rohr bei 220° C hellbraun überbacken.

Sauce: Eine gut gewürzte Milcheinmach zubereiten und überkühlt mit Eidottern und Käse verbessern.

- **Schweinsfilet mit Käsekruste:** – anstelle von Schweinsschnitzeln pro Person 2–3 Scheiben à 1 cm dicke Schweinslungenbratenscheiben verwenden.

1164. Schweinsfilet im Blätterteig
Filet de porc en croute

kcal	kJ	K	E	F
725	3032	37	35	44

- ❑ 1,20 kg Schweinslungenbraten
- ❑ Salz
- ❑ Pfeffer
- ❑ 0,03 kg Öl
- ❑ 0,90 kg TK-Blätterteig
- ❑ 0,02 kg Mehl griffig

Farce:
- ❑ 0,20 kg Kalbfleisch zweimal faschiert
- ❑ 1 Semmel
- ❑ 0,05 kg Zwiebel
- ❑ 0,02 kg Öl
- ❑ 1 Bund Petersilie
- ❑ 2 Eier
- ❑ 2 EL ungeschlagenes Schlagobers
- ❑ Salz
- ❑ Pfeffer

- ❑ 1 Ei zum Bestreichen

Schweinslungenbraten je nach Größe halbieren oder dritteln (pro Person 1 Stück), würzen, kurz und sehr heiß abbraten und auskühlen lassen. Den ausgerollten Blätterteig in entsprechende Portionsvierecke schneiden, mit Farce bestreichen, Filet auflegen und Teig darüber schlagen. Die Ränder mit Ei bestreichen, Packerl mit dem restlichen ausgestochenen Teig belegen, nochmals bestreichen und bei 200° C ca. 30 Minuten hellbraun backen.

Farce: Semmel einweichen, Zwiebel fein hacken, anrösten und Petersilie fein hacken. Farcezutaten sehr gut vermischen.

- Anstelle von Mehl zum Ausrollen eine Sichtfolie verwenden.

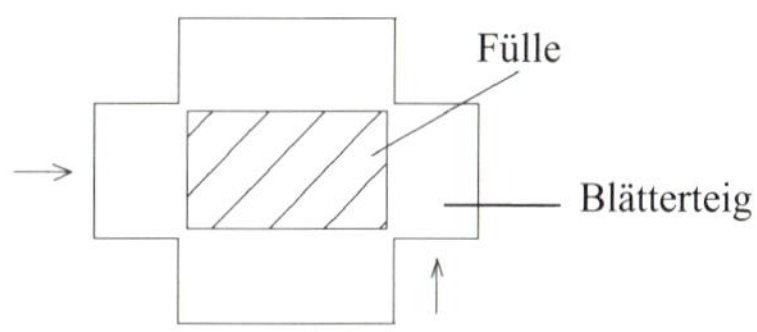

1165. Schweinsmedaillons mit Zwetschken
Médaillons de porc aux pruneaux

kcal	kJ	K	E	F
428	1789	25	26	21

- ❑ 1,20 kg Schweinslungenbraten
- ❑ Salz
- ❑ Pfeffer
- ❑ 0,04 kg Mehl griffig
- ❑ 0,05 kg Öl

- ❑ 1/8 l Weißwein
- ❑ 0,15 kg Dörrzwetschken ohne Kern
- ❑ 1/4 l Schlagobers
- ❑ 0,20 kg Ribiselgelee oder Powidl

Dörrzwetschken dünnblättrig schneiden. Schweinslungenbraten in 1 cm dicke Scheiben schneiden und würzen. Eine Seite in Mehl tauchen, beidseitig partienweise abbraten und warm stellen. Die Röstprodukte mit Wein löschen und die Dörrzwetschken beigeben. Kurz garen lassen und mit Schlagobers aufgießen. Ribiselgelee oder Powidl beigeben, reduzieren und mit Salz und Pfeffer abschmecken. Die Fleischstücke damit nappieren und sofort servieren.

1166. Schweinsfilet mit Ratatouillegemüse
Filet de porc et ratatouille

kcal	kJ	K	E	F
308	1288	9	27	16

- ❑ 1,20 kg Schweinslungenbraten
- ❑ Salz
- ❑ Pfeffer
- ❑ 0,02 kg Mehl griffig
- ❑ 0,04 kg Öl

Sauce:
- ❑ 0,10 kg Zwiebel
- ❑ 3–4 Knoblauchzehen
- ❑ 0,03 kg Öl
- ❑ 0,30 kg grüner Paprika
- ❑ 0,30 kg roter Paprika
- ❑ 0,80 kg Melanzani
- ❑ 0,60 kg Zucchini
- ❑ 0,30 kg Paradeiser

Schweinslungenbraten in 1 cm dicke Scheiben schneiden, würzen, eine Seite in Mehl tauchen und in heißem Öl rasch abbraten. Fleisch mit Alufolie bedecken und im Rohr bei 100° C warmstellen.

Ratatouillegemüse: Zwiebel und Knoblauch feinblättrig schneiden, glasig werden lassen, das in 1 cm große Stücke geschnittene Gemüse dazugeben, würzen und ca. 10 Minuten bissfest dünsten. Gemüse mit Schweinsfilets anrichten.

1167. Gebratene Lammkeule mit Kräuterkruste
Rôti de cuisse d'agneau à la croûte aux fines herbes

kcal	kJ	K	E	F
423	1771	6	40	23

- ❑ 1,70 kg Lammschulter
- ❑ ½ Zitrone
- ❑ Salz
- ❑ Pfeffer
- ❑ Rosmarin
- ❑ Knoblauch
- ❑ 1 EL Öl

Kräutermasse:
- ❑ 2 EL Dijon-Senf
- ❑ 2 EL TK-Kräuter oder frische
- ❑ 1 EL Knoblauch
- ❑ 0,10 kg Reibkäse
- ❑ 1 Ei

- ❑ 0,05 kg Brösel
- ❑ 0,05 kg Butter

Sauce:
- ❑ 0,01 kg Mehl glatt
- ❑ ⅛ l Schlagobers

Rohr auf 250° C vorheizen. Ausgelöste Lammschulter parieren, mit Zitronensaft bestreichen, würzen, binden, 10 Minuten im vorgeheiztem Rohr braten, mit wenig Bouillon aufgießen und bei 200° C 45 Minuten zugedeckt weiterbraten, abdecken, wenden und 45 Minuten fertiggaren. Die Zutaten für die Kräutermasse vermischen. Saft abgießen, Keule oben mit Kräutermasse bestreichen, mit Bröseln bestreuen, mit Butterflocken belegen und bei 220° C 10 Minuten gratinieren.
Den abgegossenen Saft mit Schlagobers und Mehl vermischen, aufkochen und abschmecken. Falls der Saft zu fett ist, vor dem Binden mit Schlagobers entfetten.

1168. Lammfilet in der Erdäpfel-Kürbiskruste

Filet d'agneau à la croûte aux pommes de terre et aux potirons

- ❑ 1,20 kg Lammfilet
- ❑ 1/2 Zitrone
- ❑ Salz
- ❑ Pfeffer
- ❑ Thymian
- ❑ Knoblauch

Erdäpfel-Kürbismasse:

- ❑ 1,20 kg Erdäpfel groß, mehlig
- ❑ Salz
- ❑ Pfeffer
- ❑ Muskatnuss
- ❑ 2 Eier
- ❑ 0,10 kg Kürbiskerne
- ❑ 0,05 kg Mehl griffig
- ❑ 0,20 kg Öl zum Ausbacken

1 cm dicke Filets mit Zitrone einstreichen und ca. 20 Minuten marinieren.

Erdäpfelkruste: Erdäpfel schälen, grob reißen, Kürbiskerne grob hacken und mit den übrigen Zutaten vermischen und würzen.
Filets würzen, mit Erdäpfelmasse bedecken, sofort in nicht zu heißem Fett beidseitig langsam goldgelb herausbacken und sofort servieren.
Fleisch soll innen leicht rosa bleiben.

- Dazu passt Kerbelsauce (siehe Rezept Nr. 1090).
- Siehe Foto S. 87.

1169. Überbackene Broccoli mit Schinken

Broccoli au jambon gratinés

kcal	kJ	K	E	F
370	1547	13	23	23

- ❑ 0,02 kg Öl
- ❑ 0,40 kg Pressschinken 1 1/2 cm dick geschnitten (pro Person 1/2 Scheibe)
- ❑ 1 kg TK-Broccoli
- ❑ Salz

Sauce:

- ❑ 0,04 kg Butter
- ❑ 0,05 kg Mehl glatt
- ❑ 3/4 l Milch
- ❑ Salz
- ❑ Suppenwürze
- ❑ engl. Sauce
- ❑ Pfeffer
- ❑ Muskatnuss
- ❑ 1 Eidotter
- ❑ 0,20 kg Scheiblettenkäse (pro Person 1 Blatt)

Pressschinken halbieren, abbraten und in befettete Gratinierformen schlichten. Rohr auf 250° C vorheizen. Broccoli in wenig Salzwasser kernig kochen, gut abgetropft auf den Schinken legen, mit Béchamelsauce überziehen, hellbraun überbacken, mit Käse belegen und nochmals überbacken.
Sauce: Eine gut gewürzte Milcheinmach zubereiten und Eidotter überkühlt einrühren.

- Anstelle von Scheiblettenkäse kann man Reibkäse verwenden.
- Anstelle von Schinken können etwa 1 cm dicke Scheiben Leberkäse oder gekochte Rindszunge oder natur abgebratene Hühner- oder Kalbsschnitzel verwendet werden.
- **Variante:** Broccoli portionsweise in ein Schinkenblatt (2–3 mm dick) einschlagen, mit Sauce überziehen und mit Käse bestreuen.

1170. Broccolistrudel mit Schafskäse auf Safransauce

Stroudel aux broccoli et au chèvre sauce safran

kcal	kJ	K	E	F
639	2673	32	35	38

Strudelteig:
- ❑ 0,25 kg Mehl glatt
- ❑ Salz
- ❑ 0,02 kg Öl
- ❑ gut 1/8 l Wasser lauwarm

- ❑ Mehl griffig zum Ausarbeiten
- ❑ Öl zum Bestreichen

- ❑ 1,50 kg TK-Broccoli
- ❑ 1/4 l Hühnerbouillon

Fülle:
- ❑ 0,04 kg Butter
- ❑ 0,10 kg Zwiebel
- ❑ 0,75 kg Schafkäse
- ❑ 1/4 l Crème fraîche
- ❑ 4 Eier
- ❑ Salz
- ❑ Muskatnuss
- ❑ Pfeffer

- ❑ 0,20 kg Reibkäse zum Bestreuen

- ❑ 0,03 kg Butter zum Bestreichen

Safransauce:
- ❑ 0,10 kg Gervais
- ❑ 1/2 l Joghurt
- ❑ Salz
- ❑ 1/2 Zitrone
- ❑ Safran

Einen Strudelteig herstellen (Siehe Allex, „Kochen nach Grundrezepten Teil 1“, Rezept Nr. 520). Rohr auf 180° C vorheizen und Blech befetten. 3/4 des Teiges mit Fülle bestreichen, mit Broccoli belegen und mit Käse bestreuen. Restlichen Teig mit Butter betropfen, die Ränder über die Fülle schlagen und den Strudel einrollen, aufs Blech legen, bestreichen, und ca. 25–30 Minuten backen.

Fülle: Broccoli in Hühnerbouillon 3 Minuten kernig kochen und abtropfen lassen. Zwiebel fein hacken, glasig anrösten, vom Feuer nehmen, zerdrückten Schafskäse, Crème fraîche, Eidotter und den steif geschlagenen Schnee unterheben.

Safransauce: Einen Esslöffel Wasser zum Kochen bringen, Safran 1 Minute garen, Gervais mit Joghurt vermischen, würzen und mit Safran abschmecken.

- Anstelle von Safransauce kann auch eine Kräuter- oder Schnittlauchsauce dazu gereicht werden.
- **Gervais-Spinatstrudel:** – anstelle von Schafskäse und Broccoli TK-Blattspinat und Gervais verwenden. Spinat nur auftauen und mit Salz, Muskatnuss und Knoblauch würzen.
- **Kürbis-Spinatstrudel:** – anstelle von Broccoli 1,40 kg Kürbis (Hokaido) in 1 cm große Würfel schneiden, in wenig Gemüsefond kernig dünsten und mit 0,15 kg TK-Blattspinat mit Salz, Muskatnuss und Knoblauch gewürzt bedecken, verwenden.
- Es kann auch Fertigstrudel (10 Portionen = 3–4 Strudel) oder 1/2 kg TK-Strudel verwendet werden.

1171. Schwarzwurzeln im Blätterteigmantel mit Kräutersauce

Salsifis en pâte feuilletée sauce fines herbes

kcal	kJ	K	E	F
489	2047	29	15	32

- ❑ 0,50 kg TK-Blätterteig oder = 2 Pkt. Fertigteig

Fülle:

- ❑ 1 Bund Petersilie
- ❑ ½ Bund Dille
- ❑ 0,15 kg Toastschinken
- ❑ 1 kg Schwarzwurzeln (Dose)
- ❑ 0,15 kg Scheiblettenkäse
- ❑ 1 Ei zum Bestreichen

Kräutersauce:

- ❑ ¼ l Sauerrahm
- ❑ ¼ l Crème fraîche
- ❑ 1–2 KL TK-Kräuter oder frische
- ❑ Zitronensaft
- ❑ Salz
- ❑ Knoblauch

1. Art:

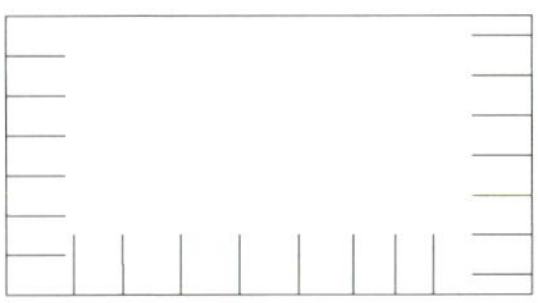

mit Gabelzinken leicht eindrücken

2. Art:

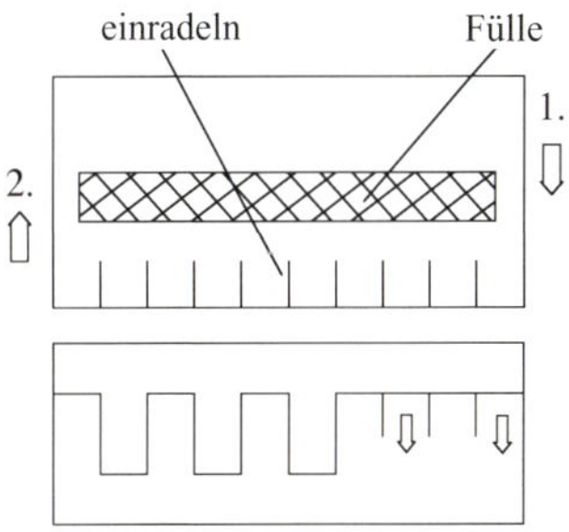

Rohr auf 200° C vorheizen und Schwarzwurzeln gut abtropfen lassen.

1. Art: Teig 2–3 mm dick ausrollen, in 12/14 cm große Rechtecke schneiden, mit Ei bestreichen, mit fein gehackten Kräutern bestreuen, mit Schinkenblatt, Schwarzwurzeln bergartig belegen und mit einem Käseblatt abdecken. Den Rand fingerbreit frei lassen. Entweder zu einem Tascherl zusammenschlagen oder leicht einrollen und die Ränder mit Gabelzinken festdrücken. Mit Ei bestreichen und ca. 15 Minuten backen.

2. Art: Der Teig kann wie ein Strudel geformt werden: Zwei Teigplatten 2–3 cm dick ausrollen. Die untere Längskante in 2 cm Abstand einradeln.

Fülle: Kräuter, Schinken, Schwarzwurzeln und Käse auf das mittlere Drittel des Teiges geben. Die obere Teighälfte darüber schlagen, dann die untere, eingeradelte darauf legen und jede zweite Teigzacke zurückbiegen. Mit Ei bestreichen und 20–30 Minuten backen. Strudel mit einem scharfen Messer portionieren und garnieren. (Salatblatt, Paradeiserhälften, Krauspetersilie oder Kresse)

Kräutersauce: Zutaten vermischen und pikant abschmecken.

- Je nach Jahreszeit Schwarzwurzeln frisch oder aus der Dose verwenden. (Schwarzwurzeln unter fließendem Wasser schälen und sofort in Essigwasser legen. Dem kochendem Wasser Salz, Zitronensaft und etwas Milch zusetzen.)
- Anstelle von Fertigblätterteig kann selbst hergestellter Topfenblätterteig (0,25 kg Mehl, 0,25 kg Butter, 0,25 kg Topfen) verwendet werden.
- **Spargel im Blätterteigmantel:** Wird genauso zubereitet. Am besten ist es, wenn frisch gekochter Spargel verwendet wird. Spargel vorher in Salz-Zitronenwasser mit einem nussgroßen Stück Butter kernig kochen.

1172. Überbackene Spinatnockerl

Boulettes aux épinards gratinées

kcal	kJ	K	E	F
615	2576	59	25	27

Nockerlteig:
- ❑ 0,70 kg Mehl griffig
- ❑ 0,06 kg Öl
- ❑ 3 Eier
- ❑ Salz
- ❑ ½ l Milch
- ❑ 0,15 kg TK-Spinat
- ❑ 0,30 kg Schinken

Béchamelsauce:
- ❑ 0,03 kg Butter
- ❑ 0,04 kg Mehl glatt
- ❑ ½ l Milch
- ❑ Salz
- ❑ Suppenwürze
- ❑ engl. Sauce
- ❑ Pfeffer
- ❑ Muskatnuss
- ❑ 1 Eidotter
- ❑ 0,05 kg Emmentaler
- ❑ 0,10 kg Emmentaler zum Bestreuen
- ❑ Butter zum Befetten

Spinat auftauen und die übrigen Zutaten für den Nockerlteig dazumischen. Masse nur kurz verrühren, sofort partienweise mittels eines Spätzlesiebes einkochen, abschrecken und gut abtropfen lassen. Rohr auf 220° C vorheizen und Gratinierformen befetten. Schinken fein hacken, mit den Nockerln vermischen und in die Formen aufteilen. Mit Béchamelsauce bedecken, mit Käse bestreuen und überbacken.

Béchamelsauce: Eine helle Einmach mit Milch aufgießen, kurz verkochen, überkühlt Eidotter und Käse beifügen und mit den Gewürzen abschmecken.

1173. Porree-Käsestrudel

Stroudel aux poireaux et au fromage

kcal	kJ	K	E	F
426	1786	29	20	24

Strudelteig:
- ❑ 0,25 kg Mehl glatt
- ❑ ⅛ l Wasser lauwarm
- ❑ Salz
- ❑ 0,02 kg Öl

Fülle:
- ❑ 0,20 kg Zwiebel
- ❑ 0,06 kg Öl
- ❑ 2,50 kg Porree
- ❑ Knoblauch
- ❑ Muskatnuss

Einen Strudelteig herstellen. Rohr auf 180° C vorheizen und Blech befetten. ¾ des Teiges mit Fülle bestreichen, den restlichen Teig mit Butter betropfen und Ränder über die Fülle schlagen. Strudel einrollen, aufs Blech legen, bestreichen und bei 180–200° C ca. 30 Minuten backen.

Fülle: Zwiebel blättrig schneiden, Porree in 1 cm breite Streifen schneiden, Zwiebel anrösten, Porree beigeben, würzen, kurz dünsten und überkühlen lassen. Geriebenen Käse dazugeben und nachwürzen.

- ❏ Salz
- ❏ Pfeffer
- ❏ Thymian
- ❏ 0,40 kg Emmentaler

- ❏ Butter zum Befetten

- Es kann auch Fertigstrudelteig verwendet werden (1 Strudel à 2 Blätter = für 4 Portionen).

1174. Gemüsestrudel
Stroudel aux légumes

kcal	kJ	K	E	F
511	2142	36	21	28

Strudelteig:
wie in Rezept Nr. 1173

Fülle:
- ❏ 0,02 kg Öl
- ❏ 0,10 kg Zwiebel
- ❏ 0,80 kg TK-Mischgemüse

Béchamelsauce:
- ❏ 0,05 kg Butter
- ❏ 0,05 kg Mehl glatt
- ❏ 1/2 l Milch

- ❏ 4 Eidotter
- ❏ 0,50 kg Topfen
- ❏ 0,20 kg Emmentaler
- ❏ 0,10 kg Knödelbrot
- ❏ Salz
- ❏ Pfeffer
- ❏ engl. Sauce
- ❏ Suppenwürze
- ❏ Senf
- ❏ Knoblauch

- ❏ Butter zum Bestreichen

Einen Strudelteig herstellen. Rohr auf 180° C vorheizen und Blech befetten. 3/4 des Teiges mit Fülle bestreichen, restlichen Teig mit Butter betropfen und Ränder über die Fülle schlagen. Strudel einrollen, aufs Blech legen, bestreichen und bei 180–200° C ca. 30 Minuten backen.

Fülle: Mischgemüse in wenig Salzwasser kernig kochen. Zwiebel fein hacken und hell anrösten. Béchamel zubereiten, überkühlt das Gemüse, die Eidotter, den Topfen, den geriebenen Käse und das Knödelbrot dazugeben und pikant abschmecken.

- Anstelle von Knödelbrot kann man alte Semmeln verwenden.
- Als Gemüse eignen sich sehr gut Broccoli, Karfiol und Karotten.

1175. Schinken-Porreestrudel
Stroudel au jambon et aux poireaux

kcal	kJ	K	E	F
642	2686	24	31	44

Strudelteig:
wie in Rezept Nr. 1173

Fülle:
- ❏ 0,05 kg Butter
- ❏ 0,10 kg Zwiebel

Einen Strudelteig herstellen. Rohr auf 180° C vorheizen und Blech befetten. 3/4 des Teiges mit Fülle bestreichen, restlichen Teig mit Butter betropfen und Ränder über die Fülle schlagen. Strudel einrollen, aufs Blech legen, bestreichen und bei 180–200° C ca. 30 Minuten backen.

- ❏ 0,80 kg Schinken
- ❏ 0,20 l Schlagobers
- ❏ 0,30 kg Paradeiser
- ❏ 0,20 kg Emmentaler
- ❏ Pfeffer
- ❏ Salz
- ❏ 1 Bund Petersilie
- ❏ 0,80 kg Porree
- ❏ 4 Eier

- ❏ Butter zum Befetten

Fülle: Schinken und Zwiebel fein hacken, hell anrösten, Schlagobers zugeben und ca. 10 Minuten dünsten lassen. Paradeiser blanchieren, würfelig schneiden und kurz mitdünsten. Masse überkühlen, geriebenen Käse und fein gehackte Petersilie beifügen. Porree putzen, waschen, nudelig schneiden. Eier und Porree zur Schinkenmasse geben und pikant abschmecken.

1176. Südkärntner Spinat-Topfenstrudel

Stroudel aux épinards et au fromage blanc

kcal	kJ	K	E	F
428	1791	29	18	24

Strudelteig:
wie in Rezept Nr. 1173

Fülle:
- ❏ 0,10 kg Zwiebel
- ❏ 0,08 kg Butter
- ❏ 0,75 kg Bauerntopfen
- ❏ 0,50 kg TK-Blattspinat
- ❏ 3 Eier
- ❏ 0,05 kg Mehl griffig
- ❏ 0,15 kg Erdäpfel
- ❏ Knoblauch
- ❏ Salz
- ❏ Pfeffer
- ❏ Muskatnuss

Überguss:
- ❏ $^1/_8$ l Milch
- ❏ 2 Eier

- ❏ Butter zum Bestreichen

Einen Strudelteig herstellen. Rohr auf 180° C vorheizen und eine Bratpfanne befetten. Teig in pfannengroße Rechtecke schneiden, abwechselnd befettete Strudelblätter und Fülle hineingeben, im Rohr ca. 40–50 Minuten backen. Nach halber Backzeit mit Überguss begießen.

Fülle: Erdäpfel waschen, kochen und Blattspinat auftauen lassen. Erdäpfel pressen, Zwiebel fein hakken, anrösten, Spinat beigeben und kurz dünsten lassen. Vom Feuer nehmen, zerdrückten Topfen, Eier, Erdäpfel, die Gewürze und das Mehl untermischen.

Überguss: Zutaten vermischen und abschmecken.

- **Beigabe:** Kräutersauce.
- Statt den Strudel in einer Bratpfanne schichtweise zuzubereiten, kann man ihn auch wie einen Strudel einrollen.

1177. Lungauer Erdäpfelstrudel

Stroudel aux pommes de terre Lungau

kcal	kJ	K	E	F
413	1730	53	9	16

Strudelteig:
wie in Rezept Nr. 1173

Fülle:
- ❏ 2 kg Erdäpfel
- ❏ 0,15 kg Frühstücksspeck
- ❏ 0,20 kg Zwiebel

Einen Strudelteig herstellen. Rohr auf 180° C vorheizen und Blech befetten. $^3/_4$ des Teiges mit Fülle bestreichen, restlichen Teig mit Butter betropfen und Ränder über die Fülle schlagen. Strudel einrollen, aufs Blech legen, bestreichen und bei 180–200° C ca. 30 Minuten backen.

- ❑ Salz
- ❑ Pfeffer
- ❑ Muskatnuss
- ❑ Oregano
- ❑ Quendel = frischer Thymian
- ❑ Butter zum Befetten

Fülle: Erdäpfel roh schälen, grob in kaltes Wasser reißen, abschwemmen und gut auspressen. Speck fein schneiden, Zwiebel blättrig schneiden, etwas anrösten und mit den Gewürzen unter die Erdäpfel mischen.

- Als Beilage sehr gut geeignet, Menge reduzieren.

1178. Kärntner Kasnudeln

Raviolis carinthiens au fromage blanc

kcal	kJ	K	E	F
535	2240	46	20	27

Nudelteig:

- ❑ 0,40 kg Mehl griffig
- ❑ 0,01 kg Öl
- ❑ Salz
- ❑ 2 Eier
- ❑ Wasser nach Bedarf
- ❑ 1 Ei zum Bestreichen

Fülle:

- ❑ 1 kg Bröseltopfen
- ❑ 0,20 kg Knödelbrot
- ❑ ⅛ l Milch
- ❑ ⅛ l Sauerrahm
- ❑ 0,10 kg Butter
- ❑ Keferfil
- ❑ braune Minze
- ❑ 1 Bund Schnittlauch
- ❑ 1 Bund Petersilie
- ❑ Salz
- ❑ 0,03 kg Butter zum Übergießen

Einen nicht zu festen Nudelteig zubereiten und 30 Minuten in einer Sichtfolie rasten lassen. Teig dünn ausrollen, einen etwa 8 cm breiten Streifen mit Ei bestreichen und im Abstand von 8–10 cm mit Fülle belegen. Teig darüber klappen, andrücken und halbmondförmig ausstechen. Die Ränder „börteln“, partienweise in Salzwasser kochen, kurz abschrecken und mit heißer Butter übergießen.

Fülle: Knödelbrot mit Milch und Sauerrahm anfeuchten, Butter leicht erwärmen, Kräuter fein hacken, alle Zutaten vermischen, würzen und kleine Knödel formen.

- Anstelle Rand „börteln“, Rand mit Gabelzinken festdrücken.
- Für Lavantaler Kasnudeln werden anstelle von 0,20 kg Knödelbrot 0,30 gekochte, gepresste Erdäpfel und gehackter Knoblauch verwendet.
- Keferfil = Kerbel auf kärntnerisch

Den nicht mit Fülle belegten Teigteil darüberklappen, andrücken, ausstechen, börteln oder mit Gabelzinken festdrücken:

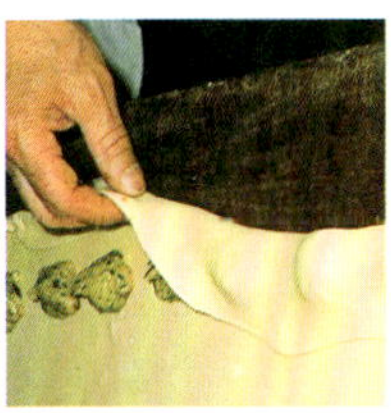

Teig darüber legen

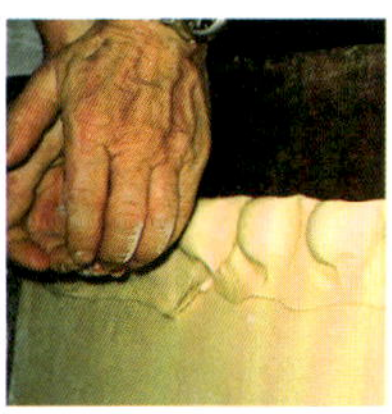

festdrücken

Rand mit Gabel eindrücken

Kasnudeln angerichtet

1179. Tiroler Krauttorte

Tarte aux choux tyrolienne

kcal	kJ	K	E	F
160	669	10	6	10

Pastetenteig:
- ❑ 0,10 kg Mehl glatt
- ❑ 0,06 Butter
- ❑ 3–4 EL Wasser
- ❑ Salz

Belag:
- ❑ 0,30 kg Sauerkraut
- ❑ 0,15 kg Schinken

Überguss:
- ❑ 1/4 l Milch
- ❑ 0,02 kg Mehl glatt
- ❑ 1 Ei
- ❑ Salz
- ❑ Muskatnuss

Pastetenteig: Butter und Mehl abbröseln Wasser und Salz beigeben, kurz verkneten und 30 Minuten rasten lassen (Sichtfolie).
Den Teig ca. 30 cm im Durchmesser ausrollen, in eine Tortenform (22–24 cm) einlegen, mit Schinkenscheiben auslegen und Sauerkraut darauf verteilen. Den restlichen Schinken julienne schneiden und darüber streuen. Milch, Mehl und Eier versprudeln, würzen und darüber gießen. Im Rohr bei 180° C ca. 40 Minuten backen.

1180. Smetananockerln mit Steinpilzen und Bergkäse

Gnocchi à la Smetana cèpes et formage

kcal	kJ	K	E	F
579	2421	61	20	25

Nockerlteig:
- ❑ 6 Eier
- ❑ 0,15 kg TK-Blattspinat oder frisch
- ❑ 1/8 l Milch nach Bedarf
- ❑ 0,75 kg Mehl griffig
- ❑ Salz

Steinpilzsauce:
- ❑ 0,60 kg Steinpilze frisch
- ❑ 0,05 kg Butter
- ❑ 0,10 kg Zwiebel
- ❑ 1/8 l Schlagobers
- ❑ 1/8 l Sauerrahm
- ❑ Salz
- ❑ Pfeffer
- ❑ 1 Zitrone
- ❑ 1 Bund Petersilie

- ❑ 1/8 l Schlagobers
- ❑ 0,15 kg Bergbaron oder Reibkäse

Nockerlteig: Wasser zum Kochen bringen. TK-Spinat leicht angetaut mit etwas Milch pürieren und die übrigen Zutaten kurz dazumischen und kaum verrühren. Nockerln in kochendes Salzwasser partienweise einkochen (siehe Allex, „Kochen nach Grundrezepten Teil 1", Nr. 345), 3–5 Minuten kochen, mittels Siebschöpfer in kaltem Wasser abschrecken und gut abgetropft mit Steinpilzsauce vermischen. Zuletzt Schlagobers mit Bergkäse verrühren, mit den erhitzten Nockerln vermischen und mit gerösteten Zwiebelringen garnieren.

Steinpilzsauce: Pilze putzen, waschen, fein blättrig schneiden, Zwiebel fein hacken, in Butter glasig anlaufen, Pilze dazugeben und ca. 5 Minuten dünsten. Sauerrahm und Schlagobers einrühren, aufkochen, mit Salz, frisch gemahlenem Pfeffer und Zitronensaft abschmecken und mit gehackter Petersilie aufwerten.

Röstzwiebelringe: Große Zwiebel in dünne Ringe schneiden (Brotschneidemaschine), in griffigem Mehl wälzen und in heißem Öl hell rösten.

Röstzwiebelringe:
- ❑ 0,03 kg Öl
- ❑ 0,10 kg Zwiebel
- ❑ Salz

- „**Smetana**" heißt übersetzt auf slowenisch „**Rahm**".
- Anstelle von frischen Steinpilzen kann man 0,10 kg getrocknete verwenden. Pilze vor Gebrauch ca. 1 Stunde in kaltem Wasser einweichen.

1181. Krautfleckerlauflauf
Gratin choucroute pâtes

kcal	kJ	K	E	F
333	1397	27	17	15

- ❑ 0,30 kg Fleckerl
- ❑ Salz
- ❑ 1 kg Weißkraut
- ❑ Salz
- ❑ Kümmel
- ❑ 0,20 kg Zwiebel
- ❑ 0,06 kg Öl
- ❑ 1 EL Zucker
- ❑ 0,30 l Wasser
- ❑ 0,25 kg Topfen
- ❑ 8 Eier
- ❑ 1 Bund Petersilie
- ❑ 0,10 kg Reibkäse
- ❑ Butter und Brösel für die Formen

Teigwaren al dente kochen, abseihen, abschrecken und gut abtropfen lassen. Kraut vierteln, Strunk und dicke Blattrippen entfernen, julienne schneiden oder hobeln. Zwiebel blättrig schneiden, Zwiebel in Öl und Zucker anrösten, Kraut beifügen, würzen, aufgießen und 20 Minuten dünsten. Rohr auf 200° C vorheizen. Ausgekühlt mit Topfen, Eidottern, Fleckerln und gehackter Petersilie vermischen. Zuletzt Eiklar steif schlagen, unterziehen und bei Bedarf salzen. In befettete, bebröselte Auflaufformen füllen, mit Käse bestreuen und im Rohr – unterste Schiene – je nach Höhe ca. 35 Minuten semmelfarben backen.

- Diese Hauptspeise ist als **Beilage** zu gedünstetem Rind- oder Lammfleisch geeignet: ½ Masse ohne Käse verwenden, in befettete Dariolformen füllen, im Rohr im Wasserbad bei 160° C poschieren (Nadelprobe) und vor dem Service stürzen.
- Anstelle von Dariolformen kann man Moccatassen verwenden.

1182. Gebratene Melanzani
Auberginees frites

- ❑ 1 kg Melanzani
- ❑ Salz
- ❑ 0,10 Mehl griffig
- ❑ 0,20 Öl zum Abbraten

Melanzani in 1 cm dicke Scheiben schneiden, gut salzen und ca. 30 Minuten ziehen lassen, um die Bitterstoffe zu entfernen. Abschwemmen, in Mehl beidseitig wenden und in heißem Öl abbraten.

- Dazu passen auch Karottensauce und Kräutergrießsäckchen. (Siehe Rezept Nr. 1187 und Nr. 1197)

BEILAGEN

1183. Dörrhüttenfrüchte
Fruits secs

kcal	kJ	K	E	F
122	510	24	1	0

- ❑ 0,20 l Rotwein
- ❑ 0,05 kg Feinkristallzucker
- ❑ Nelken
- ❑ Zimt
- ❑ 0,10 kg Dörrzwetschken
- ❑ 0,10 kg getrocknete Marillen
- ❑ 0,10 kg getrocknete Äpfel
- ❑ 0,02 kg Stärkemehl

Früchte kleiner schneiden. Rotwein mit Zucker und den Gewürzen aufkochen, Früchte dazugeben und kurz kochen lassen. Stärkemehl mit Wasser abrühren und Früchte damit binden. Falls die Masse zu dick ist, mit Wasser verdünnen.

- Gekochte Dörrhüttenfrüchte können fein gehackt zum Garnieren von diversen Hauptspeisgerichten (Rindsbraten, Wild ...) verwendet werden.
- Dörrhüttenfrüchte = Spezialität aus Kärnten.

1184. Brennnesselspinat
Epinards d'orties

kcal	kJ	K	E	F
178	745	14	10	9

- ❑ 1,50 kg Brennnesseln
- ❑ 0,06 kg Butter
- ❑ 0,08 kg Mehl glatt
- ❑ Salz
- ❑ Pfeffer
- ❑ Muskatnuss
- ❑ Knoblauch
- ❑ ¼ l Sauerrahm

Brennnesseln waschen, grobe Stiele entfernen, blanchieren, abseihen, fein hacken oder pürieren. Eine helle Einmach zubereiten, mit Brennnesselsud aufgießen, würzen und verkochen lassen. Zuletzt Sauerrahm mit den Brennnesseln in die gut gewürzte Einmach rühren.

- Brennnesseln im Frühjahr vor der Blüte verwenden. Es werden nur die obersten zarten Blätter gepflückt.
- Brennnesseln können teilweise durch Bärlauch ersetzt werden.

1185. Sauerampfersauce
Sauce à l'oseille

kcal	kJ	K	E	F
121	506	7	3	9

- ❑ 0,50 kg Sauerampfer
- ❑ 0,05 kg Butter
- ❑ 0,08 kg Mehl glatt
- ❑ ½ l Wasser
- ❑ Salz
- ❑ Pfeffer

Sauerampferblätter waschen, blanchieren, grob hacken, in wenig Butter dünsten und pürieren. Eine Einmach herstellen, den pürierten Sauerampfer, Schlagobers mit Eidotter verrührt und die fein gehackten Kräuter beifügen und nur einmal aufkochen lassen.

- ❑ Muskatnuss
- ❑ 1/8 l Schlagobers
- ❑ 1 Eidotter
- ❑ Dille
- ❑ Kerbel
- ❑ 1 Bund Schnittlauch
- ❑ 1 Bund Petersilie

● Beachtenswertes über Sauerampfer siehe Rezept Nr. 1131.

1186. Jägergemüse
Légumes chasseur

kcal	kJ	K	E	F
122	508	6	3	9

- ❑ 0,05 kg Öl
- ❑ 0,10 kg Zwiebel
- ❑ 0,30 kg Karotten
- ❑ 1 kg Chinakohlsalat
- ❑ 0,15 kg Gurkerl
- ❑ Salz
- ❑ Kümmel gehackt
- ❑ Suppenwürze
- ❑ Knoblauch
- ❑ 1/2 Zitrone
- ❑ 1/8 l Sauerrahm
- ❑ 1/8 l Kaffeeobers
- ❑ 0,03 kg Mehl glatt
- ❑ 1 Bund Petersilie

Karotten, Chinakohl und Gurkerl julienne schneiden. Zwiebel blättrig schneiden, in Öl hell anrösten, Karotten und Chinakohl beigeben, würzen und mit wenig Wasser weich dünsten.
Rahm, Kaffeeobers und Mehl abrühren, Gemüse binden, Gurkerl beifügen und mit fein gehackter Petersilie aufwerten.

1187. Karottensauce
Sauce carottes

kcal	kJ	K	E	F
146	610	7	2	12

- ❑ 1 kg Karotten
- ❑ 0,05 kg Butter
- ❑ 0,10 kg Zwiebel
- ❑ 1 KL Zucker
- ❑ Salz
- ❑ Suppenwürze
- ❑ 1/4 l Crème fraîche
- ❑ 1 Bund Petersilie

Karotten schälen, grob reißen, Zwiebel grob hacken und in Butter oder Öl mit Zucker glasig anrösten, Karotten beigeben, würzen, mit wenig Wasser weich dünsten, pürieren und zuletzt mit Crème fraîche oder Sauerrahm und fein gehackter Petersilie aufwerten.

● Dazu passen abgebratene Melanzani und Kräutergrießsäckchen (Siehe Rezept Nr. 1182 und Nr. 1197).

1188. Zigeunergemüse
Légumes tzigane

kcal	kJ	K	E	F
88	368	6	3	6

- ❑ 0,05 kg Öl
- ❑ 0,25 kg Zwiebel

Gewaschene Champignons und Zwiebeln blättrig, blanchierte Paradeiser würfelig und geviertelte Paprika julienne schneiden.

- ❑ 0,50 kg Champignons
- ❑ ½ Zitrone
- ❑ Salz
- ❑ weißer Pfeffer
- ❑ 0,25 kg grüne Paprika
- ❑ 0,25 kg rote Paprika
- ❑ 0,60 kg Paradeiser
- ❑ Zucker
- ❑ etwas Ketchup

Öl erhitzen, Zwiebeln hell anlaufen lassen, Champignons beigeben und kurz anrösten, Gemüse beifügen, würzen und weich dünsten.

1189. Letscho

Légumes à la hongroise

kcal	kJ	K	E	F
73	308	4	2	5

- ❑ 0,05 kg Öl
- ❑ 0,20 kg Zwiebel
- ❑ 0,15 kg grüner Paprika
- ❑ 0,15 kg roter Paprika
- ❑ 0,15 kg gelber Paprika
- ❑ 1 kg Paradeiser (Dose)
- ❑ Knoblauch
- ❑ Salz
- ❑ Pfeffer
- ❑ Oregano
- ❑ 1 Bund Petersilie

Zwiebel und Knoblauch blättrig, Paprika julienne schneiden. Zwiebel und Knoblauch glasig anrösten, Paprika zugeben, kurz mitrösten, mit wenig Wasser aufgießen und dünsten. Dosenparadeiser blättrig schneiden, mit dem Saft beifügen, würzen und weich garen. Mit fein gehackter Petersilie aufwerten.

- Falls das Gemüse zu dünn ist, kann man 0,05–0,10 kg fein gerissene Erdäpfel zuletzt mitdünsten.
- Anstelle von Dosenparadeisern kann man frische nehmen, muss diese aber vorher blanchieren.

1190. Bärlauchserviettenrolle

Quenelles en rouleau à l'ail sauvage

kcal	kJ	K	E	F
261	1094	25	7	13

- ❑ 0,10 kg Porree
- ❑ 0,10 kg Öl
- ❑ 0,60 kg Grahamweckerl oder Semmeln vom Vortag
- ❑ 0,20 kg Bärlauch
- ❑ 2 Bund Petersilie
- ❑ 3 Eier
- ❑ ¼ l Milch
- ❑ Salz
- ❑ Muskatnuss

Lauch ringelig schneiden, in Öl anrösten, Brot blättrig, Bärlauch julienne schneiden und Petersilie hacken. Gewürzte Eiermilch mit allen Zutaten gut vermischen, ½ Stunde rasten lassen, Masse mit nassen Händen zu einer Rolle formen, in eine Klarsichtfolie nicht zu fest einrollen, Enden verknoten, mit einer Gabel anstechen und ca. 40 Minuten im leicht wallenden Salzwasser kochen lassen. Kurz vor dem Anrichten aufschneiden.

- Anstelle von Bärlauch **Spinat** verwenden.
- Anstelle einer Klarsichtfolie eine nasse Stoffserviette nehmen.
- Falls die Klarsichtfolie zu schmal ist, zwei gleich große Teile zuschneiden und diese überlappen.
- Anstelle von Frischgebäck 0,45 kg trockenes Knödelbrot mit doppelt so viel Milch verwenden.

1191. Sesam-Reisbällchen
Quenelles de riz au sesame

kcal	kJ	K	E	F
470	1970	26	10	32

- ❑ 0,05 kg Öl
- ❑ 0,30 kg Naturreis
- ❑ Salz
- ❑ Safran
- ❑ 0,60 l Wasser

- ❑ 0,05 kg Öl
- ❑ 0,15 kg Zwiebel
- ❑ 0,10 kg Porree
- ❑ 0,10 kg Zeller
- ❑ 0,10 kg Karotten
- ❑ Salz
- ❑ Pfeffer

Rührmasse:
- ❑ 0,06 kg Butter weich
- ❑ 2 Eier
- ❑ 0,20 kg Reibkäse
- ❑ Knoblauch
- ❑ Salz
- ❑ 1 EL TK-Kräuter

- ❑ 0,20 kg Sesam zum Wälzen

Reis mit Öl vermischen, mit Wasser aufkochen, würzen und im Rohr zugedeckt bei 160° C eine $^{3}/_{4}$ Stunde lang ausdünsten. Zwiebel fein hacken, Porree fein nudelig schneiden und in Öl anrösten. Karotten und Zeller grob reißen, beifügen, würzen, mit wenig Flüssigkeit kernig dünsten, unter den fertigen Reis mischen und erkalten lassen.
Rohr auf 220° C vorheizen und Blech befetten.

Rührmasse: Butter mit Eidotter flaumig rühren, würzen, mit Käse und TK-Kräutern in die Reismasse mischen, steif geschlagenes Eiklar unterheben und 30 Minuten ziehen lassen. 3 cm große Bällchen formen, in Sesam wälzen und im Rohr ca. 20 Minuten semmelfarben backen.

1192. Polentaschnitten
Tranches polenta

- ❑ 1 l Milch
- ❑ 0,10 kg Butter
- ❑ Salz
- ❑ Muskatnuss
- ❑ 0,20 kg Maisgrieß

- ❑ 2 Eier
- ❑ 0,10 kg Brösel

- ❑ 0,40 kg Öl zum Herausbacken

Milch erhitzen, würzen, Grieß einrühren und unter ständigem Rühren kochen lassen, bis die Masse dick ist. Auf ein befettetes Blech $^{1}/_{2}$–1 cm dick aufstreichen und erkalten lassen. Rechtecke ausstechen, in versprudeltes Ei tauchen, in Brösel wälzen und in heißem Öl goldgelb herausbacken.

- Anstelle von Maisgrieß kann Weizengrieß oder Vollkorngrieß verwendet werden.

1193. Gratinierte Erdäpfel
Pommes de terre à la savoyarde

kcal	kJ	K	E	F
243	1021	26	6	11

- ❑ 1,50 kg Erdäpfel, klein
- ❑ Salz

Erdäpfel waschen, schälen, in 1 cm dicke Scheiben schneiden, würzen und in bebutterte Gratinierschüs-

- ❑ Pfeffer
- ❑ Muskatnuss
- ❑ Knoblauch
- ❑ ½ l Wasser
- ❑ Suppenwürze
- ❑ 0,10 kg Emmentaler
- ❑ 0,10 kg Butter

seln schichtweise einlegen. Mit Bouillon übergießen, mit geriebenem Käse bestreuen und mit Butterflocken belegen. Im Rohr bei 200–220° C ca. 45 Minuten garen.

- Anstelle von Bouillon kann man die Erdäpfel mit Gratiniersauce übergießen, mit Käse bestreuen und mit Butterflocken belegen (siehe Rezept Nr. 1163).

1194. Trüffelbällchen

Quenelles de truffes

Erdäpfelteig:

- ❑ 1,20 kg Erdäpfel mehlig
- ❑ 0,05 kg Butter
- ❑ 0,05 kg Trüffelöl
- ❑ 1 KL Salz
- ❑ Muskatnuss
- ❑ 0,20 kg Mehl griffig
- ❑ 2 Eier

- ❑ 2 Eier
- ❑ 0,30 kg Brösel zum Panieren

- ❑ 0,50 kg Öl zum Herausbacken

Erdäpfelteig herstellen: Erdäpfel kochen oder dämpfen, heiß schälen und auf ein bemehltes Brett pressen. Butter in Flocken darauf verteilen, Trüffelöl, Salz und die übrigen Zutaten dazumengen und kurz zusammenarbeiten. Teig zu einer Rolle formen, kleine Stücke abschneiden und 3 cm große Bällchen formen. Teig in Ei und Bröseln panieren, in heißem Fett schwimmend ausbacken und auf Küchenpapier abtropfen.

1195. Erdäpfelpuffer

Galettes aux pommes de terre

- ❑ 1,50 kg Erdäpfel
- ❑ 0,08 kg Frühstücksspeck
- ❑ 0,10 kg Zwiebel
- ❑ Salz
- ❑ Pfeffer
- ❑ Muskatnuss
- ❑ eventuell Oregano
- ❑ 2 Eier
- ❑ 0,05 kg Mehl griffig

- ❑ 0,20 kg Öl zum Herausbacken

Erdäpfel roh schälen, in kaltes Wasser fein reißen, abseihen und gut ausdrücken. Fein geschnittenen Speck und blättrig geschnittene Zwiebel etwas anrösten und mit den Gewürzen unter die Erdäpfel mischen. Eier und Mehl einrühren. Wenig Öl in einer flachen Pfanne erhitzen, Masse in beliebiger Größe – ca. 1 cm dick – beidseitig braun und knusprig braten.

- Erdäpfelpuffer kann man als selbständiges Gericht mit Salaten geben oder als Beilage zu Fleischgerichten servieren.

1196. Erdäpfellauchsäckchen

Sachets fourrés de pommes de terre au poireau

kcal	kJ	K	E	F
265	1110	30	6	12

- ❑ 2 Päckchen Fertigstrudelteig à 2 Blätter

Duchessemasse:
- ❑ 1 kg Erdäpfel
- ❑ 4 Eidotter
- ❑ Salz
- ❑ Muskatnuss
- ❑ 0,10 kg Porree
- ❑ 0,06 kg Butter
- ❑ 0,04 kg Öl zum Bestreichen

Erdäpfel dämpfen, schälen und pressen. Porree julienne schneiden, in Butter kurz dünsten und zur Erdäpfelmasse mit Eidottern und Gewürzen beifügen. Ca. 2 cm große Bällchen formen, auf jeweils 2 gut beölte Strudelteigblätter setzen – à 9 Portionen – zu einem Säckchen zusammenfassen, befetten und im Rohr bei 180–200° C 15–20 Minuten goldgelb backen. Pro Portion 1–2 Säckchen anrichten.

- Beim Formen der Säckchen jeweils zwei gegenüberliegende Seiten 2 cm von der Spitze entfernt leicht zur Mitte drücken.
- Siehe Foto S. 87.

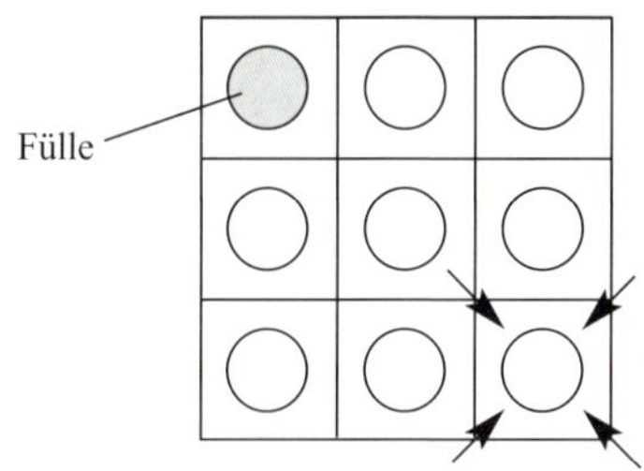

Beim Formen der Säckchen jeweils zwei gegenüberliegende Seiten 2 cm von der Spitze entfernt leicht zur Mitte drücken.

1197. Kräutergrießsäckchen

Sachets fourrés de semoule aux fines herbes

kcal	kJ	K	E	F
353	1478	36	11	17

- ❑ 2 Päckchen Fertigstrudelteig à 2 Blätter

Fülle:
- ❑ 0,08 kg Butter
- ❑ 0,10 kg Zwiebel
- ❑ 0,20 kg Porree
- ❑ 0,25 kg Weizengrieß
- ❑ 3/4 l Milch
- ❑ Salz
- ❑ Muskatnuss
- ❑ 4 Eidotter
- ❑ 4 Eiklar
- ❑ TK-Kräuter
- ❑ 0,05 kg Butter zum Bestreichen

Rohr auf 180° C vorheizen, Blech oder Backfolie befetten.

Lauch fein ringelig schneiden, Zwiebel fein hacken und in Butter kurz anrösten, mit Milch aufgießen, würzen, aufkochen und in die kochende Milch Grieß einlaufen lassen. So lange unter Rühren kochen, bis die Masse dick ist. Eiklar steif schlagen und mit den Dottern in die überkühlte Masse einheben.

Je 2 gut befettete Strudelteigblätter in 9 Quadrate schneiden, mit Hilfe eines Spritzsackes ohne Tülle oder mit 2 Kaffeelöffeln darauf Häufchen setzen, zu einem Säckchen zusammenfassen, befetten und im Rohr ca. 10–15 Minuten goldgelb backen.

- Dazu passen gebratene Melanzani und Karottensauce – siehe Rezept Nr. 1182 und 1187.
- Siehe Foto S. 87 und Skizze Nr. 1196

1198. Kräuterstrudel
Stroudel aux fines herbes

kcal	kJ	K	E	F
460	1926	50	17	19

Strudelteig:
- ❑ 0,30 kg Mehl glatt
- ❑ 0,15 l Wasser lauwarm
- ❑ Salz
- ❑ 0,02 kg Öl

Fülle:
- ❑ 8 alte Semmeln
- ❑ ½ l Sauerrahm
- ❑ ½ l Milch
- ❑ Salz
- ❑ 8 Eier

- ❑ frischer Estragon
- ❑ 2 Bund Schnittlauch
- ❑ 1 Bund Kerbel

- ❑ ½ l Milch zum Übergießen
- ❑ 0,03 kg Butter zum Befetten

Einen Strudelteig herstellen – siehe Allex, „Kochen nach Grundrezepten Teil 1, S. 263, Nr. 520“.
Rohr auf 180° C vorheizen und Blech befetten. ¾ des Teiges mit Fülle bestreichen, mit gehackten Kräutern bestreuen, restlichen Teig mit Butter betropfen und Ränder über die Fülle schlagen. Strudel einrollen, aufs Blech legen, nochmals bestreichen und bei 180–200° C ca. 45 Minuten backen. Wenn der Strudel hellbraun ist, mit kochend heißer Milch übergießen und fertig backen. Die Milch muss vollkommen aufgesaugt sein.

Fülle: Alte Semmeln feinblättrig schneiden. Milch, Rahm und Eier vermischen, über die Semmeln gießen und 30 Minuten ziehen lassen. Falls die Masse nicht streichfähig ist, noch etwas Milch dazugeben.

- Man kann den Strudel auch in eine große befettete Kasserolle schneckenförmig einlegen und backen.

SALATDRESSINGS

Salatdressings werden für die verschiedensten Salate wie Blattsalate, Paradeiser, Gurken, Karotten, Fisolen, Karfiol etc. verwendet. Sie können je nach Salatart dar-

1199. Apfeldressing
Sauce d'assaisonnement aux pommes

kcal	kJ	K	E	F
198	827	2	0	20

- ❑ 0,20 kg Äpfel
- ❑ 0,02 kg Knoblauch
- ❑ Salz
- ❑ Pfeffer
- ❑ 2 EL Senf
- ❑ 0,05 l Essig
- ❑ 0,20 kg Öl
- ❑ 1 Bund Schnittlauch

Äpfel und Knoblauch schälen, dickblättrig schneiden, mit den anderen Zutaten vermischen, so lange pürieren, bis die Masse cremig ist und abschmecken. Schnittlauch fein schneiden und dem Dressing beifügen.

● Je mehr Äpfel verwendet werden, desto weniger Öl wird benötigt.

1200. French Dressing
Sauce d'assaisonnement française

kcal	kJ	K	E	F
56	234	0	0	6

- ❑ 0,06 kg Öl
- ❑ Senf (franz. Dijonsenf)
- ❑ 0,02 l Essig
- ❑ Salz
- ❑ Pfeffer
- ❑ Knoblauch

Schüssel mit Knoblauch ausreiben. Öl mit Senf glatt rühren, Gewürze und Essig dazugeben, pikant abschmecken.

● Verhältnis Öl zu Essig = 3 : 1.

1201. Rahmdressing
Sauce d'assaisonnement à la crème

kcal	kJ	K	E	F
63	262	2	2	5

- ❑ ½ l Sauerrahm
- ❑ ½ Zitrone
- ❑ Salz
- ❑ Pfeffer
- ❑ Knoblauch
- ❑ Dille

Dille fein hacken, Knoblauch fein zerdrücken. Alle Zutaten vermischen und pikant abschmecken.

● Bei Bedarf 0,05 kg Zwiebel feinst hacken, blanchieren und beifügen.

S 1202. Joghurtdressing
Sauce d'assaisonnement au yaourt

kcal	kJ	K	E	F
23	98	3	2	0

- ❑ ½ l Joghurt
- ❑ ½ Zitrone oder ½ Orange (Saft)

Joghurt mit Zitronen- oder Orangensaft, Salz, etwas Zucker und nach Bedarf mit zerdrücktem Knoblauch abschmecken.

- ❏ Salz
- ❏ Pfeffer
- ❏ Knoblauch
- ❏ Zucker

S **1203. Kräuterdressing**
Sauce d'assaisonnement aux fines herbes

kcal	kJ	K	E	F
45	189	3	2	3

- ❏ 1/4 l Sauerrahm
- ❏ 1/4 l Joghurt
- ❏ 1/2 Zitrone
- ❏ Salz
- ❏ Pfeffer
- ❏ Knoblauch
- ❏ Zucker
- ❏ 0,05 kg Zwiebel
- ❏ 1 Bund Schnittlauch
- ❏ 1 Bund Petersilie
- ❏ Dille

Kräuter fein hacken, Zwiebel fein schneiden und eventuell blanchieren. Die übrigen Zutaten dazumischen und pikant abschmecken.

- Man kann das Dressing mit etwas Fertigmayonnaise verbessern.

S **1204. Mayonnaisedressing**
Sauce d'assaisonnement à la mayonnaise

kcal	kJ	K	E	F
163	682	2	1	16

- ❏ 0,15 kg Fertigmayonnaise
- ❏ 1/8 l Schlagobers
- ❏ 1/4 l Sauerrahm
- ❏ 1/2 Zitrone
- ❏ Salz
- ❏ Pfeffer
- ❏ engl. Sauce
- ❏ Senf
- ❏ Zucker

Obers nicht zu steif schlagen, mit den übrigen Zutaten vermischen und pikant abschmecken.

- Sauerrahm und Obers können durch Joghurt ersetzt werden.

S **1205. Thousand Island Dressing**
Sauce d'assaisonnement Thousand Island

kcal	kJ	K	E	F
165	690	2	1	16

- ❏ 0,15 kg Fertigmayonnaise
- ❏ 1/8 l Schlagobers
- ❏ 1/4 l Sauerrahm
- ❏ 1/2 Zitrone
- ❏ Salz
- ❏ Pfeffer

Roten und grünen Paprika sehr fein hacken. Obers nicht zu steif schlagen, mit den übrigen Zutaten vermischen und pikant abschmecken.

- ❏ engl. Sauce
- ❏ Senf
- ❏ Zucker
- ❏ 0,05 kg roter Paprika
- ❏ 0,05 kg grüner Paprika

● Sauerrahm und Obers können durch Joghurt ersetzt werden.

S

1206. Eidressing
Sauce d'assaisonnement aux oeufs

kcal	kJ	K	E	F
181	759	0	3	18

- ❏ 5 Eier
- ❏ 0,15 kg Öl
- ❏ Essig
- ❏ Senf
- ❏ Salz
- ❏ Pfeffer

Eier hart kochen, Eidotter passieren, Öl langsam einrühren, bis eine mayonnaiseartige Masse entsteht und pikant abschmecken. Falls das Dressing zu fest ist, mit Wasser verdünnen.

● Man kann zusätzlich mit Tabascosauce oder Chili würzen.

S

1207. Roquefortdressing
Sauce d'assaisonnement au roquefort

kcal	kJ	K	E	F
180	753	0	2	18

- ❏ 0,10 kg Roquefort
- ❏ 0,15 kg Öl
- ❏ Essig
- ❏ Salz
- ❏ Pfeffer
- ❏ ½ Zitrone

Käse passieren, langsam das Öl einrühren und das Dressing abschmecken.

● Um das Dressing milder zu machen, kann man nach Bedarf geschlagenes Obers unterziehen.

1208. Basilikumvinaigrette
Vinaigrette au basilic

kcal	kJ	K	E	F
56	225	2	1	4

- ❏ 0,25 kg Paradeiser
- ❏ 0,05 kg Schalotten
- ❏ 1 EL Öl
- ❏ 0,02 kg Basilikum frisch

- ❏ 0,03 kg Öl
- ❏ 1 KL Senf
- ❏ 0,02 l Sherryessig
- ❏ 0,06 l Weißwein
- ❏ ½ Zitrone
- ❏ Salz
- ❏ Pfeffer
- ❏ flüssiger Süßstoff oder Honig

Paradeiser blanchieren, klein würfelig schneiden, Schalotten fein hacken, in Öl aufschäumen lassen und Basilikum fein schneiden. Öl mit Senf, Essig und Wein anrühren, würzen, eventuell mit Wasser verdünnen und die gehackten Zutaten unterheben.

● Eignet sich für alle Blattsalate, aber auch zu gekochtem kalten Spargel.

● **Sauce vinaigrette** = Essigkräutersauce

PIKANTE SAUCEN – DIPS

Diese Saucen kann man zu gegrilltem, gekochtem oder rasch abgebratenem Fleisch oder Fisch sowie zu kalten Braten, Wurstplatten und Fondues reichen bzw. für pikante Cocktails verwenden.

Aufgrund der Salmonellengefahr bei Eiern wurde in den Rezepturen auf selbst hergestellte Mayonnaise verzichtet und dafür Fertigmayonnaise verwendet.
(1 Ei / 0,25 kg Öl entsprechen etwa 0,25 kg Fertigmayonnaise.)

S **1209. Eiersauce**
Sauce aux oeufs

kcal	kJ	K	E	F
203	850	2	4	19

- ❑ 0,25 kg Fertigmayonnaise
- ❑ Mayonnaisegewürze
- ❑ 1/8 l Joghurt
- ❑ 5 Eier
- ❑ 1 Bund Petersilie

Eier hart kochen, Mayonnaise mit Joghurt, fein gehackten Eiern und fein gehackter Petersilie vermischen, nachwürzen.

● Zum Würzen 1–2 KL Senf verwenden.

S **1210. Apfel-Nuss-Sauce**
Sauce aux pommes et aux noix

kcal	kJ	K	E	F
202	845	4	2	19

- ❑ 0,25 kg Fertigmayonnaise
- ❑ Mayonnaisegewürze
- ❑ 1/8 l Joghurt
- ❑ 0,20 kg Äpfel
- ❑ Kren
- ❑ 0,05 kg Nüsse

Mayonnaise mit Joghurt, geschälten, fein gerissenen Äpfeln, Kren und geriebenen Nüssen vermischen und abschmecken.

S **1211. Currysauce**
Sauce Curry

kcal	kJ	K	E	F
198	829	2	1	20

- ❑ 0,25 kg Fertigmayonnaise
- ❑ Mayonnaisegewürze
- ❑ 1/8 l Crème fraîche
- ❑ Curry
- ❑ 1 EL Ketchup
- ❑ Weinbrand

Mayonnaise mit Crème fraîche verrühren und mit den restlichen Zutaten pikant abschmecken.

S

1212. Zigeunersauce
Sauce tzigane

kcal	kJ	K	E	F
58	245	5	2	3

- ❑ 0,20 kg Ketchup
- ❑ 2–3 KL scharfer Senf
- ❑ 0,05 kg Öl
- ❑ 0,05 kg Sardellenringerl
- ❑ 0,05 kg Zwiebel
- ❑ Salz
- ❑ Pfeffer
- ❑ Paprika

Sardellenringerl und Zwiebel feinst hacken und mit den übrigen Zutaten vermischen.

● Falls die Sauce zu scharf ist, mit Kaffeeobers mildern.

S

1213. Pikante Apfelsauce
Sauce piquante à la pomme

kcal	kJ	K	E	F
189	790	5	1	18

- ❑ 0,25 kg Fertigmayonnaise
- ❑ Mayonnaisegewürze
- ❑ 1/8 l Sauerrahm
- ❑ 0,20 kg Äpfel
- ❑ 0,20 kg Zeller
- ❑ 0,20 kg Karotten
- ❑ Kren

Mayonnaise mit den fein gerissenen Zutaten und Sauerrahm vermischen und abschmecken.

S

1214. Diabolosauce
Sauce diable

kcal	kJ	K	E	F
170	711	3	3	15

- ❑ 0,15 kg Fertigmayonnaise
- ❑ 1/8 l Sauerrahm
- ❑ Mayonnaisegewürze
- ❑ 0,05 kg Nüsse
- ❑ 0,02 kg Zwiebel
- ❑ 0,02 kg Kapern
- ❑ 1 Bund Petersilie
- ❑ 1 Bund Schnittlauch
- ❑ Paprika
- ❑ Senf
- ❑ 0,05 kg Ketchup
- ❑ 5 EL Kaffeeobers
- ❑ 0,05 kg Sardellenringerl

Mayonnaise mit Sauerrahm, den feinst gehackten Zutaten, den zusätzlichen Gewürzen vermischen und mit Kaffeeobers zu einer dicklichen Sauce verdünnen.

S **1215. Krenmayonnaise**
Mayonnaise au raifort

kcal	kJ	K	E	F
183	767	4	1	18

- ❑ 0,25 kg Fertigmayonnaise
- ❑ Mayonnaisegewürze
- ❑ 1/8 l Sauerrahm
- ❑ 0,03 kg Kren
- ❑ 0,25 kg Äpfel

Mayonnaise mit Sauerrahm, feinst gerissenem Kren nach Geschmack und fein gerissenen Äpfeln vermischen und abschmecken.

● Damit gerissener Kren seine Farbe behält: blanchieren.

S **1216. Krensauce**
Sauce au raifort

kcal	kJ	K	E	F
132	550	3	2	12

- ❑ 0,05 kg Gervais
- ❑ 1/4 l Sauerrahm
- ❑ 1/4 l Crème fraîche
- ❑ 0,10 kg Orangen
- ❑ 1/2 Zitrone
- ❑ 0,01 kg Kren

Zitrusfrüchte auspressen, Kren fein reißen und mit den übrigen Zutaten vermischen. Kren nach Geschmack verwenden und mit Salz abschmecken.

S **1217. Pikante grüne Sauce**
Sauce verte piquante

kcal	kJ	K	E	F
68	283	5	2	4

- ❑ 0,20 kg Frühlingszwiebel oder Schalotten
- ❑ 1 EL Olivenöl
- ❑ Knoblauch
- ❑ 0,05 kg Sardellenfilets
- ❑ 1 KL Kapern
- ❑ 1 Bund Petersilie
- ❑ Zitronensaft
- ❑ Pfeffer
- ❑ 1/4 l Sauerrahm

Alle Zutaten feinst hacken, Zwiebeln in Öl aufschäumen lassen und mit den übrigen Zutaten vermischen. Masse 30 Minuten kalt stellen.

S **1218. „Aurora"-Sauce**
Sauce Aurora

kcal	kJ	K	E	F
202	844	2	1	21

- ❑ 0,25 kg Fertigmayonnaise
- ❑ Mayonnaisegewürze
- ❑ 1/8 l Sauerrahm
- ❑ 1/8 l Schlagobers
- ❑ 1 EL Paradeismark

Mayonnaise mit Sauerrahm und leicht geschlagenem Schlagobers vermischen, mit Paradeismark rosa färben und abschmecken.

S **1219. Helle Cocktailsauce**
Sauce cocktail

kcal	kJ	K	E	F
238	997	2	1	24

- ❑ 0,25 kg Fertigmayonnaise
- ❑ 1/8 l Crème fraîche
- ❑ Mayonnaisegewürze
- ❑ 1/8 l Schlagobers
- ❑ 0,05 kg Ananasscheiben
- ❑ 1 KL Weinbrand

Mayonnaise mit Crème fraîche, pürierter Ananasscheibe, steif geschlagenem Schlagobers vermischen, mit Weinbrand und den Gewürzen abschmekken.

S **1220. Dunkle Cocktailsauce**
Sauce cocktail au ketchup

kcal	kJ	K	E	F
240	1006	3	1	24

wie in Rezept Nr. 1219
zusätzlich:
- ❑ 1–2 EL Ketchup

Gleiche Zubereitung wie in Rezept Nr. 1219. Zum Schluss mit Ketchup färben.

S **1221. „Annette"-Sauce**
Sauce Annette

kcal	kJ	K	E	F
208	870	2	1	21

- ❑ 0,25 kg Fertigmayonnaise
- ❑ 1/8 l Sauerrahm
- ❑ Mayonnaisegewürze
- ❑ 1/8 l Schlagobers
- ❑ Dille

In die gewürzte Mayonnaise Sauerrahm, leicht geschlagenes Schlagobers unterziehen und mit feinst gehackter Dille aufwerten.

S **1222. Rollmops-Sauce**
Sauce au hareng

kcal	kJ	K	E	F
113	474	3	6	8

- ❑ 0,25 kg Topfen
- ❑ 1/4 l Joghurt
- ❑ 2 EL Ketchup
- ❑ 0,10 kg Paradeiser
- ❑ 0,15 kg Rollmops (1 Stück = 0,05 kg)
- ❑ 1 EL Kapern
- ❑ Salz
- ❑ Pfeffer
- ❑ 1 Bund Petersilie

Paradeiser blanchieren, Topfen mit Joghurt verdünnen, pikant würzen, mit den übrigen fein gehackten Zutaten vermischen.

S

1223. Gorgonzola-Sauce
Sauce au gorgonzola

kcal	kJ	K	E	F
144	605	1	6	12

- ❑ 0,20 kg Gervais
- ❑ 0,10 kg Gorgonzola
- ❑ 1/8 l Kaffeeobers
- ❑ engl. Sauce
- ❑ Salz
- ❑ Zitronensaft

Käse passieren, mit Kaffeeobers zu einer dicklichen Sauce verrühren und würzen.

DESSERTS

1224. Alexanderkaltschale
Coupe Alexandre

kcal	kJ	K	E	F
384	1611	37	13	19

- ❑ 0,75 kg Topfen weich
- ❑ 0,15 kg Staubzucker
- ❑ 1 P. Vanillezucker
- ❑ 3/4 l Milch
- ❑ 9 Gelatineblätter
- ❑ 9 EL Wasser

Sauce:
- ❑ 0,50 kg Erdbeeren
- ❑ 1 Zitrone
- ❑ 0,05 kg Zucker

Garnierung:
- ❑ 1/4 l Schlagobers

Gelatine in kaltem Wasser einweichen, die angegebene Wassermenge aufkochen und die Gelatine darin auflösen. In den Topfen Milch, Vanillezucker, Zucker und die heiße Gelatinemasse einrühren und sofort in Cremegläser füllen. 1–2 Stunden absteifen lassen, mit gesüßtem und gesäuertem Erdbeermark überziehen und mit steif geschlagenem Schlagobers verzieren.

S

1225. Apfel à la Martin
Pomme à la Martin

kcal	kJ	K	E	F
236	986	27	4	11

- ❑ 3/4 l Sauerrahm
- ❑ 0,25 kg Erdbeermarmelade
- ❑ 1 Zitrone
- ❑ 0,75 kg Äpfel

Garnierung:
- ❑ 1/8 l Schlagobers
- ❑ 0,03 kg Weizenkeime

Sauerrahm mit Marmelade und Zitronensaft vermischen, Äpfel entkernen und je nach Apfelsorte mit oder ohne Schale in die Rahmmischung grob hineinreißen. In Cremegläser füllen, mit Schlagoberstupf verzieren, mit Weizenkeimen bestreuen und sofort servieren.

- Anstelle von Weizenkeimen kann man geriebene Nüsse, Pistazien, frische Erdbeeren oder Kiwischeiben als Garnierung verwenden.

1226. Birne Helene
Poire Hélène

kcal	kJ	K	E	F
363	1517	45	5	16

- ❑ 2 kg Birnen (Dose) (pro Person 1 Stück)
- ❑ 0,50 kg Vanilleeis

Schokoladesauce:
- ❑ 0,30 l Wasser
- ❑ 0,15 kg Schokolade
- ❑ 0,08 kg Zucker
- ❑ 0,02 kg Stärkemehl
- ❑ 0,01 kg Butter

Garnierung:
- ❑ 1/4 l Schlagobers
- ❑ 0,05 kg Mandelplättchen

Dessertteller kalt stellen (eventuell TK), Schokoladesauce zubereiten und Birnen gut abtropfen lassen. Portioniertes Eis auf Dessertteller geben, Birnenhälften darauf legen, mit Schokoladesauce übergießen, mit Schlagobers verzieren und mit Mandeln bestreuen.

Schokoladesauce: Alle Zutaten vermischen, auf kleiner Stufe unter ständigem Rühren einmal aufkochen und kalt rühren. Falls die Sauce zu dick ist, mit Wasser verdünnen.

- Anstelle von Wasser kann bei der Sauce auch Milch verwendet werden.

1227. Kaki-Früchtecreme
Crème de fruit au kaki

kcal	kJ	K	E	F
220	920	31	2	8

- ❑ 0,50 kg Kakifrüchte (sehr reif)
- ❑ 0,50 kg Bananen
- ❑ 0,50 kg Ananasscheiben
- ❑ 2 EL Mandellikör
- ❑ 0,05 kg Marillenmarmelade

Garnierung:
- ❑ 1/4 l Schlagobers
- ❑ 0,05 kg kandierte Kirschen
- ❑ 0,10 kg Ananasscheiben

Deckel der Kakifrüchte abschneiden, Früchte aushöhlen und das Fruchtfleisch pürieren. Bananen sowie Ananasscheiben in 1/2 cm große Würfel schneiden, mit dem Fruchtfleisch und den anderen Zutaten vermischen, in Gläser füllen und kalt stellen. Kurz vor dem Servieren mit Schlagoberstupf, Ananasspalte und kandierter Kirsche verzieren.

- Die Creme kann nach Belieben mit steif geschlagenem Obers verbessert werden.
- Anstelle von Mandellikör (= Amaretto) kann Anislikör verwendet werden.

1228. Kalifornisches Dessert
Dessert californien

kcal	kJ	K	E	F
288	1207	51	7	5

- ❑ 3/4 l Milch
- ❑ 0,15 kg Zucker
- ❑ 1 P. Vanillezucker
- ❑ 3 Eier
- ❑ 0,06 kg Stärkemehl
- ❑ 1/2 l Joghurt
- ❑ 1 kg Pfirsiche (Dose)
- ❑ 3 EL Rum

Milch, Zucker, Eier, Stärkemehl mischen und unter Rühren in kochendem Wasserbad aufkochen, überkühlen und Joghurt einmengen. Die Creme in Gläser füllen und kalt stellen. Pfirsiche pürieren, mit Rum verbessern und auf die abgesteifte Creme dünn auftragen.

- Joghurt kann zur Hälfte durch Sauerrahm ersetzt werden. Anstelle von Rum kann man Amaretto verwenden.

1229. Weincreme
Crème au vin

kcal	kJ	K	E	F
405	1694	35	5	22

- ❑ ½ l Weißwein
- ❑ ¼ l Wasser
- ❑ 0,15 kg Kristallzucker
- ❑ 0,05 kg Stärkemehl
- ❑ 4 Eier
- ❑ 2 P. Vanillezucker

- ❑ 1 kg Orangen
- ❑ 2 EL Rum
- ❑ ⅜ l Schlagobers

Garnierung (Grillage):
- ❑ 0,05 kg Kristallzucker
- ❑ 0,05 kg Mandeln

- ❑ Öl zum Befetten

- ❑ ⅛ l Schlagobers

Wein, Wasser, Zucker, Stärke, Eier, Vanillezucker in kochendem Wasserbad so lange rühren, bis die Masse dick ist. Orangensaft und Rum einrühren, kalt rühren und in das geschlagene Schlagobers unterziehen. Creme in Gläser füllen, mit Grillage bestreuen und mit Schlagobers verzieren.

Grillage: Blech oder Backtrennpapier beölen, Mandeln blanchieren und reiben. Zucker karamelisieren, Mandeln beifügen, durchmischen, sofort auf das Blech geben und erstarren lassen. Danach fein hacken oder grob reiben.

1230. Krokantbecher
Coupe croquante

kcal	kJ	K	E	F
507	2126	42	10	31

Haselnusscreme:
- ❑ 1 l Milch
- ❑ 2 Eier
- ❑ 0,14 kg Zucker
- ❑ 0,04 kg Stärkemehl
- ❑ 2 P. Vanillezucker
- ❑ 2 EL Rum
- ❑ 6 Gelatineblätter
- ❑ 0,10 kg Haselnüsse oder Walnüsse
- ❑ ¼ l Schlagobers

- ❑ 1 kg Weichseln (Dose)

Krokant:
- ❑ 0,05 kg Kristallzucker
- ❑ 0,05 kg Haselnüsse
- ❑ Öl zum Befetten

Garnierung:
- ❑ ¼ l Schlagobers

Haselnüsse rösten, fein reiben und Gelatine in kaltem Wasser einweichen. Milch, Zucker, Eier, Stärkemehl, Vanillezucker und Haselnüsse in kochendem Wasserbad so lange rühren, bis die Masse dick ist. Ausgedrückte Gelatine zugeben, mit Rum würzen, kalt stellen und in das geschlagene Obers mischen. In Gläser abwechselnd Creme und gut abgetropfte Weichseln füllen. Mit Krokant bestreuen, mit Obersrosette und jeweils einer Weichsel verzieren.

Krokant: Gleiche Zubereitung wie in Rezept Nr. 1229 – Grillage.

1231. Schokolade-Kaffeecreme
Crème au chocolat et au café

kcal	kJ	K	E	F
346	1451	28	9	21

- ❑ 1 1/2 l Milch
- ❑ 0,02 kg Löskaffee
- ❑ 3 Eier
- ❑ 0,10 kg Zucker
- ❑ 0,06 kg Schokolade
- ❑ 0,03 kg Stärkemehl
- ❑ 2 EL Rum

- ❑ 1/4 l Schlagobers

Garnierung:
- ❑ 1/8 l Schlagobers
- ❑ 0,04 kg Schokoladeflocken

Alle Zutaten – außer Rum – vermischen, in kochendem Wasserbad so lange rühren, bis die Masse dick ist. Rum beifügen, kalt rühren und in das geschlagene Obers einrühren. In Gläser füllen, mit Schlagoberstupf verzieren und mit Schokoladeflocken bestreuen.

1232. Früchtejoghurt
Yaourt aux fruits

kcal	kJ	K	E	F
209	876	27	5	8

- ❑ 3/4 l Joghurt
- ❑ 0,10 kg Kristallzucker
- ❑ 1 Zitrone
- ❑ 0,50 kg Ananasstücke
- ❑ 0,20 kg Bananen
- ❑ 0,10 kg Äpfel
- ❑ 0,10 kg Orangen
- ❑ 0,10 kg Erdbeeren
- ❑ 1/8 l Schlagobers

Garnierung:
- ❑ 1/8 l Schlagobers
- ❑ 0,10 kg Erdbeeren oder Schokoladeflocken

Joghurt mit Zucker und Zitronensaft vermischen. Früchte nach Bedarf schälen, würfelig oder blättrig schneiden und in die Joghurtmasse mischen. Geschlagenes Obers unterziehen. Dessert portionieren, mit Schlagoberstupf und Früchten garnieren.

- Früchte der Jahreszeit entsprechend verwenden.
- Es ist ratsam, Früchte und Joghurt im gleichen Verhältnis zu nehmen.

S 1233. Pfirsich Alexander
Pêche Alexandre

kcal	kJ	K	E	F
202	846	36	1	5

- ❑ 1 kg Pfirsichhälften (Dose)

Erdbeersauce:
- ❑ 0,50 kg Erdbeeren frisch oder TK

Pfirsiche abtropfen lassen und in Cremeschalen mit der Wölbung nach oben legen. Erdbeeren pürieren und mit den anderen Zutaten abschmecken. Pfirsiche mit Sauce übergießen, mit Schlagoberstupf, gehackten Pistazien oder Schokoladeflocken garnieren.

- ❑ 0,10 kg Erdbeermarmelade
- ❑ 1 Zitrone
- ❑ Maraschino (Kirschlikör)

Garnierung:

- ❑ 1/8 l Schlagobers
- ❑ Schokoladeflocken oder Pistazien

● Anstelle von Maraschino kann auch Orangen- oder Mandellikör verwendet werden.

1234. Joghurt-Nussnockerl auf Erdbeerspiegel

Boulettes de yaourt aux noix sur purée de fraises

kcal	kJ	K	E	F
275	1151	20	10	14

- ❑ 1/2 l Joghurt
- ❑ 0,25 kg Topfen
- ❑ 1/4 l Schlagobers
- ❑ 0,10 kg Walnüsse
- ❑ 0,05 kg Staubzucker
- ❑ 8 Gelatineblätter
- ❑ 8 EL Cointreau

Erdbeerspiegel:

- ❑ 0,25 kg Erdbeeren frisch oder TK
- ❑ 1 Gelatineblatt
- ❑ 0,05 kg Staubzucker
- ❑ 1/2 Zitrone
- ❑ 2 EL Cointreau (Orangenlikör)
- ❑ frische Minzblätter

Zum Spritzen:

- ❑ 1/16 l Sauerrahm
- ❑ 1/2 KL Läuterzucker

Gelatine in kaltem Wasser einweichen und in heißem Cointreau auflösen. Nüsse reiben, Schlagobers cremig schlagen und mit den restlichen Zutaten vermischen. Masse entweder in eine Schüssel für Nokken oder in kleine Wannenformen (Sichtfolie zum Auskleiden) für Scheiben füllen. Einige Stunden kalt stellen. Aus der Masse entweder Nocken ausstechen oder in ca. 2–3 cm breite Scheiben schneiden. Das Dessert mit Erdbeersauce anrichten und mit Minzblättchen garnieren. Mit Sauerrahm mittels einer Papiertüte oder eines kleinen Spritzfläschchens ein Muster (Spiralen, Tupfen, Kreise ...) auf die Erdbeersauce spritzen. Mit Hilfe einer Dressiernadel kann das Muster nach eigenen Vorstellungen gestaltet werden.

Erdbeerspiegel: Erdbeeren pürieren, eingeweichte Gelatine in heißem Orangenlikör lösen und mit den restlichen Zutaten abschmecken.

● Den Sauerrahm mit Läuterzucker (siehe Rezept Nr. 1364) süßen (Masse wird spritzfähiger).

● Verzierungen: siehe Foto S. 129.

1235. Pfirsichparfait auf Fruchtspiegel

Parfait de pêches sur purée de fruits

kcal	kJ	K	E	F
337	1408	52	7	8

Parfaitmasse:

- ❑ 0,10 kg Staubzucker
- ❑ 0,25 kg Topfen
- ❑ 1/2 Zitrone

1/2 kg abgetropfte Pfirsiche pürieren. Gelatine in kaltem Wasser einweichen. Topfen, Joghurt, Zucker, Pfirsichmus, Orangen- und Zitronensaft vermischen. Wasser und Rum aufkochen, Gelatine darin auflösen

- ½ Orange (Saft)
- 2 cl Cointreau
- ¼ l Joghurt
- 1 kg Pfirsichhälften (Dose)
- 8 Gelatineblätter
- 2 cl Rum
- 5 EL Wasser
- ⅛ l Schlagobers

Fruchtspiegel:

- 0,50 kg Erdbeeren frisch oder TK
- 1 P. Vanillezucker
- 0,06 kg Kristallzucker
- ⅛ l Rotwein
- 0,02 kg Maisstärke

Garnierung:

- ⅛ l Schlagobers
- 0,20 kg Erdbeeren
- Minzblätter

und sofort in die Grundmasse einrinnen lassen. Schlagobers steif schlagen und zuletzt unterziehen. Die Masse in Dariolformen, kleine Wannen oder in eine Rehrückenform (mit Sichtfolie auslegen) füllen und 2 Stunden tiefkühlen. Danach stürzen, portionieren, auf einem Fruchtspiegel anrichten und mit Früchten, Schlagobers und Minzblättchen garnieren.

Fruchtspiegel: Erdbeeren pürieren, Rotwein und Stärkemehl aufkochen, überkühlt in die Erdbeermasse mischen, mit Zucker abschmecken und kalt stellen. Falls die Masse zu dick ist, mit Wasser verdünnen.

Garnierung: Früchte entweder ganz lassen oder je nach Bedarf in Spalten oder Scheiben schneiden.

- Anstelle von Erdbeeren können Kiwischeiben, Pfirsich- oder Orangenspalten verwendet werden.
- Siehe Foto S. 129.

1236. Joghurtmousse auf Hippenblatt

Mousse au yaourt

Joghurtmousse:

- ¼ l Joghurt
- 0,20 l Schlagobers
- 0,08 kg Staubzucker
- 6 Gelatineblätter
- 4 EL Wasser
- ½ Zitrone

Hippenblätter – Variante 1:

- 0,15 kg Marzipan
- 0,10 kg Staubzucker
- 0,05 kg Mehl glatt
- etwas Eiklar
- Zimtpulver
- Zitronensaft

Hippenblätter – Variante 2:

- 0,05 kg Staubzucker
- 0,05 kg Butter (flüssig)
- 0,05 kg Mehl glatt
- 1 Eiklar

Mousse: Gelatine in kaltem Wasser einweichen und Schlagobers leicht schlagen. Vorgeschriebene Wassermenge zum Kochen bringen, Gelatine auflösen, Zitronensaft, Zucker und Joghurt beifügen und ins Schlagobers einheben. Masse in Formen geben oder in einer Schüssel ca. 2–3 Stunden kalt stellen oder am Vortag zubereiten. Mousse entweder stürzen oder einen Esslöffel in heißes Wasser tauchen und Nocken ausstechen.

Garnierung: Entweder frische Erdbeeren oder Erdbeermark mit Zucker und Orangenlikör pürieren und mit Gelatine leicht binden. Siehe Rezept Nr. 1234, oder 1–2 Nocken in ein Hippenblatt setzen und mit Minzblättchen oder/und frischen Erdbeeren garnieren.

Hippenmasse: Zutaten glatt rühren. Die Masse muss streichfähig sein. Schablonen (Form, z. B. Weinblatt – Durchmesser 8–10 cm) aus stärkerem Karton herausschneiden, auf befettetes Backpapier auflegen, Teig mit Palette oder Messer darüber streichen und Schablone abheben. Bei 180° C ca. 5–8 Minuten backen, bis der Rand goldgelb ist, sofort ablösen, in eine Form (Tasse) legen und auskühlen lassen.

- Man kann auch kleine Kreise (Durchmesser 10–12 cm) auf befettetem Backblech markieren, die Masse darauf streichen, backen, sofort ablösen und über eine Form (kleines Glas) legen.

Joghurtmousse auf Hippenblatt

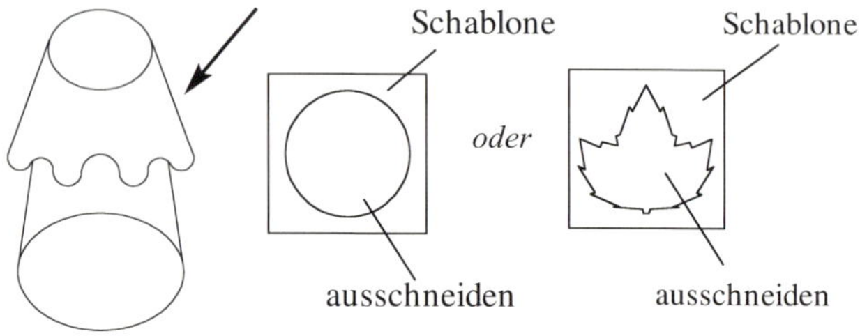

1237. Lebkuchenmousse mit Punschsauce
Mousse au pain d'épices avec sauce de punch

kcal	kJ	K	E	F
425	1780	39	7	22

- ❑ 5 Eier
- ❑ 0,05 kg Kristallzucker
- ❑ 3 Gelatineblätter
- ❑ 3 EL Kirschwasser
- ❑ 0,15 kg Schokolade
- ❑ 0,15 kg Lebkuchen (Resteverwertung)
- ❑ 1 KL Lebkuchengewürz
- ❑ $^1/_2$ l Schlagobers

Punschsauce:
- ❑ 0,10 kg Kristallzucker
- ❑ 0,01 kg Stärkemehl
- ❑ $^1/_{16}$ l Rotwein
- ❑ Zimtstange
- ❑ Mark einer Vanilleschote
- ❑ 2 Nelken
- ❑ 4 cl Rum
- ❑ 2 cl Sherry
- ❑ 2 cl Kirschwasser
- ❑ 1 Zitrone
- ❑ 0,10 kg Orange (Saft)

Garnierung:
- ❑ Zitronenmelisse
- ❑ Pistazien

Gelatine in kaltem Wasser einweichen, Lebkuchen und Schokolade fein reiben. Gelatine in heißem Kirschwasser auflösen. Eier und Zucker in sehr heißem Wasserbad (80–90° C) dickschaumig schlagen. Wenn die Masse heiß ist, zerkleinerte Schokolade und Gelatine beigeben und so lange weiterschlagen, bis die Masse cremig ist. Lebkuchenbrösel und -gewürz einmelieren und kalt stellen. Schlagobers steif schlagen, die erkaltete Masse unterziehen, in Dariolformen füllen und kalt stellen. Mousse auf kalte Teller stürzen und mit Sauce, Melissenblättchen und gehackten Pistazien garnieren.

Punschsauce: Zutaten kalt vermischen und einmal unter ständigem Rühren aufkochen. Wenn möglich, einen Tag im Kühlschrank ziehen lassen.

- Anstelle von Dariolformen kann die Masse in kleine Wannenformen gefüllt (Sichtfolie zum Auskleiden) und erkaltet in 2–3 cm breite Scheiben geschnitten werden.

DEKORATIONEN UND GARNIERUNGEN

Schokoladespritzdekorationen
mit Erdbeer-, Kiwi- oder Ribiselmark

Pfirsichparfait mit Erdbeergarnierung

Garnierung = passiertes Erdbeermark in großen Tupfen abwechselnd mit Sauerrahm (mit Läuterzucker – siehe Nr. 1364 – gesüßt) spritzen. Mit Hilfe einer Spicknadel durch die Mitte der Tupfen einen Kreis ziehen.

Maroniparfait
mit Schokoladeobersssauce

1238. Maroniparfait mit Schokoladeobers- und Himbeersauce

Parfait aux marons sauce chocolat et fromboises

kcal	kJ	K	E	F
498	2048	59	8	23

Parfait:
- ❑ 5 Gelatineblätter
- ❑ 3 EL Rum
- ❑ 0,50 kg TK-Kastanienreis
- ❑ 0,10 kg Staubzucker
- ❑ 0,15 kg Mascarpone
- ❑ 1/8 l Schlagobers

Schokoladeoberssauce:
- ❑ 1/4 l Schlagobers
- ❑ 0,25 kg Schokolade
- ❑ 2 EL Rum

Himbeersauce:
- ❑ 0,30 kg TK-Himbeeren oder frische
- ❑ 2 Gelatineblätter
- ❑ 2 EL Cointreau
- ❑ 0,04 kg Staubzucker
- ❑ 1/2 Zitrone

- ❑ 0,05 l Sauerrahm
- ❑ 1 ML Läuterzucker zum Spritzen

- ❑ 0,01 kg Kakaopulver
- ❑ 0,01 kg Pistazienkerne zum Garnieren

Parfait: Gelatine in kaltem Wasser ca. 5 Minuten quellen lassen, Schlagobers cremig schlagen. Gelatine in kochend heißem Rum auflösen, sofort zum aufgetauten Kastanienreis rühren, Zucker, Mascarpone und Schlagobers einheben. Die Masse entweder in eine mit Öl bestrichene kleine Kastenform füllen oder für Nocken in eine Schüssel geben und 1–2 Stunden kalt stellen.
Schokoladeoberssauce: Schlagobers zum Kochen bringen, Schokolade und Rum beifügen, glatt rühren und mit Klarsichtfolie bedeckt kalt stellen.
Himbeersauce: Gelatine in kaltem Wasser einweichen, in heißem Cointreau auflösen und sofort zu den pürierten und passierten Himbeeren geben. Mit Zucker und Zitronensaft abschmecken.
Anrichtevorschlag: Maroniparfait stürzen, in 2–3 cm breite Schnitten schneiden, jeweils 2–3 Schnitten pro Portion anrichten und mit Kakaopulver leicht bestreuen. Mit Himbeer- oder Schokoladeoberssauce garnieren. Die weiße Garnierung kann punktuell zwischen die einzelnen Schnitten gespritzt und mittels einer Spicknadel verzogen werden. Mit gehackten Pistazien den Rand leicht bestreuen.

- **Weiße Garnierung:** Sauerrahm mit Läuterzucker verrühren.
- Anstelle von TK-Kastanien können frische, geschälte Maroni verwendet werden.
- **Maroni schälen:** Rohr auf 250° C vorheizen, Kastanien auf der runden Seite der Länge nach einschneiden, auf ein nasses Blech legen und bei 220° C ca. 10 Minuten erhitzen, bis die Schale aufspringt. Mit der braunen Haut schälen, kleiner schneiden, in Milch weich kochen, abseihen und mit etwas Milch pürieren, eventuell durch eine Erdäpfelpresse drücken.
- Siehe Foto S. 129

1239. Nougatmousse mit Dörrzwetschken und Karamelsauce

kcal	kJ	K	E	F
568	2377	47	9	34

Mousse au nougat pruneaux secs et sauce caramel

Nougatmousse:
- ❏ 6 Gelatineblätter
- ❏ 2 Eier
- ❏ 0,05 kg Honig
- ❏ 1 P. Vanillezucker
- ❏ 4 EL Amaretto oder Rum
- ❏ 0,10 l Bohnenkaffee
- ❏ 0,20 kg Bitterschokolade
- ❏ 0,10 kg Walnüsse gerieben
- ❏ ½ l Schlagobers
- ❏ Kakaopulver zum Bestreuen

Dörrzwetschken:
- ❏ 0,20 kg Dörrzwetschken
- ❏ 0,06 l Rum
- ❏ 0,06 l Wasser oder Rotwein
- ❏ 1 Zitrone

Karamelsauce:
- ❏ 0,10 kg Kristallzucker
- ❏ ⅛ l Milch
- ❏ ¼ l Schlagobers

Gelatine in viel kaltem Wasser quellen lassen. Heißen, starken Kaffee über die Schokolade gießen und schmelzen lassen. Gelatine in kochend heißem Amaretto auflösen. Eier, Honig, Vanillezucker aufschlagen und in fast kochendem Wasserbad so lange rühren, bis die Masse eine Temperatur von ca. 75° C erreicht hat, dann aufgelöste Gelatine, geschmolzene Schokolade und Nüsse beifügen. Schlagobers cremig schlagen und die bereits lauwarme Nougatmasse einheben. In mit Klarsichtfolie ausgelegte Terrinen- oder Dariolformen füllen, 1–2 Stunden tiefkühlen oder einige Stunden kalt stellen, stürzen, in 2–3 cm breite Stükke schneiden, mit Kakaopulver bestreuen, mit lauwarmen Dörrpflaumen und Karamelsauce anrichten.

Lauwarme Dörrzwetschken: Zwetschken fein schneiden, mit Rum und Wasser ca. 5 Minuten dünsten, mit Zitronensaft verbessern.

Karamelsauce: Zucker ohne zu rühren karamelisieren, mit Milch und Schlagobers Karamel lösen und einmal aufkochen.

- Aus der Nougatmasse können mit einem nassen Löffel oder mit einem Eisportionierer Nocken oder Kugeln ausgestochen werden.
- Anstelle von Dörrzwetschken und Karamelsauce kann die Mousse mit Schlagobersrosette und frisch aufgeschnittenen Früchten wie Erdbeeren, Kiwischeiben, Orangenspalten und/oder Himbeeren garniert werden.
- Siehe Foto S. 132.

1240. Walnussparfait auf Schokoladeoberssauce

kcal	kJ	K	E	F
546	2284	48	11	32

Parfait aux noix sauce chocolat

Krokant:
- ❏ 0,15 kg Kristallzucker
- ❏ 0,15 kg Walnüsse gerieben
- ❏ Öl zum Befetten
- ❏ 5 Eier

Krokant zubereiten siehe Rezept Nr. 1229/1230. Gelatine in viel kaltem Wasser quellen lassen, Eier, Zucker und Amaretto im heißen Wasserbad dick schaumig schlagen – 80° C – Nougatschokolade dazugeben und unter Rühren schmelzen lassen. Gelatineblätter im kochend heißen Weinbrand auflösen und mit dem Krokant in die Eimasse einrühren.

- ❑ 0,10 kg Kristallzucker
- ❑ 2 EL Amaretto
- ❑ 0,10 kg Nougatschokolade
- ❑ 4 Gelatineblätter
- ❑ 3 EL Weinbrand
- ❑ 1/4 l Schlagobers

Schokoladeoberssauce:

- ❑ 0,20 l Schlagobers
- ❑ 0,20 kg Schokolade
- ❑ 0,06 l Sauerrahm
- ❑ 1/2 KL Läuterzucker zum Spritzen
- ❑ Minzblättchen
- ❑ gehackte Pistazien

Schlagobers cremig schlagen und in die bereits lauwarme Masse das Schlagobers einheben. In eine mit Klarsichtfolie ausgelegte Terrinenformen einfüllen, 1–2 Stunden tiefkühlen oder einige Stunden kalt stellen, stürzen und in 2–3 cm breite Stücke schneiden. Das Parfait mit Schokoladeoberssauce anrichten, mit Minzblättchen und gehackten Pistazien garnieren. Sauerrahm mit Läuterzucker (siehe Rezept Bowlen Nr. 1364) süßen und ein Muster spritzen (siehe Foto: Dekorationen und Garnierungen S. 129).

Schokoladeoberssauce: Siehe Rezept Nr. 1238 (Maroniparfait).

Kastanienpyramide

Nougatmousse mit Dörrzwetschken und Karamelsauce

Nussauflauf mit Äpfeln auf Weinsauce

Warmer Lebkuchen mit Schokoladeoberssauce

MEHLSPEISEN UND KLEINGEBÄCK

1241. Katharinenäpfel
Pommes Catherine

kcal	kJ	K	E	F
314	1315	27	4	19

- ❑ 1 kg kleine Äpfel (pro Person 1 Stück)
- ❑ 0,10 kg Ribiselmarmelade
- ❑ 1 Zitrone

Haselnussmasse:
- ❑ 0,08 kg Butter weich
- ❑ 0,10 kg Staubzucker
- ❑ 3 Eidotter
- ❑ 0,15 kg Haselnüsse
- ❑ Zimt
- ❑ 3 Eiklar

- ❑ Butter für die Form

Rohr auf 200° C vorheizen. Äpfel entkernen, schälen, mit Marmelade füllen, mit Zitronensaft bestreichen und in befettete Gratinierformen legen. Mit Masse bestreichen und ca. 30 Minuten hellbraun backen.

Haselnussmasse: Haselnüsse rösten und reiben. Butter, Zucker und Eidotter dickschaumig rühren, Eiklar steif schlagen und mit den Haselnüssen in die Dottermasse einheben.

1242. Kletzenniggalan
„Kletzenniggalan“

Milchbackteig:
- ❑ 0,20 kg Mehl glatt
- ❑ 0,20 l Milch
- ❑ Salz
- ❑ 0,02 kg Öl
- ❑ 3 Eidotter
- ❑ 1 EL Rum

- ❑ 2 Eiklar
- ❑ 0,03 kg Kristallzucker

- ❑ 0,25 kg Öl zum Ausbacken

Fülle:
- ❑ 0,50 kg Kletzen gekocht
- ❑ 0,25 kg Topfen
- ❑ 0,10 kg Honig
- ❑ 1 EL Rum
- ❑ 0,08 kg Haselnüsse gerieben
- ❑ Prise Salz

Backteig: Mehl, Milch, Öl, Eidotter, Salz, Rum glatt rühren und 10 Minuten rasten lassen. Vor Verwendung Eiklar mit Zucker steif schlagen und unterheben.
Geformte Fülle in den Teig eintauchen, rasch, ohne zu tropfen, ins heiße Fett – 170° C – einlegen und herausbacken.

Garnierungsvorschlag: mit Honig betropfen und mit Grantenschleck (aus 1/8 Liter geschlagenem Obers Rosette spritzen und mit 0,10 kg Preiselbeermarmelade belegen oder vermischen) garnieren.

Fülle: Kletzen über Nacht einweichen, aufkochen, entstielen, passieren oder fein hacken, mit den übrigen Zutaten vermischen und kalt stellen. Bällchen mit 2 1/2–3 cm Durchmesser formen.

- Diese Nachspeise stammt aus Kärnten.

  Granten = Preiselbeeren auf kärntnerisch.

1243. Mohnauflauf mit Weichselsauce
Soufflé au pavot avec sauce de griotte

kcal	kJ	K	E	F
464	1945	46	9	25

Auflaufmasse:
- ❑ 3 Semmeln
- ❑ 1/4 l Milch
- ❑ 0,12 kg Butter weich
- ❑ 0,07 kg Staubzucker
- ❑ 5 Eidotter
- ❑ 1 P. Vanillezucker
- ❑ 5 Eiklar
- ❑ 0,10 kg Kristallzucker
- ❑ 0,12 kg Mohn gemahlen
- ❑ 0,04 kg Brösel
- ❑ Zimt

- ❑ Butter und Kristallzucker für die Formen

Weichselsauce:
- ❑ 0,75 kg Weichseln (Dose)
- ❑ 3/16 l Weichselsaft
- ❑ 0,03 kg Kristallzucker
- ❑ 0,02 kg Stärkemehl
- ❑ 4–6 cl Maraschino

Garnierung:
- ❑ 1/8 l Schlagobers
- ❑ Minzblättchen
- ❑ Staubzucker

Semmeln in Milch einweichen und pürieren. Dariolformen mit leicht geschmolzener Butter sehr gut befetten und kalt stellen. Butter, Zucker, Vanillezucker und Eidotter schaumig rühren. Eiklar mit Zucker steif schlagen, geriebenen Mohn und Brösel vermischen und alle Zutaten vorsichtig unterheben. Dariolformen mit Kristallzucker bezuckern, Masse 3/4 voll einfüllen, in eine Bratpfanne mit kochend heißem Wasser setzen und im Rohr auf der untersten Schiene bei 120° C ca. 30–35 Minuten garen. Stürzen und garnieren.

Weichselsauce: Weichselsaft oder Rotwein und Stärkemehl unter Rühren aufkochen, zu den Weichseln geben und mit den übrigen Zutaten abschmecken.

Garnierung: Schlagobersrosette, Minzblättchen, Staubzucker zum Bezuckern.

1244. Nussauflauf mit Äpfeln auf Weinsauce
Soufflé au noix avec pommes á la sauce

kcal	kJ	K	E	F
370	1550	26	7	23

Auflaufmasse:
- ❑ 6 Eier
- ❑ 0,05 kg Kristallzucker
- ❑ 0,05 kg Staubzucker
- ❑ 0,10 kg Butter weich
- ❑ 0,15 kg Hasel- oder Walnüsse
- ❑ 0,04 kg Brösel
- ❑ Zimt
- ❑ 0,20 kg Äpfel
- ❑ 1/2 Zitrone

Auflaufmasse: Äpfel in 1/2 cm kleine Würfel schneiden oder grob reißen und mit Zitronensaft beträufeln. Butter, Staubzucker, Eidotter schaumig rühren und Eiklar mit Kristallzucker steif schlagen. Zutaten vorsichtig vermischen und in bebutterte und bezuckerte Dariolformen 3/4 voll einfüllen. Bei 120° C im Wasserbad im Rohr 20–30 Minuten pochieren (unterste Schiene). Auf warme Teller stürzen und mit Weinsauce garnieren.

Weinsauce: Wein und Zucker aufkochen, Eidotter, Stärkemehl, Zucker und Zitronensaft abrühren, unter Rühren in den Wein einkochen und bis zum Auf-

Weinsauce:
- ❑ 1/4 l Weißwein
- ❑ 0,05 kg Kristallzucker
- ❑ 3 Eidotter
- ❑ 0,01 kg Stärkemehl
- ❑ 0,03 kg Staubzucker
- ❑ 1/2 Zitrone
- ❑ 4–6 cl Calvados

- ❑ Butter und Kristallzucker für die Formen

kochen kräftig schlagen. Zuletzt mit Calvados abschmecken.

- Anstelle von Weinsauce kann Weichsel- oder Schokoladesauce dazugegeben werden.
- Siehe Foto S. 132.

1245. Warmer Lebkuchen mit Schokoladeoberssauce

Pain d'epieces chaud et sauce au chocolat

kcal	kJ	K	E	F
538	2250	41	9	34

- ❑ 0,10 kg Butter weich
- ❑ 6 Eidotter
- ❑ 0,05 kg Staubzucker
- ❑ 1–2 EL Lebkuchengewürz
- ❑ 0,05 kg Walnüsse
- ❑ 0,05 kg Haselnüsse
- ❑ 0,10 kg Brösel
- ❑ 6 Eiklar
- ❑ 0,05 kg Kristallzucker
- ❑ 1/16 l Wasser
- ❑ 1 EL Löskaffee

- ❑ Butter und Kristallzucker für die Form

Schokoladeoberssauce:
- ❑ 0,20 kg Schokolade
- ❑ 0,20 l Schlagobers

- ❑ 6 EL Cointreau zum Befeuchten

Garnierung:
- ❑ 1/16 l Sauerrahm
- ❑ 0,01 kg Pistazienkerne
- ❑ 1/8 l Schlagobers
- ❑ 0,10 kg Preiselbeerkompott

Rehrückenform bebuttern und bezuckern, Rohr auf 170° C vorheizen, Nüsse reiben und Löskaffee in angegebener Wassermenge auflösen. Butter, Zucker, Eidotter mit den Gewürzen schaumig rühren, Eiklar mit Zucker steif schlagen und mit den übrigen Zutaten in die Schaummasse einheben und ca. 30 Minuten backen, eventuell auf 160° C zurückschalten. Noch warm mit Cointreau anfeuchten, in 1 1/2 cm dicke Scheiben teilen und anrichten. Mit Schokoladeoberssauce teilweise überziehen, darauf mit Sauerrahm Streifen spritzen und mit grob gehackten Pistazien bestreuen. Aus Schlagobers eine Rosette spritzen und diese mit Preiselbeeren garnieren. Das Dessert sofort servieren.

Schokoladeoberssauce: Schokolade in Stücke teilen und mit dem Schlagobers unter Rühren gemeinsam erhitzen.

- Siehe Foto S. 132.

1246. Wiener Weintraubenstrudel
Stroudel viennois aux raisins

kcal	kJ	K	E	F
381	1596	57	8	11

Strudelteig:
- ❑ 0,25 kg Mehl glatt
- ❑ 2 EL Öl
- ❑ Salz
- ❑ 1/8 l Wasser lauwarm

Fülle:
- ❑ 5 Eidotter
- ❑ 0,03 kg Staubzucker
- ❑ 1 P. Vanillezucker
- ❑ Zimt
- ❑ 5 Eiklar
- ❑ 0,05 kg Kristallzucker
- ❑ 0,05 kg Mehl griffig
- ❑ 0,05 kg Haselnüsse

- ❑ 1,50 kg Weintrauben (kernlos, klein)
- ❑ Butter für das Blech und zum Bestreichen des Strudels
- ❑ Staubzucker zum Bezuckern

Strudelteig herstellen – siehe Allex, „Kochen nach Grundrezepten Teil 1". Nach dem Rasten dünn ausziehen, mit Fülle bestreichen, mit Weintrauben belegen, einrollen, befetten und bei 180–200° C im Rohr backen.

Fülle: Haselnüsse rösten, reiben, Eidotter, Zucker und Zimt schaumig rühren, Eiklar mit Zucker steif schlagen, die beiden Massen vermengen und geriebene Nüsse und Mehl unterheben.

- Fülle erst kurz vor dem Ausziehen des Strudelteiges zubereiten. Bei nicht kernlosen Weintrauben Trauben halbieren und entkernen – Kerne würden stören.

1247. Polsterzipf
Losanges frits

- ❑ 0,08 kg Butter
- ❑ 1/4 l Milch
- ❑ 0,50 kg Mehl glatt
- ❑ Salz
- ❑ 1 Ei
- ❑ 1 EL Rum

- ❑ 0,50 kg Pflanzenfett zum Ausbacken
- ❑ 0,10 kg Staubzucker und
- ❑ 1 P. Vanillezucker zum Bestreuen

Butter zerlassen, Milch zufügen, erhitzen, zum leicht gesalzenen Mehl mischen und überkühlt Ei und Rum beifügen. Teig gut verkneten, messerrückendick ausrollen, Rhomben radeln, in heißem Öl goldgelb herausbacken, abtropfen lassen und mit vanilliertem Staubzucker bestreuen.

- Man kann auch Marmelade dazu servieren.

1248. Weichselrolle
Rouleau aux griottes

kcal	kJ	K	E	F
626	2622	70	7	33

Sparbiskuit:
- ❑ 4 Eiklar
- ❑ 4 Eidotter
- ❑ 1 EL Wasser
- ❑ 0,12 kg Staubzucker
- ❑ 0,04 kg Stärkemehl
- ❑ 0,04 kg Mehl griffig
- ❑ 0,03 kg Kakao
- ❑ 1 Msp. Backpulver
- ❑ Butter und griffiges Mehl für das Blech
- ❑ Marillenmarmelade zum Aprikotieren

Ital. Buttercreme:
- ❑ 0,05 kg Kokosfett
- ❑ 0,25 kg Butter weich
- ❑ 0,05 kg Staubzucker
- ❑ 4 Eiklar
- ❑ 0,08 kg Staubzucker

- ❑ 1 kg Weichseln (Glas)

Schokoladeglasur:
- ❑ 0,12 kg Schokolade
- ❑ 0,02 kg Butter
- ❑ 0,15 kg Kristallzucker
- ❑ $^1/_8$ l Wasser

Rohr auf 220° C vorheizen und Blech vorbereiten. Eiklar mit wenig Zucker steif schlagen, Eidotter, Wasser, Staubzucker gut schaumig rühren, die anderen trockenen Zutaten versieben und abwechselnd mit dem Schnee unter die Dottermasse heben. Masse auf das Blech streichen, backen, stürzen und sofort einrollen. Ausgekühlt mit Creme bestreichen, mit gut abgetropften Weichseln bestreuen, einrollen und kalt stellen. Danach aprikotieren und glasieren.

Italienische Buttercreme: Butter und Zucker schaumig rühren, Kokosfett leicht erwärmen, unter ständigem Rühren langsam beifügen. Zuletzt über heißem Wasserbad (80° C) Eiklar mit Zucker steif schlagen und unterziehen.

Schokoladeglasur: Schokolade und Butter in gut handwarmem Wasserbad zergehen lassen, Zucker und Wasser zur kleinen Perle spinnen, die Hälfte des gesponnenen Zuckers einrühren, den restlichen Zucker eintablieren, bis die Glasur einen Löffel dünn überzieht.

- Anstelle einer echten Schokoladeglasur kann auch eine Fettglasur (0,15 kg Schokolade, 0,10 kg Butter) verwendet werden – siehe Rezept Nr. 1252.
- Man kann die Rolle auch nur bezuckern oder mit heißer Marmelade bestreichen und in Kristallzucker oder Mandelplättchen wälzen.

1249. Punschkugeln
Boules au punch

kcal	kJ	K	E	F
623	2609	115	8	12

Biskuitmasse:
- ❑ 5 Eier
- ❑ Salz
- ❑ 2 EL Wasser
- ❑ 0,20 kg Zucker
- ❑ 2 P. Vanillezucker
- ❑ 0,20 kg Mehl gemischt
- ❑ 1 Msp. Backpulver
- ❑ 0,04 kg Öl
- ❑ Butter und griffiges Mehl für das Blech

Rohr auf 200° C vorheizen und Blech vorbereiten. Biskuitmasse herstellen wie in Rezept Nr. 1248, Masse auf das Blech streichen, backen, auskühlen lassen und Biskuit zerbröseln. Zitrusfrüchte auspressen, Biskuitmasse befeuchten, Schokolade reiben, zugeben, mit Rum und Marmelade abschmecken und durchziehen lassen. Gleichmäßig große Kugeln formen, diese etwas abtrocknen lassen, glasieren und mit Pistazien bestreuen.

Fondantglasur: Zuckerwasser unter Abschäumen

Zum Befeuchten:
- ❑ 1/16 l Rum
- ❑ 0,50 kg Orangen
- ❑ 2 Zitronen
- ❑ 0,20 kg Ribiselmarmelade
- ❑ 0,15 kg Schokolade

Fondantglasur:
- ❑ 0,50 kg Kristallzucker
- ❑ 1/2 l Wasser
- ❑ Zitronensaft
- ❑ rote Lebensmittelfarbe

- ❑ 0,02 kg Pistazien

zum kleinen Flug kochen, in eine Rührschüssel gießen, mit Zitronensaft bespritzen und in Eiswasser auskühlen lassen, bis sich ein Häutchen bildet. Mit Handmixer (Knethaken) zu einer geschmeidigen Masse rühren. Zum Glasieren wieder im Wasserbad erwärmen, mit Wasser verdünnen und färben.

1250. Kastanienpyramide
Pyramide aux marrons

kcal	kJ	K	E	F
543	2272	53	7	31

Biskuitmasse:
- ❑ 3 Eier
- ❑ 0,08 kg Staubzucker
- ❑ 0,04 kg Mehl griffig
- ❑ 0,02 kg Stärkemehl
- ❑ 2 EL Kakaopulver
- ❑ 3 Msp. Backpulver
- ❑ Butter und griffiges Mehl für das Blech

Kastaniencreme:
- ❑ 1/8 l Milch
- ❑ 0,02 kg Stärkemehl
- ❑ 0,10 kg Schokolade
- ❑ 0,60 kg TK-Kastanien
- ❑ 2 EL Rum

- ❑ 0,12 kg Butter weich
- ❑ 0,06 kg Staubzucker

Garnierung:
- ❑ 1/2 l Schlagobers
- ❑ 1 P. Sahnesteif

- ❑ 1 EL Pistazien

Rohr auf 200° C vorheizen, Blech vorbereiten (17 cm breit).

Biskuitmasse herstellen:
Eier mit Zucker im lauwarmen Wasserbad (50° C) dickschaumig rühren, kalt schlagen, trockene Zutaten vermischen und gesiebt unterziehen. Masse 17 cm breit aufstreichen, mit Papierschiene abschließen und ca. 10 Minuten backen. Ausgekühlt in zwei 8 cm breite Streifen schneiden. Auf diese der Länge nach mit glatter Tülle (ca. 1 cm) die Kastaniencreme eng pyramidenförmig aufspritzen. Rechts und links bei den Streifen einen 1 cm breiten Rand für das Schlagobers frei lassen. Die Pyramidenhöhe besteht aus ca. 4–5 Reihen. Zuletzt eng Schlagobersstreifen darüberspritzen, mit gehackten Pistazien bestreuen, kaltstellen und in ca. 3 cm breite Streifen schneiden.

Kastaniencreme: Milch und Stärkemehl unter Rühren kurz aufkochen, Schokolade sofort beifügen, glatt rühren, Rum und den angetauten Kastanienreis dazugeben. Butter und Zucker schaumig rühren, die Kastanienmasse hinzufügen und nochmals aufschlagen.

● Siehe Foto S. 132.

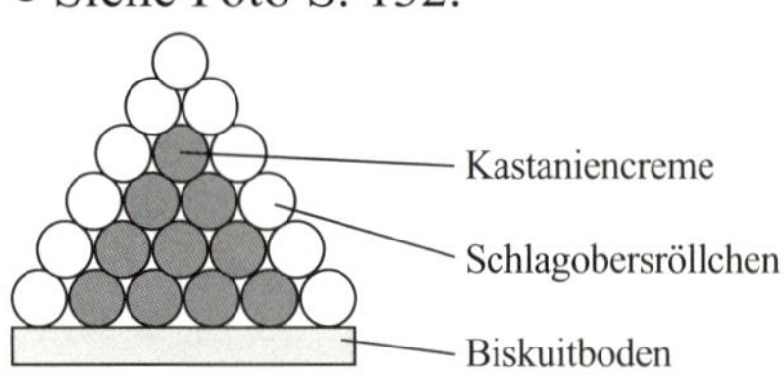

1251. Kastanienbombe
Bombe aux marrons

kcal	kJ	K	E	F
840	3520	100	13	38

- ❑ 0,80 kg Biskotten
- ❑ 4 EL Rum
- ❑ 1/4 l Milch zum Beträufeln

Kastaniencreme:
- ❑ 1/8 l Milch
- ❑ 0,02 kg Stärkemehl
- ❑ 0,10 kg Schokolade
- ❑ 0,60 kg TK-Kastanien
- ❑ 2 EL Rum

- ❑ 0,12 kg Butter weich
- ❑ 0,06 kg Staubzucker

Parisercreme:
- ❑ 1/4 l Schlagobers
- ❑ 0,25 kg Schokolade

Garnierung:
- ❑ 1/4 l Schlagobers
- ❑ kandierte Kirschen oder Pistazien oder Cocktailkirschen

Kastaniencreme zubereiten wie in Rezept Nr. 1250. Mit Milch und Rum befeuchtete Biskotten auf einer runden Glasplatte lagenweise mit Kastaniencreme zu einer Kuppel formen. Mit Pariser Creme bestreichen, kalt stellen, mit Schlagobers spritzen und nach Belieben verzieren.

Parisercreme: Schokolade und Schlagobers unter Rühren aufkochen, in Eiswasser auskühlen lassen und mit dem Handmixer aufschlagen.

1252. Bananenschnitten
Gâteau à la banane

kcal	kJ	K	E	F
697	2917	65	9	42

Biskuitmasse:
- ❑ 5 Eier
- ❑ 0,10 kg Staubzucker
- ❑ 0,10 kg Mehl glatt
- ❑ 0,02 kg Butter zerlassen

- ❑ Butter und griffiges Mehl für das Blech

Fülle:
- ❑ 0,25 kg Butter weich
- ❑ 0,12 kg Staubzucker
- ❑ 1/2 l Milch
- ❑ 0,04 kg Stärkemehl
- ❑ 1 EL Rum
- ❑ 1 P. Vanillezucker

- ❑ 3/4 kg Bananen groß, fest
- ❑ 2 Zitronen

Blech vorbereiten und Rohr auf 200° C vorheizen. Eine warm geschlagene Biskuitmasse (siehe Allex, „Kochen nach Grundrezepten Teil 1“) herstellen, daumendick auf ein Blech streichen, backen und auskühlen lassen. Mit dünnblättrig geschnittenen, mit Zitronensaft bestrichenen Bananenscheiben belegen, mit Fülle bestreichen und glasieren. Etwas erstarrt mit heißem Messer in Schnitten schneiden.

Fülle: Milch und Stärkemehl unter ständigem Rühren zum Kochen bringen, kalt rühren, zur schaumig gerührten Butter-Zuckermasse geben und mit Rum abschmecken.

Fettglasur: Butter und Schokolade in gut handwarmem Wasserbad zergehen lassen und tablieren.

Fettglasur:
- ❑ 0,20 kg Schokolade
- ❑ 0,15 kg Butter

● Anstelle der warm geschlagenen Biskuitmasse kann eine kalt gerührte – eine Sparbiskuit- oder eine Ölbiskuitmasse – zubereitet werden (siehe Allex, „Kochen nach Grundrezepten Teil 1“ – oder Rezept Nr. 1254).

1253. Schokolade-Mandelschnitten

Gâteau aux amandes et au chocolat

kcal	kJ	K	E	F
763	3195	78	10	48

- ❑ 0,18 kg Butter weich
- ❑ 0,18 kg Staubzucker
- ❑ 3 Eier
- ❑ 0,18 kg Schokolade
- ❑ 0,18 kg Mandeln
- ❑ 0,18 kg Mehl glatt
- ❑ $\frac{1}{2}$ KL Zimtpulver
- ❑ 1 Msp. Nelkenpulver
- ❑ Butter und griffiges Mehl für das Blech

Fülle:
- ❑ 0,30 kg Marillenmarmelade

Fettglasur:
- ❑ 0,25 kg Schokolade
- ❑ 0,15 kg Butter

Schokolade erweichen, Mandeln reiben, Rohr auf 180° C vorheizen und Blech vorbereiten.
Butter, Zucker, Eidotter, Schokolade und die Gewürze schaumig rühren. Eiklar mit etwas Zucker steif schlagen und mit den übrigen Zutaten vermengen. Masse fingerdick aufstreichen, backen und auskühlen lassen. In Streifen schneiden, mit Marillenmarmelade füllen, zusammensetzen, aprikotieren, glasieren und erkaltet in Schnitten schneiden.

Fettglasur: Butter und Schokolade in gut handwarmem Wasserbad zergehen lassen und tablieren.

1254. Zwetschkenkuchen – Ölbiskuit

Gâteau aux prunes

kcal	kJ	K	E	F
388	1624	57	6	14

Ölbiskuitmasse:
- ❑ 4 Eidotter
- ❑ 0,20 kg Staubzucker
- ❑ $\frac{1}{10}$ l Wasser lauwarm
- ❑ 0,10 kg Öl
- ❑ 1 Zitrone
- ❑ 4 Eiklar
- ❑ Prise Salz
- ❑ 0,04 kg Kristallzucker
- ❑ 0,24 kg Mehl gemischt
- ❑ 1 Msp. Backpulver
- ❑ Butter und griffiges Mehl für das Blech

Blech vorbereiten, Zwetschken halbieren, entkernen und Rohr auf 200° C vorheizen.

Ölbiskuit: Eidotter, Zucker, Wasser schaumig rühren, Eiklar mit dem restlichen Zucker steif schlagen. Dottermasse in den Schnee unterheben, das Mehl, mit Backpulver versiebt und zuletzt Öl und Zitronensaft einrühren. Masse aufstreichen, mit Zwetschken belegen und backen. Zucker und Zimt vermischen, Kuchen noch heiß bestreuen und ausgekühlt in Stücke teilen.

● Diese Masse eignet sich sehr gut für alle **Obstkuchen** sowie für **Gugelhupf** und **Wannenkuchen.**

Belag:
- ❑ 1 kg Zwetschken
- ❑ Zimtpulver und Staubzucker zum Bestreuen

1255. Schwedischer Apfelkuchen
Gâteau aux pommes suédois

kcal	kJ	K	E	F
531	2225	84	6	17

Mürbteig:
- ❑ 0,30 kg Mehl glatt
- ❑ 0,18 kg Butter
- ❑ 0,10 kg Staubzucker
- ❑ 1 P. Vanillezucker
- ❑ 1 Ei

- ❑ Butter für das Blech

- ❑ 0,15 kg Ribiselmarmelade

Apfelfülle:
- ❑ 1,50 kg Äpfel
- ❑ 0,10 kg Zucker
- ❑ 1 Zitrone

Schneehaube:
- ❑ 4 Eiklar
- ❑ Prise Salz
- ❑ 0,10 kg Kristallzucker
- ❑ 0,08 kg Staubzucker

Einen abgebröselten Mürbteig herstellen, auf dem leicht befetteten Blech ausrollen, stupfen und hellgelb bei 200° C vorbacken. Den überkühlten Teig mit Marmelade und mit der kalten Apfelfülle bestreichen. In den sehr festen Schnee den Kristallzucker einschlagen und den Staubzucker unterheben. Mit großer gezackter Tülle auf die Äpfel spritzen und bei 180° C hellgelb backen. Mit nassem Messer in heißem Zustand sofort in Stücke schneiden.

Apfelfülle: Äpfel schälen, blättrig schneiden, ohne Wasserzugabe kurz dünsten, Zitronensaft und Zucker beigeben. Falls notwendig, Apfelmasse abtropfen lassen.

1256. Marzipankuchen
Gâteau à la pâte d'amandes

kcal	kJ	K	E	F
313	1311	38	7	14

- ❑ 0,15 kg Marzipan
- ❑ 6 Dotter
- ❑ Salz
- ❑ Zitronenschale
- ❑ 1 P. Vanillezucker
- ❑ 6 Eiklar
- ❑ 0,12 kg Kristallzucker
- ❑ 0,08 kg Mehl griffig
- ❑ 0,08 kg Aranzini oder Rosinen
- ❑ 0,08 kg Butter

Rohr auf 170–180° C vorheizen und große Kastenform vorbereiten.
Butter leicht schmelzen und Aranzini oder Rosinen fein hacken. Weiches Marzipan mit 1–2 Eidottern zuerst abrühren, dann die restlichen Eidotter sowie die Geschmackszutaten beifügen und die Masse schaumig rühren. Eiklar steif schlagen, mit Kristallzucker ausschlagen und mit der Dottermasse vermischen. Mehl und Rosinen oder Aranzini einmelieren

- ❑ Butter und Mehl griffig für die Form
- ❑ Staubzucker zum Bezuckern

und zuletzt die Butter dazugeben. Die Masse in die Form füllen und backen. Nach dem Auskühlen leicht bezuckern.

1257. Mandelkuchen (Eiklarverwertung)
Gâteau d'amandes

kcal	kJ	K	E	F
436	1826	45	8	24

- ❑ 1/4 l = 10 Eiklar
- ❑ 0,10 kg Kristallzucker
- ❑ 1 P. Vanillezucker
- ❑ Zimtpulver
- ❑ 0,12 kg Mandeln
- ❑ 0,10 kg Kristallzucker
- ❑ 0,06 kg Mehl glatt
- ❑ 0,01 kg Stärkemehl
- ❑ 0,08 kg Butter

- ❑ Butter und Brösel für die Form
- ❑ 0,10 kg Marillenmarmelade

Fettglasur:
- ❑ 0,15 kg Schokolade
- ❑ 0,10 kg Butter

Rohr auf 180° C vorheizen und Kastenform vorbereiten. Mandeln blanchieren, reiben und Butter etwas zergehen lassen. Eiklar steif schlagen, mit einem Teil des Zuckers ausschlagen und die Geschmackszutaten beifügen. Mandeln, Zucker, Mehl und Stärkemehl vermengen und in die Schneemasse vorsichtig einrühren. Die Butter zuletzt einmelieren. In die Form füllen und backen. Auskühlen lassen, aprikotieren und glasieren.

Fettglasur: Butter und Schokolade in gut handwarmem Wasserbad zergehen lassen und tablieren.

1258. Tiroler Kuchen
Gâteau tyrolien

kcal	kJ	K	E	F
779	3263	66	12	49

(Masse reicht für 2 Rehrückenformen)
- ❑ 0,25 kg Zucker
- ❑ 0,20 kg Butter weich
- ❑ 6 Eidotter
- ❑ 1 P. Vanillezucker
- ❑ Prise Salz
- ❑ 0,20 kg Nüsse
- ❑ 0,12 kg Mehl glatt
- ❑ 2 KL Backpulver
- ❑ 0,20 kg Schokolade
- ❑ 6 Eiklar

- ❑ Butter und Brösel für die Formen

Schokolade grob hacken, Nüsse reiben, Rohr auf 180° C vorheizen und Formen sehr gut befetten und bebröseln. Butter und Zucker schaumig rühren, Eidotter langsam beifügen und mit den Geschmackszutaten verbessern. Zuletzt den steif geschlagenen Schnee und das mit Backpulver, Nüssen und Schokolade vermischte Mehl unterheben. In die Formen einfüllen und backen. Nach Belieben entweder bezuckern oder glasieren.

Glasur wie in Rezept Nr. 1257.

1259. Zwetschken-Topfenkuchen
Gâteau à la crème et aux quetches

kcal	kJ	K	E	F
718	3007	90	15	31

Mürbteig:
- ❑ 0,40 kg Mehl glatt
- ❑ 4 KL Backpulver
- ❑ 0,25 kg Butter
- ❑ 0,16 kg Staubzucker
- ❑ 2 Eier

- ❑ Butter für das Blech

- ❑ 0,10 kg Ribiselmarmelade

Topfenmasse:
- ❑ 0,05 kg Vanillepuddingpulver
- ❑ ½ l Milch
- ❑ 0,15 kg Staubzucker
- ❑ 1 P. Vanillezucker
- ❑ 0,50 kg Topfen

- ❑ 1 kg Zwetschken
- ❑ 0,05 kg Nüsse
- ❑ Staubzucker und Zimt zum Bestreuen

Abgebröselten Mürbteig herstellen (siehe Allex, „Kochen nach Grundrezepten Teil 1, S. 232, Nr. 457f"). Auf leicht befettetem Blech ausrollen, stupfen und bei 200° C hell vorbacken. Mit Marmelade und warmer Topfenmasse bestreichen, mit halbierten Zwetschken belegen und mit geriebenen Nüssen bestreuen. Bei 180° C ca. 75 Minuten backen und zuletzt bezuckern.

Topfenmasse: Einen dicken Pudding herstellen, noch heiß mit dem Topfen und dem Zucker vermischen.

1260. Honiglebkuchen
Pain d'épice au miel

kcal	kJ	K	E	F
396	1660	51	9	16

- ❑ 0,25 kg Honig
- ❑ 0,15 kg Kristallzucker
- ❑ 1 P. Vanillezucker
- ❑ 3 EL Rum
- ❑ 3 Eier
- ❑ ½ KL Nelkenpulver
- ❑ 2 KL Zimt
- ❑ 0,15 kg Mehl glatt
- ❑ 1 TL Backpulver
- ❑ 0,25 kg Walnüsse

- ❑ Butter und griffiges Mehl für die Form

Nüsse reiben, Honig und Kristallzucker leicht erwärmen, nach und nach restliche Zutaten einrühren, abschlagen und Masse ½ Stunde rasten lassen. Rehrückenform vorbereiten, Rohr auf 180° C vorheizen, Teig in die Form füllen und ca. 70–80 Minuten backen.

- Anstelle von Nelken und Zimt kann ½ P. Lebkuchengewürz verwendet werden.

1261. Lebkuchen für Lebkuchensterne
Pain d'épice pour étoiles

kcal	kJ	K	E	F
688	2878	113	15	17

- ❑ 0,60 kg Roggenmehl
- ❑ ½ P. Backpulver
- ❑ 1 P. Lebkuchengewürz
- ❑ 0,14 kg Nüsse gerieben
- ❑ 0,07 kg Aranzini
- ❑ 0,07 kg Zitronat
- ❑ Zitronenschale
- ❑ 0,28 kg Honig
- ❑ 0,28 kg Kristallzucker
- ❑ 3 Eier
- ❑ 2 EL Rum

- ❑ Butter für das Blech
- ❑ 1 Ei zum Bestreichen

Verzierung:
- ❑ kandierte Kirschen
- ❑ Nusshälften
- ❑ blanchierte Mandeln
- ❑ Angelika

Spritzglasur:
- ❑ ½ Eiklar
- ❑ 0,10 kg Staubzucker
- ❑ Lebensmittelfarbe

Kristallzucker und Honig leicht erwärmen. Nüsse reiben, Aranzini und Zitronat fein hacken und alle trockenen Zutaten vermengen. Honig-Zuckergemisch und Eier einarbeiten. Den Teig gut durchkneten und über Nacht stehen lassen. Am nächsten Tag ½–¾ cm dick ausrollen, Formen ausstechen, mit Ei bestreichen, eventuell mit Nuss- oder Mandelhälften, kandierten Kirschen, Angelika belegen und bei 200° C hellbraun backen. Ausgekühlt mit Spritzglasur verzieren.

Spritzglasur: Feinst gesiebten Staubzucker mit so wenig Eiklar in einem Porzellangefäß verrühren, dass die Glasur spritzfähig ist. Glasur eventuell einfärben. Mittels Papiertüte die Verzierung spritzen. Gefäß währenddessen mit feuchtem Tuch oder Klarsichtfolie bedecken.

1262. Tiroler Leckerli
Petits gâteaux tyroliens

kcal	kJ	K	E	F
436	1825	62	8	16

- ❑ 3 Eier
- ❑ 0,13 kg Zucker
- ❑ 1 EL Zitronensaft
- ❑ 0,10 kg Haselnüsse
- ❑ 0,15 kg Mehl glatt
- ❑ 0,10 kg Mandeln
- ❑ 0,10 kg Schokolade
- ❑ 0,10 kg Rosinen
- ❑ 2 cl Obstler oder Rum
- ❑ 1 KL Zimt
- ❑ runde Oblaten

Guss:
- ❑ 0,15 kg Staubzucker
- ❑ 2 EL Zitronensaft
- ❑ 1–2 EL heißes Wasser

Rosinen kleiner hacken und in Obstler oder Rum einweichen. Rohr auf 180° C vorheizen, Nüsse, Mandeln und Schokolade grob hacken. Eier und Zucker schaumig rühren und mit den übrigen Zutaten und Mehl vermischen. Teig 5 Minuten ziehen lassen. Auf runde Oblaten kleine Häufchen setzen und ca. 10–12 Minuten backen. Warm mit dem Guss überziehen und mit halber kandierter Kirsche und Angelika verzieren.

Verzierung:
- ❑ kandierte Kirschen
- ❑ Angelika

Guss: Zutaten so lange rühren, bis die Masse glatt ist.

1263. Früchtebrot
Pain aux fruits

kcal	kJ	K	E	F
1059	4434	156	19	31

Dampfel:
- ❑ 0,02 kg Germ
- ❑ 0,12 Mehl glatt
- ❑ 1/8 l Milch
- ❑ 1 EL Essig

Fruchtfülle:
- ❑ 0,50 kg Feigen
- ❑ 0,25 kg Datteln
- ❑ 0,25 kg Dörrzwetschken
- ❑ 0,25 kg Kletzen
- ❑ 0,12 kg Rosinen
- ❑ 0,10 kg Aranzini
- ❑ 0.10 kg Nüsse
- ❑ 0,10 kg Haselnüsse
- ❑ 1 KL Zimt
- ❑ Piment
- ❑ Nelkenpulver
- ❑ 1/8 l Rum

Germteig:
- ❑ 0,60 kg Mehl glatt
- ❑ 0,15 kg Butter
- ❑ 0,07 kg Staubzucker
- ❑ 0,15 l Milch
- ❑ 0,02 kg Germ
- ❑ 1 Ei
- ❑ 1 KL Salz

Verzierung:
- ❑ blanchierte Mandeln
- ❑ kandierte Kirschen
- ❑ Angelika
- ❑ Butter und Mehl griffig für das Blech
- ❑ 2 Eidotter zum Bestreichen

Kletzen weich kochen und Früchte klein schneiden, Rum dazugeben und über Nacht ziehen lassen. Ein festes Dampfel unter die Früchte mengen.
Kleine Rechtecke oder Laibchen formen. Einen Germteig (siehe Allex, „Kochen nach Grundrezepten Teil 1, S. 283ff") herstellen, abschlagen und aufgehen lassen. Dünn ausrollen, Rechtecke oder Kreise ausschneiden, die Früchteportionen wie ein kleines Paket einpacken. Die Oberseite mit Eidotter bestreichen, verzieren und einige Male anstechen, damit die Feuchtigkeit beim Backen entweichen kann. Auf befettetem und bemehltem Blech bei 180° C goldgelb backen.

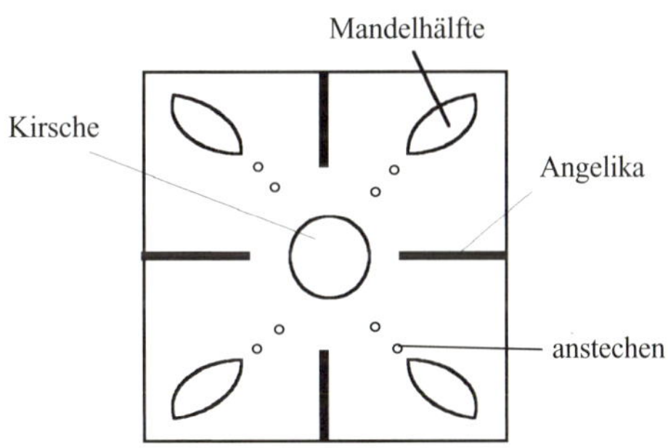

TORTEN

1264. Topfenoberscremetorte
Gâteau à la crème

kcal	kJ	K	E	F
339	1420	38	10	15

Sparbiskuit:
- ❑ 2 Eidotter
- ❑ 4 EL Wasser
- ❑ 0,12 kg Zucker
- ❑ 2 Eiklar
- ❑ 0,12 kg Mehl gemischt
- ❑ 2 Msp. Backpulver
- ❑ Butter und griffiges Mehl für die Form

Topfenfülle:
- ❑ 0,50 kg Topfen
- ❑ 1 Zitrone
- ❑ 0,12 kg Staubzucker
- ❑ 1 P. Vanillezucker
- ❑ 8 Gelatineblätter
- ❑ 6 EL Wasser oder Rum
- ❑ 1/4 l Schlagobers
- ❑ Staubzucker zum Bezuckern

Rohr auf 160–170° C vorheizen und Tortenform mit 22–24 cm Durchmesser vorbereiten. Biskuit herstellen (siehe Allex, „Kochen nach Grundrezepten Teil 1, S. 269ff") und backen. Biskuit aus der Form nehmen, auskühlen lassen und einmal durchschneiden. Den Tortenboden wieder in die saubere Form zurückgeben und den Rand mit Papier auslegen, die fertige Creme einfüllen, die Torte 1–2 Stunden kalt stellen und absteifen lassen. Das Tortendeckblatt portionieren und auf die aus der Form gehobene Torte legen. Torte mit feuchtem Messer in Stücke teilen und bezuckern.

Topfenfülle: Gelatine in kaltem Wasser einweichen, Schlagobers schlagen, angegebene Flüssigkeitsmenge erhitzen und Gelatine darin auflösen. Topfen mit der noch heißen Flüssigkeit sowie den übrigen Zutaten vermischen und Schlagobers unterziehen.

- Der Rand kann mit Schlagobers dünn bestrichen und mit geriebenen Nüssen bestreut werden. Der Tortenboden muss nicht halbiert werden, siehe Foto S. 148.

1265. Mohn-Topfentorte
Gâteau au pavot et au fromage blanc

kcal	kJ	K	E	F
465	1947	38	11	29

Mohnmasse:
- ❑ 4 Eiklar
- ❑ 0,03 kg Kristallzucker
- ❑ 4 Eidotter
- ❑ 0,12 kg Kristallzucker
- ❑ 0,10 kg Mohn gemahlen
- ❑ 0,10 kg Haselnüsse gerieben
- ❑ 0,02 kg Dinkelmehl
- ❑ Prise Zimt

Topfenmasse:
- ❑ 6 Gelatineblätter
- ❑ 5 EL Amaretto
- ❑ 0,25 kg Topfen

Mohnmasse: Den Boden einer Tortenform mit 24 cm Durchmesser mit bebuttertem Backtrennpapier belegen und Rohr auf 180° C vorheizen.

Eiklar mit Zucker steif schlagen und Eidotter mit Zucker schaumig rühren. In den steifen Schnee die Dottermasse und die trockenen Zutaten unterheben, in die Form füllen, ca. 25–30 Minuten backen und überkühlt aus der Form lösen. Den erkalteten Tortenboden in die saubere Form geben, den Rand mit einem feuchten Papierstreifen auslegen, die Topfenmasse einfüllen, kalt stellen und absteifen lassen.

Topfenmasse: Gelatine in viel kaltem Wasser 5 Minuten quellen lassen. Topfen, Vanillezucker, Zucker, Zitronensaft vermischen und Schlagobers cremig

- ❑ 0,08 kg Staubzucker
- ❑ 1 Pkt. Vanillezucker
- ❑ 1 Zitrone
- ❑ ¼ l Schlagobers

Belag:
- ❑ 4 Gelatineblätter
- ❑ 2 EL Rum
- ❑ 0,12 kg Erdbeeren frisch/TK
- ❑ 0,12 kg Marillenmarmelade
- ❑ 0,05 kg Staubzucker
- ❑ ½ Zitrone

Garnierung:
- ❑ ¼ l Schlagobers
- ❑ frische Früchte wie: Erdbeeren, Kiwi, Kirschen ...
- ❑ 0,05 kg Mandelblättchen

schlagen. Die Gelatineblätter in kochend heißem Amaretto auflösen, sofort in die Topfenmasse einrühren und das Schlagobers unterziehen.

Belag und Garnierungsvorschlag: Gelatine in kaltem Wasser 5 Minuten quellen lassen, Erdbeeren pürieren, mit passierter Marmelade und den übrigen Zutaten vermischen. Gelatineblätter in kochend heißem Rum auflösen, in die Erdbeermasse einrühren, auf die gut gekühlte Torte gießen und ca. 20 Minuten absteifen lassen.

Die Torte aus der Form lösen, Schlagobers schlagen, den Rand dünn damit bestreichen und auf jedes Tortenstück eine Schlagobersrosette spritzen. Diese mit einer frischen Frucht garnieren und den Rand mit Mandelplättchen belegen oder mit geriebenen Haselnüssen oder Schokoladeflocken bestreuen.

- Siehe Foto S. 148.

1266. Parisercremetorte
Gâteau au chocolat

kcal	kJ	K	E	F
521	2182	55	8	28

Ölsachermasse:
- ❑ 0,12 kg Öl
- ❑ 0,14 kg Schokolade

- ❑ 6 Eiklar
- ❑ 0,04 kg Kristallzucker
- ❑ Prise Salz
- ❑ 1 Pkt. Vanillezucker
- ❑ 0,10 kg Kristallzucker
- ❑ 6 Eidotter
- ❑ 0,14 kg Mehl griffig
- ❑ 2 Msp. Backpulver

- ❑ Butter für die Form

Parisercreme:
- ❑ ¼ l Schlagobers
- ❑ 0,25 kg Schokolade

Garnierung:
- ❑ 0,10 kg Cocktailkirschen
- ❑ 12 Stk. Schokolade-Arabesken
- ❑ 0,10 kg Schokoladeflocken

Ölsachermasse: Öl erwärmen, Schokolade dazugeben, zudecken und schmelzen lassen. Tortenform mit 24 cm Durchmesser befetten und bemehlen, Rohr auf 160° – 170° C vorheizen.
Eiklar mit Zucker sehr steif schlagen, restlichen Zucker, Eidotter, Vanillezucker und das mit Backpulver vermischte Mehl einheben. Das gut verrührte, lippenwarme Ölschokoladegemisch leicht einrühren, in die Form füllen und 50–60 Minuten backen.

Parisercreme: Schlagobers fast zum Kochen bringen, Schokolade zugeben, einmal unter Rühren aufkochen, glattrühren, in kaltem Wasserbad auskühlen lassen bis die Creme lippenwarm ist. Jetzt erst mit dem Handmixer aufschlagen bis sie streich- und spritzfähig ist.
Die gebackene, ausgekühlte Torte 1–2 Mal durchschneiden, mit Creme füllen, zusammensetzen und die Torte außen mit Creme bestreichen. Auf jedes Tortenstück eine Rosette spritzen, mit halbierter trockengetupfter Cocktailkirsche und Arabeske garnieren. Den unteren Tortenrand mit Schokoladeflocken bestreuen.

- Aus dieser **Ölsachermasse** kann man Schokoladeschnitten, -würfel und Torten zubereiten.

Mohn-Topfentorte mit Früchtespiegel

Joghurttorte

Topfenoberscremetorte

1267. **Cappuccinotorte**
Gâteau au cappucino

kcal	kJ	K	E	F
535	2237	37	7	37

Ölsachermasse:
- ❏ 0,12 kg Öl
- ❏ 0,14 kg Schokolade

- ❏ 6 Eiklar
- ❏ 0,04 kg Kristallzucker
- ❏ Prise Salz
- ❏ 1 Pkt. Vanillezucker
- ❏ 0,10 kg Kristallzucker
- ❏ 6 Eidotter
- ❏ 0,14 kg Mehl griffig
- ❏ 2 Msp. Backpulver

- ❏ Butter für die Form

Ölsachermasse: siehe Rezept Nr. 1266.
Die fertig gebackene Torte so durchschneiden, dass der Boden aus 1/3 der Tortenmasse besteht, den verbleibenden Teil zerbröseln. Den Tortenboden in die Tortenform legen, den Rand mit Klarsichtfolie oder feuchtem Backtrennpapier auslegen, die erste Fülle gut daraufstreichen und 1–2 Stunden kalt stellen. Von der zweiten Fülle so viel daraufstreichen, dass sie genau die Höhe der Tortenform erreicht und mit einer Palette glatt streichen und die Torte nochmals kalt stellen.
Torte mit Kakaopulver leicht bestreuen und vor dem Garnieren den Tortenrand mit einer Palette vorsichtig von der Form lösen, Form abnehmen, den Rand

1. Fülle:
- ❑ 0,06 l Bohnenkaffee
- ❑ 2 EL Rum
- ❑ 1 Pkt. Vanillezucker
- ❑ 0,10 kg Moccaschokolade
- ❑ 1/4 l Schlagobers

2. Fülle:
- ❑ 1/4 l Schlagobers
- ❑ 1 Pkt. Sahnesteif

Garnierung:
- ❑ 1/4 l Schlagobers
- ❑ 12 Stk. Schokolade-Arabesken oder Schokoladeflocken

mit dem restlichen Schlagobers verstreichen, große Rosetten auf jedes Tortenstück dressieren, mit Arabesken oder Schokoladebohnen jeweils belegen oder/und mit Schokoladeflocken bestreuen.

Erste Fülle: Einen starken Kaffee zubereiten, darin die Schokolade schmelzen, Rum, Vanillezucker, 2/3 der Ölsachermasse dazubröseln, das leicht geschlagene Schlagobers unterziehen und die Masse gut vermischen.

Zweite Fülle: Nicht zu fest geschlagenes Schlagobers. Es wird durch das Streichen fester.

- Um Schlagobers einzusparen, kann der obere Rand der Torte nur mit Schokoladebohnen belegt oder/und mit Schokoladeflocken bestreut werden.

1268. Joghurttorte
Gâteau au yaourt

kcal	kJ	K	E	F
378	1581	45	8	16

Warm geschlagenes Biskuit:
- ❑ 3 Eier
- ❑ 0,15 kg Staubzucker
- ❑ 3 EL Wasser
- ❑ 1 P. Vanillezucker
- ❑ 0,12 kg Mehl gemischt
- ❑ 2 EL Öl
- ❑ Butter und griffiges Mehl für die Form

Joghurtmasse:
- ❑ 1/2 l Joghurt
- ❑ 0,12 kg Staubzucker
- ❑ 1 P. Vanillezucker
- ❑ 1 Zitrone
- ❑ 8 Gelatineblätter
- ❑ 5 EL Rum
- ❑ 1/4 l Schlagobers

Verzierung:
- ❑ 1/8 l Schlagobers
- ❑ 2 Stk. Kiwi oder anderes Obst

Tortenform mit 24–26 cm vorbereiten und Rohr auf 180° C vorheizen. Biskuitmasse herstellen (siehe Allex, „Kochen nach Grundrezepten Teil 1") und backen.
Biskuit aus der Form nehmen und auskühlen lassen. Backtrennpapier zurechtschneiden und den Rand der Form mit einem breiten Pergamentpapierstreifen auslegen. Biskuit in die Form legen, Joghurtmasse einfüllen, kalt stellen und mindestens 2 Stunden absteifen lassen. Papierstreifen abziehen, Torte mit geschlagenem Obers und Kiwischeiben verzieren. Mit heißem Messer teilen.

Joghurtmasse: Joghurt, Staubzucker, Vanillezucker und Zitronensaft verrühren, die eingeweichte, ausgedrückte Gelatine in sehr heißem Rum auflösen und sofort in die Joghurtmasse mengen. Nur so lange kalt stellen, bis die Masse „Straßen zieht" und dann in das steif geschlagene Schlagobers einrühren.

- Aus derselben Masse können Joghurttörtchen oder -würfel oder -schnitten zubereitet werden.
- Die Joghurttorte kann tiefgekühlt werden. Erst vor der Verwendung garnieren.
- Siehe Foto S. 148.

1269. Esterházytorte
Gâteau Esterházy

kcal	kJ	K	E	F
729	3051	84	11	38

Eiklarmasse:
- ❑ 10 Eiklar = 1/4 l
- ❑ 0,25 kg Staubzucker
- ❑ Salz
- ❑ Zitronenschale
- ❑ Zimt
- ❑ 0,20 kg Mandeln
- ❑ 0,15 kg Mehl glatt
- ❑ Butter und griffiges Mehl für das Pergamentpapier

Kaffeecreme:
- ❑ 0,25 kg Butter weich
- ❑ 0,15 kg Staubzucker
- ❑ 1 P. Vanillezucker
- ❑ 1/8 l Milch
- ❑ 1/8 l starker Kaffee
- ❑ 0,02 kg Stärkemehl

Eiweißglasur:
- ❑ 1 Eiklar
- ❑ 0,25 kg Staubzucker
- ❑ 1 KL Zitronensaft

Schokoladespritzglasur:
- ❑ 0,03 kg Schokolade
- ❑ 0,01 kg Butter

Für den Rand:
- ❑ 0,05 kg Mandelblättchen

Rohr auf 180° C vorheizen, 6–7 Kreise à 22 cm Durchmesser auf Pergamentpapier aufzeichnen und diese gut befetten und bemehlen.
Mandeln blanchieren und reiben. Eiklar mit Zucker sehr steif schlagen und die übrigen Zutaten unterheben. Masse auf die vorbereiteten Kreise dünn aufspritzen oder aufstreichen, hell backen und sofort ablösen. Die Tortenböden zurechtschneiden, füllen, beschweren und einige Stunden kalt stellen. Mit Eiweißglasur glasieren, in die noch feuchte Glasur dünne Striche oder eine Spirale mit Schokoladespritzglasur ziehen und mit Hilfe einer Spicknadel sofort 6–8 Linien wechselseitig zeichnen (siehe Skizze). Den Tortenrand mit restlicher Creme verstreichen und mit Mandelplättchen bestreuen.

Kaffeecreme: Milch, Kaffee und Stärkemehl unter Rühren aufkochen und abkühlen. Butter, Zucker schaumig rühren und die Kaffeemasse löffelweise einrühren.

Eiweißglasur: Zum Eiklar unter Rühren löffelweise den gesiebten Zucker geben, bis die Glasur einen Löffel dünn überzieht, mit Zitronensaft verbessern.

Schokoladespritzglasur: Schokolade und Butter erweichen und tablieren, bis sie glatt ist und in eine Papiertüte füllen.

- Anstelle von Schokoladespritzglasur kann man passierte Ribisel- oder Marillenmarmelade verwenden.

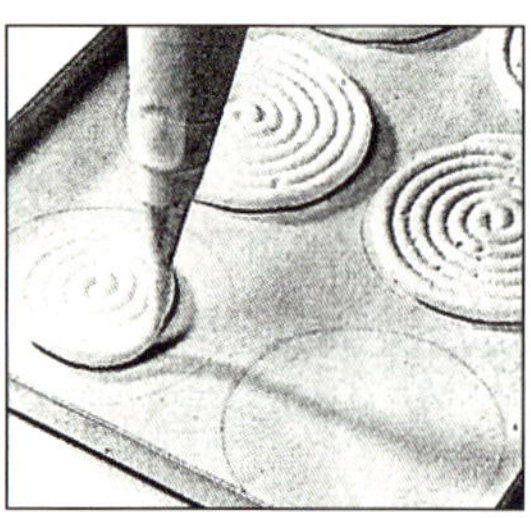

Aufspritzen der Eiklarmasse

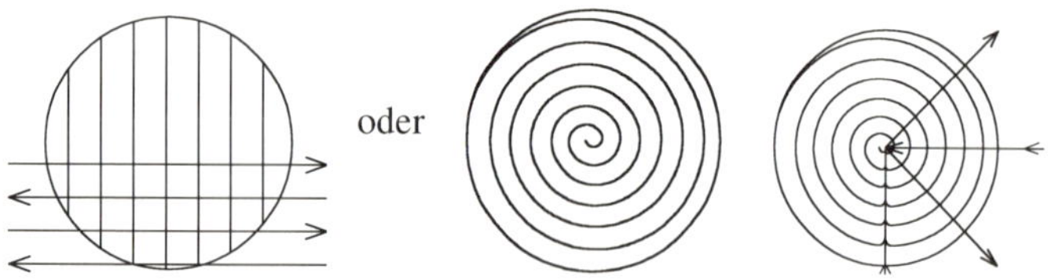

Esterhàzy Spritz-Muster

1270. Karottentorte
Gâteau de carottes

kcal	kJ	K	E	F
417	1743	62	8	14

- ❑ 4 Eidotter
- ❑ 4 Eiklar
- ❑ 0,20 kg Staubzucker
- ❑ 0,20 kg Karotten
- ❑ 2 EL Rum
- ❑ 0,20 kg Mandeln
- ❑ 0,04 kg Stärkemehl
- ❑ 0,02 kg Mehl griffig
- ❑ 0,03 kg Brösel
- ❑ Butter und griffiges Mehl für die Form

Eiweißglasur:
- ❑ 1 Eiklar
- ❑ 0,25 kg Staubzucker
- ❑ ½ Zitrone
- ❑ 0,10 kg Marillenmarmelade zum Aprikotieren

Tortenform mit 22–24 cm Durchmesser vorbereiten, Rohr auf 160° C vorheizen, Mandeln reiben und Karotten fein reißen. Eiklar steif schlagen, Eidotter mit Zucker schaumig rühren, Karotten und Rum beigeben und alle trockenen Zutaten mit dem Schnee unterheben. Masse in die Form einfüllen und ca. 1 Stunde backen. Torte aus der Form nehmen, auskühlen lassen, aprikotieren und glasieren.

Eiweißglasur: Zubereitung wie in Rezept Nr. 1269.

- Anstelle von Zucker kann für die Torte Honig verwendet werden.
- Die Torte kann auch nur bezuckert oder mit Fondantglasur überzogen werden.
- Aus orangen- und grüngefärbten Marzipan können kleine Karotten geformt werden.
- Siehe Foto S. 152.

1271. Schwarzwälder Kirschtorte
Gâteau Forêt Noire

kcal	kJ	K	E	F
551	2473	59	11	30

- ❑ 8 Eiklar
- ❑ 8 Eidotter
- ❑ 0,18 kg Staubzucker
- ❑ 1 EL Wasser
- ❑ 0,10 kg Biskuitbrösel
- ❑ 0,05 kg Mandeln
- ❑ 0,04 kg Kakao
- ❑ 0,02 kg Mehl glatt
- ❑ Butter und griffiges Mehl für die Form

Weichselmasse:
- ❑ 1/16 l Weinbrand oder Kirschwasser
- ❑ ½ l Schlagobers
- ❑ 1 P. Sahnesteif
- ❑ 1 P. Vanillezucker
- ❑ 1 kg Weichseln (Dose)
- ❑ ⅛ l Weichselsaft
- ❑ 0,01 kg Stärkemehl

Tortenform 24–26 cm Durchmesser vorbereiten, Rohr auf 180° C vorheizen und Mandeln reiben. Eiklar mit wenig Zucker steif schlagen, Eidotter, Zucker und Wasser schaumig rühren, die trockenen Zutaten vermengen und mit dem Schnee in die Dottermasse einmelieren. Ca. 60 Minuten backen und ausgekühlt zweimal durchschneiden. Den unteren Tortenboden mit Weinbrand betropfen, mit leicht eingedickter Weichselmasse und steif geschlagenem Schlagobers bestreichen. Zweites Tortenblatt darauf legen, mit Schlagobers füllen und mit dem Deckblatt abschließen. Die Torte außen mit Schlagobers bestreichen, in die Mitte und auf den unteren Tortenrand Schokoladeflocken streuen, auf jedes Tortenstück eine große Rosette Schlagobers spritzen und diese mit einer gut abgetropften Cocktailkirsche belegen.

Weichselmasse: Stärkemehl mit Weichselsaft abrühren, aufkochen und zu den gut abgetropften Weichseln geben.

Verzierung:
- ❑ 0,10 kg Schokoladeflocken
- ❑ $^1/_8$ l Schlagobers
- ❑ Cocktailkirschen

- Anstelle von Schokoladeflocken kann man zwei Schokoladerippen erweichen, kurz tiefkühlen und mit einem Gemüsehobel zu „Spänen“ verarbeiten.
- Siehe Foto unten.

1272. Salzburger Apfeltorte

Gâteau de pommes salzbourgeois

kcal	kJ	K	E	F
495	2076	66	6	21

Abgebröselter Mürbteig:
- ❑ 0,20 kg Mehl glatt
- ❑ 0,10 kg Mehl griffig
- ❑ 1 KL Backpulver
- ❑ 0,18 kg Butter
- ❑ 0,10 kg Staubzucker
- ❑ 1 P. Vanillezucker
- ❑ $^1/_2$ Ei
- ❑ Prise Salz

Apfelfülle:
- ❑ 1,50 kg Äpfel
- ❑ 1 Zitrone
- ❑ 0,05 kg Kristallzucker
- ❑ 0,05 kg Rosinen
- ❑ Zimt
- ❑ 1 P. Vanillezucker
- ❑ 0,02 kg Vanillepuddingpulver
- ❑ 0,08 kg Haselnüsse
- ❑ 0,10 kg Marillenmarmelade zum Bestreichen
- ❑ $^1/_2$ Ei zum Bestreichen
- ❑ 0,03 kg Mandelplättchen zum Bestreuen

Einen abgebröselten Mürbteig herstellen und 30 Minuten rasten lassen. Nüsse rösten, reiben und mit Puddingpulver vermengen. Einen Tortenboden (22–24 cm Durchmesser) mit $^2/_3$ des Teiges auskleiden, mit Marmelade bestreichen und mit $^1/_3$ des Pudding-Nussgemenges bestreuen. Fülle bergartig auf vorbereitetem Boden verteilen und Rohr auf 170° C vorheizen. Aus dem restlichen Teig kleine Röllchen formen, Torte gitterartig belegen, mit Ei bestreichen, mit Mandelplättchen bestreuen und auf unterster Schiene ca. 1 Stunde backen.

Apfelfülle: Äpfel schälen, entkernen, grobblättrig schneiden, in einer weiten Kasserolle mit Zitronensaft ohne Beigabe von Flüssigkeit in drei Partien abrösten. Überkühlt Zucker, Rosinen, Zimt, Vanillezucker und das restliche Pudding-Nussgemenge beifügen.

- Geeignete Apfelsorten: Reinetten, Elstar, Golden Delicious

Siehe Foto unten.

Karottentorte

Schwarzwälder Kirschtorte

Salzburger Apfeltorte

NATIONALGERICHTE

SUPPEN

1273. Kohlminestra (Italien)
Potage au chou

kcal	kJ	K	E	F
99	412	8	3	5

- ❑ 0,03 kg Butter
- ❑ 0,20 kg Kohl
- ❑ 0,02 kg Öl
- ❑ 0,08 kg Reis
- ❑ Salz
- ❑ 0,03 kg Parmesan
- ❑ 1 ½ l Wasser oder klare Suppe

Feinnudelig geschnittenen Kohl in Butter weich dünsten und aufgießen. Gedünsteten Reis mit geriebenem Parmesan vermischen und in heißer Suppe servieren.

1274. Minestrone (Italien)
Soupe italienne aux légumes

- ❑ 0,75 kg frisches Gemüse (Karotten, Erbsen, Karfiol, Porree, Zeller, Fisolen)
- ❑ 0,25 kg Erdäpfel
- ❑ 0,05 kg getrocknete Bohnen
- ❑ 0,10 kg Hörnchen
- ❑ Oregano
- ❑ Basilikum
- ❑ Rosmarin
- ❑ 0,05 kg Paradeismark
- ❑ 0,03 kg Olivenöl
- ❑ 0,03 kg Selchspeck
- ❑ 0,10 kg Zwiebel
- ❑ Knoblauch
- ❑ 1 Bund Petersilie
- ❑ frisches Basilikum
- ❑ 0,05–0,10 kg Parmesan

Bohnen einige Stunden einweichen und weich kochen. Geputztes Gemüse kleinwürfelig schneiden und in 1 ½ l Salzwasser der Festigkeit nach kernig kochen. Teigwaren beigeben, gar kochen lassen und Bohnen dazumischen. Mit Oregano, Basilikum, Rosmarin und Paradeismark würzen. Speck kleinwürfelig schneiden, in Olivenöl mit fein gehackter Zwiebel und zerdrückten Knoblauchzehen anrösten und zur Suppe geben. Zum Schluss mit fein gehackter Petersilie und Basilikum aufwerten und bei Tisch mit Parmesan bestreuen.

- 0,07–0,08 kg Gemüse – je nach Jahreszeit – pro Person berechnen.
- Anstelle von getrockneten Bohnen können Bohnen aus der Dose oder im Glas verwendet werden (0,40–0,50 kg).

1275. Französische Zwiebelsuppe
Soupe à l' oignon

kcal	kJ	K	E	F
241	1007	23	6	13

- ❑ 0,05 kg Butter
- ❑ 0,03 kg Öl
- ❑ 1 kg Zwiebel
- ❑ 1 KL Salz
- ❑ 0,02 kg Mehl glatt

Zwiebeln ringelig schneiden, in Butter und Öl und Salz bei kleiner Flamme hellbraun rösten. Mehl darüber streuen, kurz mitrösten, aufgießen, würzen, 30 Minuten kochen lassen und mit Weißwein verfeinern. Vom Brot 2 cm dicke Scheiben schneiden und

- ❑ 1 1/2 l Bouillon oder Wasser
- ❑ Suppenwürze
- ❑ Pfeffer
- ❑ 1/16 l Weißwein

Croûtes:

- ❑ 0,30 kg Weißbrot (Baguette)
- ❑ 3 EL Olivenöl
- ❑ 1 Zehe Knoblauch
- ❑ 0,05 kg Emmentaler

im Backrohr so lange rösten, bis das Brot vollkommen trocken ist. Zwischendurch mit Öl bestreichen und mit Knoblauch einreiben.

Die **Croûtes** gibt man in Bouillontassen und gießt die Suppe darüber. Den geriebenen Käse reicht man dazu.

- **Variante:** Backrohr auf 220° C vorheizen, Suppe in feuerfesten Spezialtassen anrichten, mit Croûtons belegen, mit Käse bestreuen, mit Öl beträufeln und Suppe so lange gratinieren, bis der Käse geschmolzen ist.

1276. Borschtsch (Russland)

Potage russe

kcal	kJ	K	E	F
219	916	7	14	14

- ❑ 0,50 kg Weißkraut
- ❑ 0,25 kg Karotten
- ❑ 0,25 kg Petersilienwurzel
- ❑ 0,05 kg Öl
- ❑ Salz
- ❑ 0,10 kg Rote Rüben
- ❑ Essig
- ❑ 0,50 kg Rindfleisch
- ❑ 1 Bund Wurzelwerk
- ❑ Salz
- ❑ Pfeffer
- ❑ Zucker
- ❑ 1/4 l Sauerrahm
- ❑ Dille

Kraut, Karotten, Petersilienwurzel julienne schneiden, in Öl anrösten, aufgießen, würzen und weich dünsten. Die julienne geschnittenen roten Rüben extra in wenig Essigwasser weich kochen. Das Rindfleisch mit dem Wurzelwerk im Ganzen kochen, kleinwürfelig schneiden, alle Zutaten vermischen, aufgießen und nachwürzen. Die Suppe vor dem Servieren mit versprudeltem Sauerrahm übergießen und mit fein gehackter Dille bestreuen.

- Die Suppe kann auch mit Lammfleisch, Geselchtem oder vegetarisch zubereitet werden.

1277. Serbische Bohnensuppe

Soupe serbe aux haricots blancs

kcal	kJ	K	E	F
243	1017	21	17	9

- ❑ 0,05 getrocknete oder 0,50 kg Bohnen (Dose)
- ❑ 0,05 kg Öl
- ❑ 0,10 kg Zwiebel
- ❑ 0,30 kg Wadschinken
- ❑ 0,10 kg Bauchfleisch
- ❑ 0,10 kg Karotten
- ❑ 0,10 kg Petersilienwurzel
- ❑ 0,15 kg Erdäpfel
- ❑ 0,20 kg Porree
- ❑ Salz

Bohnen einweichen und gar kochen. Fleisch in 1 cm kleine Würfel schneiden und Zwiebel fein hacken. Zwiebel hell anrösten, das Fleisch dazugeben, mitrösten, etwas aufgießen, würzen und halbweich dünsten. Gemüse kleinwürfelig schneiden, gar dünsten, mit 1 l Wasser aufgießen und nachwürzen. Das Stärkemehl in wenig kaltem Wasser abrühren, den nudelig geschnittenen Porree mit den Bohnen in die Suppe geben, kurz aufkochen lassen und wenn nötig auf die erforderliche Suppenmenge ergänzen.

- ❑ Pfeffer
- ❑ Majoran
- ❑ Paprika
- ❑ Essig
- ❑ Pfefferoni
- ❑ 0,02 kg Stärkemehl

Pfefferoni entweder fein gehackt oder im Ganzen in der Suppe mitkochen.

- Pfefferoni ohne Kerne verwenden, da diese die Speise zu scharf machen.

1278. Gazpacho (Spanien)

kcal	kJ	K	E	F
92	384	10	3	4

- ❑ 1 kg Paradeiser
- ❑ 1 kg Gurken
- ❑ Knoblauch
- ❑ 0,20 kg grüne Paprika
- ❑ 0,10 kg Zwiebel
- ❑ 0,10 kg Weißbrot ohne Rinde
- ❑ 0,03 kg Olivenöl
- ❑ 1 l Wasser (sehr kalt)
- ❑ 2 EL Essig
- ❑ Salz
- ❑ Kümmel
- ❑ Pfeffer
- ❑ eventuell Minze

Paradeiser blanchieren und Gurken schälen. Alle Gemüsezutaten in größere Würfel schneiden und mit frischen Weißbrotwürfeln pürieren. Zuletzt langsam das Öl und das gut gekühlte Wasser beifügen, mixen und pikant abschmecken. Eventuell kalt stellen, dann aber nochmals aufschlagen und in gekühlten Tassen servieren.

- Man reicht dazu fein gehackt in kleinen Schüsseln: Zwiebeln, Eier, Croûtons (nicht geröstet), Paprika, Gurken.
- In einigen Gegenden Spaniens gibt man in die Suppe zusätzlich pro Person 1/8 l Joghurt.

KALTE VORSPEISEN

S 1279. Zaziki (Griechenland, Türkei)
Tsatsiki

kcal	kJ	K	E	F
150	627	6	5	11

- ❑ 1,20 kg Gurken
- ❑ Salz
- ❑ 1/2 l Joghurt
- ❑ 1/4 l Sauerrahm
- ❑ 1/8 l Crème fraîche
- ❑ Knoblauch
- ❑ 3 EL Olivenöl
- ❑ Pfeffer
- ❑ Pfefferminze
- ❑ Zitronensaft oder Essig

Garnierung:

- ❑ Gurkenblätter
- ❑ schwarze Oliven
- ❑ grüner Salat

Gurken schälen, grob raspeln, salzen, Knoblauch fein zerdrücken und mit den anderen Zutaten vermischen und kalt stellen. Auf einem Salatblatt anrichten und garnieren.

- Da bei uns Joghurt dünner ist als in Griechenland, wurden Sauerrahm und zusätzlich Crème fraîche verwendet.
- Wird nur Joghurt verwendet, Joghurtmenge verdreifachen, in ein Tuch leeren und in einem Kunststoffsieb über Nacht abtropfen lassen.
- Man kann Joghurt auch mit Topfen kombinieren.
- Zur Vorspeise reicht man frisches Weißbrot.

S **1280. Griechischer Salat**
Salade à la grecque

kcal	kJ	K	E	F
104	436	6	4	6

- ❑ 1 kg Gurken
- ❑ 1 kg Paradeiser
- ❑ 0,30 kg Paprika
- ❑ 0,10 kg Zwiebel

Marinade:
- ❑ 1 Zitrone oder Weinessig
- ❑ Salz
- ❑ 0,05 kg Olivenöl

- ❑ 0,05 kg schwarze Oliven
- ❑ 0,10 kg Schafkäse
- ❑ Oregano

Gurken der Länge nach halbieren und grobblättrig schneiden, die Paradeiser in Spalten teilen, die Paprika nudelig und die Zwiebel ringelig schneiden. Vorsichtig durchmischen und marinieren. 1/4 Stunde ziehen lassen und nochmals durchmischen. Schwarze Oliven und würfelig geschnittenen Schafkäse daruntermengen und mit Oregano bestreuen.

S **1281. Mexikanischer Bohnensalat**
Salade de haricots à la mexicaine

kcal	kJ	K	E	F
358	1498	27	11	21

- ❑ 0,25 kg Fertigmayonnaise
- ❑ 1/8 l Crème fraîche
- ❑ 1/8 l Joghurt
- ❑ 0,50 kg rote Bohnen (Dose)
- ❑ 0,50 kg grüne Paprika
- ❑ 0,50 kg Maiskörner (Dose)
- ❑ 0,10 kg Zwiebel

Garnierung:
- ❑ grüner Salat
- ❑ etwas Dille

Fertigmayonnaise mit Joghurt, Crème fraîche und den Gewürzen abschmecken. Paprika nudelig und Zwiebel blättrig schneiden und mit den übrigen, gut abgetropften Zutaten zur Mayonnaise mischen. Auf vorbereitetem Salatblatt anrichten und mit Dille garnieren.

S **1282. Mozzarella e pomodori (Italien)**
Mozzarella mit Paradeisern und Basilikum

kcal	kJ	K	E	F
197	882	2	10	15

- ❑ 0,50 kg Mozzarella
- ❑ 0,60 kg Paradeiser klein
- ❑ Salz
- ❑ Pfeffer
- ❑ frisches Basilikum

- ❑ Balsamicoessig
- ❑ 5 EL Olivenöl

Garnierung:
- ❑ frisches Basilikum

Mozzarella und Paradeiser in dünne Scheiben schneiden, abwechselnd dachziegelartig auf Teller oder Platten legen, mit Salz, frisch gemahlenem Pfeffer, fein gehacktem Basilikum bestreuen, mit Öl und Essig marinieren und mit Basilikumblättchen garnieren.

- Diese Speise wird in Italien auch als **„Caprese“** bezeichnet.
- Siehe Foto S. 87.

WARME VORSPEISEN

1283. Überbackene Avocados (Frankreich)
Avocats gratinés

kcal	kJ	K	E	F
394	1651	10	9	34

- ❑ 5 Stück Avocados
- ❑ 1 Zitrone

Fülle:
- ❑ 0,10 kg Fertigmayonnaise
- ❑ Mayonnaisegewürze
- ❑ 1/8 l Sauerrahm
- ❑ Curry
- ❑ 0,20 kg Krabbenfleisch (Glas oder Dose, TK)
- ❑ Kapern
- ❑ 2 Eier

- ❑ 0,05 kg Brösel
- ❑ 0,02 kg Butter

Weiche Avocados halbieren, bis auf einen 1/2 cm dicken Rand aushöhlen, mit Zitronensaft bestreichen, bergartig füllen und in Gratinierformen setzen. Mit Brösel bestreuen, mit Butter betropfen, 10–20 Minuten bei 200° C backen und sofort servieren.

Fülle: Eier hart kochen. Mayonnaise und Sauerrahm vermischen, würzen, mit dem Krabbenfleisch, dem klein geschnittenen Fruchtfleisch, den fein gehackten Kapern und grob gehackten Eiern vermischen.

- Die Avocados müssen weich sein. Rechtzeitig kaufen und bei Zimmertemperatur lagern.
- Frische oder tiefgekühlte Krabben vorher kurz blanchieren oder in wenig heißer Butter schwenken.

1284. Chicorée auf belgische Art
Chicorée à la belge

kcal	kJ	K	E	F
235	982	5	12	17

- ❑ 1 kg Chicorée (pro Person 1 Stück)
- ❑ 1 l Wasser
- ❑ Salz
- ❑ 0,04 kg Butter
- ❑ 1 Zitrone

- ❑ 0,20 kg Schinken (pro Person 1 Scheibe)
- ❑ 0,20 kg Edamer (pro Person 1 Scheibe)
- ❑ Butter zum Befetten

Garnierung:
- ❑ 1 kg Paradeiser
- ❑ Salz
- ❑ Pfeffer
- ❑ 0,04 kg Butter

Wasser aufkochen, Salz, Butter und Zitronensaft beifügen. Chicorée waschen, putzen, den bitteren Kern keilförmig entfernen und kernig kochen. Abgetropft mit Schinken und Käse umwickeln und in befettete Gratinierformen schlichten. Blanchierte Paradeiser in dicke Scheiben schneiden, damit den Chicorée belegen, würzen und mit zerlassener Butter betropfen. Bei 220° C ca. 15 Minuten überbacken.

- Chicorée-Keil entfernen – siehe Seite 17.

1285. Gratinierter Fenchel (Italien)
Fenouils au gratin

kcal	kJ	K	E	F
237	995	13	11	14

- ❑ 0,80 kg Fenchel
- ❑ 1 Zitrone
- ❑ Salzwasser
- ❑ 0,20 kg Schinken

Gratiniersauce:
- ❑ 0,04 kg Butter
- ❑ 0,05 kg Mehl glatt
- ❑ 0,75 l Milch
- ❑ Salz
- ❑ Pfeffer
- ❑ engl. Sauce
- ❑ ½ Zitrone
- ❑ 1 Eidotter
- ❑ 0,02 kg Parmesan

Zum Bestreuen:
- ❑ 0,02 kg Parmesan
- ❑ 0,03 kg Brösel
- ❑ 2 EL Olivenöl

Vom Fenchel die zähen Außenblätter und Stiele entfernen, je nach Größe halbieren oder vierteln und in Zitronenwasser weich kochen. In befettete Gratinierformen geben, mit fein gehacktem Schinken bestreuen, mit Gratiniersauce überziehen, mit Käse, Bröseln bestreuen und mit Öl betropfen. Bei 200° C ca. 20 Minuten gratinieren.

Gratiniersauce: Eine Milcheinmach zubereiten, würzen und überkühlt Eidotter und Käse beifügen. Milch nach Bedarf zugeben. Sauce soll nicht zu dünn werden.

- Fenchel vorbereiten – siehe Seite 17.
- Frisch geriebenen Parmesan verwenden.

1286. Italienischer Karfiol
Chou-fleur à l' italienne

kcal	kJ	K	E	F
122	511	6	6	8

- ❑ 1 kg Karfiol
- ❑ Salzwasser

Sauce:
- ❑ 0,03 kg Olivenöl
- ❑ 0,10 kg Zwiebel
- ❑ 1 kg Paradeiser oder 0,75 kg Paradeiser (Dose)
- ❑ Salz
- ❑ Pfeffer
- ❑ Knoblauch
- ❑ Zucker
- ❑ Basilikum
- ❑ Oregano
- ❑ 1 Bund Petersilie

- ❑ 0,10 kg Emmentaler oder Mozzarella
- ❑ Öl zum Befetten

Karfiol in Röschen teilen, in Salzwasser halbweich kochen, abtropfen lassen und in befettete Gratinierformen geben. Mit Sauce überziehen, mit geriebenem Emmentaler oder klein geschnittenem Mozzarella bestreuen und bei 230° C gratinieren.

Sauce: Paradeiser blanchieren, kleiner schneiden, Zwiebel fein hacken, anrösten, Paradeiser dazugeben, würzen und zu einer dicklichen Sauce einkochen. Zum Schluss fein gehackte Petersilie beifügen.

S

1287. Mais auf mexikanische Art
Mais à la mexicaine

kcal	kJ	K	E	F
219	915	28	6	8

- ❑ 0,10 kg Frühstücksspeck (dünn geschnitten)
- ❑ 0,15 kg Zwiebel
- ❑ 0,20 kg rote Paprika
- ❑ 0,20 kg grüne Paprika
- ❑ ⅛ l Gemüsesud oder Wasser
- ❑ 1 kg Maiskörner (Dose)
- ❑ Salz
- ❑ Pfeffer
- ❑ Tabascosauce
- ❑ 1 Bund Petersilie

Speck und Paprika julienne und Zwiebel ringelig schneiden. Zwiebel und Speck hell anrösten, Paprika mitrösten, aufgießen und kernig dünsten. Mais beifügen, würzen, fertig kochen und mit fein gehakkter Petersilie aufwerten.

- Die Speise eignet sich als Beilage zu gebratener Wurst oder gedünsteten oder gegrillten Schweins- und Hühnerschnitzeln.

1288. Mussaká (Griechenland)
Soufflé aux aubergines grec

kcal	kJ	K	E	F
571	2394	28	21	39

- ❑ 0,75 kg Erdäpfel groß
- ❑ 1 kg Melanzani
- ❑ Salz
- ❑ 0,10 kg Olivenöl

Fülle:
- ❑ 0,03 kg Olivenöl
- ❑ 0,15 kg Zwiebel
- ❑ 0,50 kg Faschiertes
- ❑ 0,50 kg Paradeiser
- ❑ Salz
- ❑ Pfeffer
- ❑ Knoblauch
- ❑ Oregano

Gratiniersauce:
- ❑ 0,04 kg Butter
- ❑ 0,05 kg Mehl glatt
- ❑ ¾ l Milch
- ❑ Salz
- ❑ Pfeffer
- ❑ Zitronensaft
- ❑ 0,02 kg Parmesan
- ❑ 2 Eier

- ❑ 0,02 kg Parmesan
- ❑ 0,03 kg Brösel
- ❑ 2 EL Olivenöl

Erdäpfel dämpfen, schälen und dickblättrig schneiden. Melanzani in 1 cm dicke Scheiben schneiden, einsalzen und 30 Minuten ziehen lassen, bis der braune bittere Saft austritt. Gut unter fließendem Wasser abspülen, trocken tupfen und in heißem Öl beidseitig abbraten. In eine rechteckige Bratpfanne lagenweise Erdäpfelscheiben, Melanzani und Fülle schichten. Mit Gratiniersauce übergießen, mit Käse und Bröseln bestreuen, mit Öl betropfen und ca. 60 Minuten bei 200° C garen, bis die Masse hellbraun ist.

Fülle: Zwiebel fein hacken, anrösten, Faschiertes mitrösten, blanchierte, kleinwürfelig geschnittene Paradeiser hinzufügen, würzen und dünsten lassen.

Gratiniersauce: Zubereitung wie in Rezept Nr. 1285.

- Um die Speise schmackhafter zu machen, können die Erdäpfel weggelassen und durch Melanzani ersetzt werden. Das erfordert aber mehr Fett.
- Die Verwendung von Olivenöl verstärkt den südländischen Geschmack, Öl jedoch nicht stark erhitzen.

1289. Melanzani auf sizilianische Art
Aubergines à la sicilienne

kcal	kJ	K	E	F
152	637	5	7	10

- ❑ 1 kg Melanzani klein
- ❑ Salz

Fülle:
- ❑ 0,10 kg Zwiebel
- ❑ 0,04 kg Olivenöl
- ❑ 2 Eier
- ❑ 0,15 kg Schafkäse
- ❑ Salz
- ❑ Kapern
- ❑ Sardellenpaste
- ❑ 1 Bund Petersilie
- ❑ Dille
- ❑ 0,25 kg Paradeiser
- ❑ 0,03 kg Parmesan
- ❑ 2 EL Olivenöl

Melanzani der Länge nach halbieren, in Salzwasser 5 Minuten kochen, bis auf einen ½ cm dicken Rand aushöhlen und füllen.
Rohr auf 220° C vorheizen, Gratinierformen befetten, Paradeiser blanchieren und in ½ cm dicke Scheiben schneiden.

Paradeiser in Gratinierformen legen, die gefüllten Melanzanihälften darauf setzen, mit Käse bestreuen und mit Öl betropfen. Ca. 30 Minuten zugedeckt backen, dann geöffnet noch weitere 10 Minuten hellbraun überbacken.

Fülle: Hart gekochte Eier, Fruchtfleisch, Käse, Kapern, Kräuter und Zwiebel fein hacken. Zwiebel hell anrösten und mit den übrigen Zutaten vermischen und würzen.

1290. Spanische Tortilla
Tortilla espagnole

- ❑ 2 kg Erdäpfel
- ❑ 0,30 l Olivenöl
- ❑ Salz
- ❑ 0,20 kg Zwiebel
- ❑ 12 Eier

Garnierung:
- ❑ 0,15 kg Paradeiser
- ❑ Petersilie

Erdäpfel schälen und in ½ cm dicke Scheiben oder in 1 cm große Würfel schneiden. Zwiebel blättrig schneiden. Viel Öl erhitzen und die Erdäpfel mit Zwiebel vermischt partienweise bei mäßiger Hitze anbraten und zeitweise wenden. Überschüssiges Öl weggießen. Eier gut versprudeln, der Erdäpfelmasse beigeben und vermischen. Pfanne säubern, wenig Öl erhitzen, die Masse 3–4 cm dick eingießen und stocken lassen. Tortilla mit Hilfe eines großen Deckels wenden, Eiermasse auf der zweiten Seite hell bräunen, auf eine Platte gleiten lassen, in Tortenstücke portionieren, mit Paradeisern und Petersilie garnieren.

- Pro Partie zum Herausbacken = ½–1 kg Erdäpfel je nach Größe der Bratpfanne.

S 1291. Zucchini auf Mailänder Art (Italien)
Courgettes à la milanaise

kcal	kJ	K	E	F
260	1087	4	13	20

- ❑ 1 kg Zucchini
- ❑ 1 Zitrone
- ❑ Salz

Fülle:
- ❑ 0,35 kg Schinken

Rohr auf 200° C vorheizen und Gratinierformen befetten. Zucchini der Länge nach halbieren, aushöhlen, mit Zitronensaft beträufeln und leicht salzen. Zucchini bergartig füllen, in Gratinierformen setzen, mit dem versprudelten Überguss begießen und ca. 30 Minuten braten.

- ❏ 1 Bund Petersilie
- ❏ Pfeffer
- ❏ Salz

Überguss:

- ❏ 1/4 l Schlagobers
- ❏ 4 Eier
- ❏ Salz
- ❏ 0,03 kg Parmesan
- ❏ Olivenöl zum Befetten

Fülle: Fruchtfleisch, Schinken und Petersilie fein hacken, würzen und vermischen.

- Die Zucchini können auch wie in Rezept Nr. 1292 vorbereitet werden.

1292. Gefüllte Zucchini (Griechenland) Papuzakia

Courgettes farcies

kcal	kJ	K	E	F
400	1674	18	20	25

- ❏ 1 kg Zucchini
- ❏ Salzwasser

Fülle:

- ❏ 0,50 kg Faschiertes
- ❏ 2 Semmeln
- ❏ 0,01 Öl
- ❏ 0,10 kg Zwiebel
- ❏ 2 Eier
- ❏ 1 Bund Petersilie
- ❏ Salz
- ❏ Pfeffer
- ❏ Oregano

Gratiniersauce:

- ❏ 0,04 kg Butter
- ❏ 0,05 kg Mehl glatt
- ❏ 3/4 l Milch
- ❏ 2 Eidotter
- ❏ Salz
- ❏ Pfeffer
- ❏ Zitronensaft
- ❏ 0,03 kg Parmesan
- ❏ 0,03 kg Brösel
- ❏ 2 EL Olivenöl
- ❏ Olivenöl zum Befetten

Zucchini der Länge nach halbieren und aushöhlen. In Salzwasser blanchieren, abtropfen lassen, füllen und in befettete Gratinierformen setzen. Mit der Gratiniersauce überziehen, mit Käse und Bröseln bestreuen mit Olivenöl betropfen und bei 200° C 30–45 Minuten überbacken.

Fülle: Semmeln einweichen, ausdrücken und passieren. Petersilie und Zwiebel fein hacken, hell anrösten, mit den übrigen Zutaten und Gewürzen vermischen.

Gratiniersauce: Zubereitung wie in Rezept Nr. 1285.

- In die Sauce kann man 1–2 EL frisch geriebenen Parmesan geben.
- Die Zucchini können auch wie in Rezept Nr. 1291 vorbereitet werden.

1293. Frühlingsrollen (China)
Rouleau printanier

Frittatenteig:
- ❑ 1/2 l Wasser lauwarm
- ❑ 2 Eier
- ❑ 1 EL Öl
- ❑ Salz
- ❑ 0,05 kg Maismehl
- ❑ 0,20 kg Mehl glatt

Fülle:
- ❑ 0,50 kg Weißkraut (nach dem Putzen = 0,25 kg)
- ❑ 0,05 kg Zwiebel
- ❑ 0,05 kg Öl
- ❑ 0,25 kg Faschiertes
- ❑ Salz
- ❑ Pfeffer
- ❑ Sojasauce
- ❑ 0,50 kg Öl zum Ausbacken

Für den Teig alle Zutaten versprudeln und 30 Minuten rasten lassen. Daraus dünne Frittaten einseitig backen, mit der gebackenen Seite nach oben auflegen, füllen, die Ränder mit etwas Teig bestreichen, die Seiten einschlagen und einrollen. Damit das entstandene Päckchen hält, zuerst mit dem Ende der Rolle nach unten in heißes Fett legen und hell backen. Kurz vor dem Servieren nochmals aufbacken. Sie werden dadurch knuspriger.

Fülle: Vom Kraut Strunk und grobe Blattrippen entfernen und fein schneiden. Zwiebel fein hacken, anrösten, Faschiertes mitrösten, würzen, Kraut beifügen und kernig dünsten.

- Die Hälfte des Weißkrautes kann durch Bambussprossen, Sojabohnenkeime oder Champignons ersetzt werden.
- Die Fleischmenge kann reduziert und durch 0,05 kg gekochte Glasnudeln ersetzt werden.

HAUPTSPEISEN

1294. Quiche Lorraine (Frankreich)
Lothringer Specktorte

kcal	kJ	K	E	F
343	1438	12	13	25

Mürbteig:
- ❑ 0,15 kg Mehl glatt
- ❑ 0,10 kg Butter
- ❑ 1 Ei
- ❑ Salz

Fülle:
- ❑ 0,20 kg Schinkenspeck (dünn geschnitten)

Einen abgebröselten Mürbteig herstellen, 30 Minuten rasten lassen und Rohr auf 180° C vorheizen. Eine Quiche-Form mit dem Teig auslegen, etwas Schinkenspeck darauf verteilen, Fülle darüber gießen und ca. 45 Minuten backen.

Fülle: Restlichen Speck kleinwürfelig schneiden, mit geriebenem Käse und den übrigen Zutaten vermischen.

- ❑ 0,20 kg Emmentaler
- ❑ 3 Eier
- ❑ Salz
- ❑ Pfeffer
- ❑ Muskatnuss
- ❑ 1/8 l Sauerrahm

- Anstelle von Schinkenspeck kann, um die Joulewerte zu senken, Schinken verwendet werden.

1295. Quiche au fromage (Frankreich)

Heißer Käsekuchen

kcal	kJ	K	E	F
346	1447	16	10	25

Mürbteig:

- ❑ 0,20 kg Mehl glatt
- ❑ 0,15 kg Butter
- ❑ Salz
- ❑ 2 EL Sauerrahm

Fülle:

- ❑ 0,15 kg Emmentaler
- ❑ 4 Eier
- ❑ Salz
- ❑ Pfeffer
- ❑ 1/4 l Kaffeeobers

Einen abgebröselten Mürbteig herstellen, 30 Minuten rasten lassen und Rohr auf 200° C vorheizen. Eine Quiche-Form mit dem Teig auskleiden, stupfen und ca. 10 Minuten hell vorbacken. Fülle auf den vorgebackenen Teig gießen und ca. 45 Minuten im Rohr fertig backen. Die Masse muss leicht gebräunt und gestockt sein. Heiß servieren.

Fülle: Käse reiben und mit den übrigen Zutaten vermischen.

1296. Tagliatelle al pesto (Italien)

Grüne Nudeln mit Basilikum

kcal	kJ	K	E	F
321	1345	31	8	17

Nudelteig:

- ❑ 0,40 kg Mehl griffig
- ❑ 1/2 KL Salz
- ❑ 2 Eier
- ❑ 0,20 kg TK-Spinat
- ❑ 2–3 EL Wasser nach Bedarf

Sauce:

- ❑ 1/4 l Schlagobers
- ❑ 1/4 l Crème fraîche
- ❑ Knoblauchzehen
- ❑ 2–3 EL Basilikum in Öl (Glas)
- ❑ Salz
- ❑ frisches Basilikum zum Bestreuen

Nudelteig herstellen – siehe Allex, „Kochen nach Grundrezepten Teil 1“ Rezept Nr. 526 – Bandnudeln schneiden, al dente kochen, in der Sauce schwenken und mit gehacktem Basilikum bestreuen.

Sauce: Schlagobers mit Crème fraîche aufkochen und würzen.

- **Nudelteig mit Grieß:** 0,30 kg griffiges Mehl, 0,10 kg Grieß, 0,10–0,15 kg TK-Spinat, 1/2 KL Salz, 4 Eidotter
- Falls der Nudelteig zu fest ist, Spinatanteil erhöhen.
- TK-Cremespinat ist nicht geeignet!

1297. Nudelvariationen mit Mascarponesauce (Italien)

Pâtes variées sauce mascarpone

kcal	kJ	K	E	F
728	3048	37	41	42

Nudelteig:
- ❑ 0,45 kg Mehl griffig
- ❑ ½ KL Salz
- ❑ 2 Eier
- ❑ 3–4 EL TK-Spinat
- ❑ 2–3 EL Paradeismark
- ❑ Wasser nach Bedarf

Sauce:
- ❑ 5 EL Olivenöl
- ❑ 0,20 kg Zwiebel
- ❑ 0,60 kg Toastschinken
- ❑ 0,75 kg Mascarpone
- ❑ Salz
- ❑ Pfeffer
- ❑ Muskatnuss
- ❑ Knoblauch
- ❑ 1 Bund Petersilie

Mehlmenge für Nudelteig dritteln. 1. Art mit Spinat, 2. Art mit Paradeismark färben und 3. Art mit Wasser zubereiten.
Nudelteig herstellen – siehe Allex, „Kochen nach Grundrezepten Teil 1, S. 267" Rezept Nr. 526 – Bandnudeln schneiden, al dente kochen, dreifärbig anrichten, die heiße Sauce darübergeben und mit fein gehackter Petersilie bestreuen.

Sauce: Zwiebel fein hacken, kurz anrösten, Schinken julienne schneiden, beifügen, aber nicht mitrösten, Mascarpone dazugeben, würzen und Sauce nur einmal aufkochen und sofort anrichten.

1298. Lasagne auf Bologneser Art (Italien)

Lasagne à la bolognaise

kcal	kJ	K	E	F
644	2698	49	27	34

- ❑ 0,50 kg Nudelblätter vorbehandelt
- ❑ Öl zum Befetten

Fleischsauce:
- ❑ 0,03 kg Olivenöl
- ❑ 0,10 kg Zwiebel
- ❑ Knoblauch
- ❑ 0,50 kg Faschiertes
- ❑ 0,50 kg Paradeiser
- ❑ Salz
- ❑ Pfeffer
- ❑ Rosmarin
- ❑ Oregano

Béchamelsauce:
- ❑ 0,06 kg Butter
- ❑ 0,08 kg Mehl glatt
- ❑ 1 l Milch
- ❑ Salz

Fleischsauce: Paradeiser blanchieren und kleiner schneiden. Zwiebel fein hacken, anrösten, Fleisch mitrösten, Paradeiser und Gewürze beigeben und zu einer dicklichen Sauce kochen.

Béchamelsauce: Eine Milcheinmach zubereiten und pikant würzen.

Rohr auf 200° C vorheizen. Eine rechteckige, befettete Pfanne mit etwas Béchamelsauce ausgießen, eine Schicht Nudelblätter einlegen, mit Fleisch- und Béchamelsauce bedecken und mit geriebenem Käse bestreuen. Diesen Vorgang ca. viermal wiederholen. Die letzte Nudelschichte nur mit Béchamelsauce gut bedecken, mit Käse bestreuen, mit Öl betropfen und ca. 40 Minuten backen.

- ❑ engl. Sauce
- ❑ Pfeffer
- ❑ Muskatnuss
- ❑ ½ Zitrone

- ❑ 0,20 kg Emmentaler
- ❑ 2 EL Olivenöl

- Nicht vorbehandelte Nudelblätter vor der Zubereitung al dente kochen.
- Béchamelsauce nach Bedarf mit Milch aufgießen. Sauce soll nicht zu dünn sein.

1299. Gemüselasagne (Italien)

Lasagne aux légumes

kcal	kJ	K	E	F
513	2153	55	21	20

- ❑ 0,50 kg Lasagneblätter
- ❑ Öl zum Befetten

Fülle:

- ❑ 0,03 l Olivenöl
- ❑ 0,20 kg Zwiebel
- ❑ 0,30 kg Champignons
- ❑ 0,30 kg Karotten
- ❑ 0,50 kg Paradeiser (Dose)
- ❑ 0,30 kg Zucchini
- ❑ 1 kg Porree
- ❑ 0,05 kg Paradeismark (Tube, Dose)
- ❑ Salz
- ❑ Pfeffer
- ❑ Oregano
- ❑ Knoblauch

Béchamelsauce:

- ❑ 0,06 kg Butter
- ❑ 0,08 kg Mehl glatt
- ❑ 1 l Milch
- ❑ Salz
- ❑ engl. Sauce
- ❑ Pfeffer
- ❑ Muskatnuss
- ❑ ½ Zitrone
- ❑ 2 Eidotter
- ❑ 0,01 kg Parmesan frisch

- ❑ 0,15 kg Reibkäse
- ❑ 0,03 kg Butter oder 2 EL Olivenöl

Fülle: Zwiebel fein hacken, Champignons, Karotten, Paradeiser, Zucchini blättrig, Porree halbieren und fein ringelig schneiden. Zwiebel glasig anrösten, Champignons kurz mitrösten, Karotten, Paradeiser und Saft aus der Dose beifügen, würzen, wenig aufgießen und fast weich dünsten. Zucchini und Porree beifügen und zu einer dicklichen, nicht zu weichen Masse garen.

Béchamelsauce: Eine Milcheinmach zubereiten und pikant würzen. Überkühlt Eidotter und Käse beifügen.

Rohr auf 200° C vorheizen. Eine rechteckige, beölte Pfanne mit Béchamelsauce bestreichen, eine Schichte Lasagneblätter einlegen, mit Gemüsefülle, etwas Käse und Béchamelsauce bedecken. Diesen Vorgang einige Male wiederholen. Letzte Nudelschicht nur mit Béchamelsauce bedecken, mit Käse und Butterflocken bestreuen und ca. 40 Minuten backen bis die Masse semmelfarben ist.

- Falls die Zucchinischeiben zu groß sind, sie entweder halbieren oder vierteln.
- Frische Paradeiser vorher blanchieren.
- In Italien wird diese Speise **„Lasagne alla verdura“** bezeichnet.

1300. Pizza (Italien)
Grundteig

kcal	kJ	K	E	F
142	594	23	3	3

Germteig:
- ❑ 0,30 kg Mehl glatt
- ❑ 1 KL Salz
- ❑ 0,02 kg Germ
- ❑ 1/2 KL Zucker
- ❑ 3/16 l Wasser lauwarm
- ❑ 0,03 kg Olivenöl

Germteig – direkte Führung herstellen:
Germ mit Zucker und Wasser abrühren und zu den übrigen Zutaten mischen. Teig abschlagen, bis er seidig glatt ist, abdecken und ca. 30 Minuten gehen lassen. 3–4 Laibchen formen, dünn zu Fladen ausziehen, wobei ein dickerer Rand bleiben muss. Teigfladen je nach Rezept belegen, 10–30 Minuten bei 200–230° C backen und noch heiß servieren.

- Als Hauptspeise rechnet man pro Portion: 1 Fladen – 0,15 kg Mehl = 21–23 cm Durchmesser.

1301. Pizza Napoletana
Pizza au fromage blanc et au gruyère

kcal	kJ	K	E	F
335	1403	28	12	18

Germteig:
wie in Rezept Nr. 1300

Sauce:
- ❑ 0,15 kg Zwiebel
- ❑ 0,05 kg Olivenöl
- ❑ Knoblauch
- ❑ 0,80 kg Paradeiser
- ❑ 0,05 kg Paradeismark
- ❑ Oregano
- ❑ Salz
- ❑ Pfeffer
- ❑ Lorbeerblatt
- ❑ Basilikum
- ❑ Zucker

Belag:
- ❑ 0,30 kg Mozzarella-Käse
- ❑ 0,05 kg Parmesan
- ❑ 2 EL Olivenöl

Germteigzubereitung wie in Rezept Nr. 1300.

Sauce: Paradeiser blanchieren und grob hacken. Zwiebel fein hacken, mit zerdrücktem Knoblauch hell anrösten und alle übrigen Zutaten beigeben und ca. 30 Minuten zu einer dicklichen Sauce kochen.

Überkühlt die Teigfladen damit bestreichen, mit 1/2 cm großen Käsewürfeln belegen, mit Parmesan bestreuen, mit Öl beträufeln und bei 230° C ca. 10 Minuten backen.

1302. Pizza Succulenta
Pizza-champignons, oignons, fromage

kcal	kJ	K	E	F
352	1471	27	18	17

Germteig:
wie in Rezept Nr. 1300

Belag I:
- ❑ 1 KL Sardellenpaste

Germteigzubereitung wie in Rezept Nr. 1300.

Sardellenpaste auf Teigfladen aufstreichen, mit Oregano bestreuen, mit zerteilter Wurst belegen, mit Sauce, Champignons, Perlzwiebeln, mit 1/2 cm großen

- ❑ Oregano
- ❑ 0,05 kg Salami
- ❑ 0,15 kg Schinkenwurst

Sauce:
- ❑ 0,70 kg Paradeiser
- ❑ 0,02 kg Olivenöl
- ❑ Knoblauch
- ❑ Salz
- ❑ Pfeffer
- ❑ Basilikum
- ❑ Muskatnuss
- ❑ Paprika

Belag II:
- ❑ 0,25 kg Champignons (Dose)
- ❑ 0,25 kg Perlzwiebel (Glas)
- ❑ 0,25 kg Mozzarella-Käse
- ❑ 2 EL Olivenöl

Käsewürfeln bedecken und mit Olivenöl beträufeln. Bei 230° C ca. 10 Minuten backen.

Sauce: Blanchierte Paradeiser vierteln und mit den übrigen Zutaten zu einer dicklichen Sauce kochen.

- Anstelle von Salami kann nur Schinkenwurst verwendet werden.
- Perlzwiebeln können durch Maiskörner ersetzt werden.

1303. Pizza Ravenna

Pizza-lard, champignons, tomates

kcal	kJ	K	E	F
319	1334	29	9	17

Germteig:
wie in Rezept Nr. 1300

Sauce:
- ❑ 0,10 kg Zwiebel
- ❑ 0,03 kg Öl
- ❑ Knoblauch
- ❑ 0,40 kg Paradeiser
- ❑ 0,10 kg Paradeismark
- ❑ Pfeffer
- ❑ Oregano
- ❑ Basilikum
- ❑ Lorbeerblatt
- ❑ Zucker
- ❑ Salz

Belag:
- ❑ 0,10 kg Oliven
- ❑ 0,50 kg Champignons (Dose)
- ❑ 0,50 kg Paradeiser
- ❑ Salz

Germteigzubereitung wie in Rezept Nr. 1300.

Saucezubereitung wie in Rezept Nr. 1301.

Teigfladen mit überkühlter Sauce bestreichen, mit Oliven und halbierten Champignons bedecken, mit blanchierten Paradeisscheiben und zerteiltem Speck belegen. Käsewürfel darauf verteilen und bei 220° C backen.

- 0,10 kg Frühstücksspeck dünn geschnitten
- 0,10 kg Gouda oder Butterkäse

1304. Pizza Amore

Pizza-viande hachée et aux légumes

kcal	kJ	K	E	F
391	1635	26	19	21

Germteig:
wie in Rezept Nr. 1300

Belag:
- 0,03 kg Öl
- 0,10 kg Zwiebel
- 0,40 kg Faschiertes
- Salz
- Pfeffer
- Oregano
- 0,25 kg Zucchini
- 0,10 kg rote Paprika
- 0,25 kg Champignons geschnitten (Dose)

- ¼ l Sauerrahm
- 0,20 kg Emmentaler
- Salz

Germteigzubereitung wie in Rezept Nr. 1300

Belag: Zwiebel fein hacken, hell anrösten, Faschiertes mitrösten, würzen und kurz dünsten lassen. Zucchini in dünne Scheiben, Paprika julienne schneiden und Champignons abseihen. Teigfladen mit Faschiertem bestreichen, mit Zucchini, Paprika und Champignons belegen. Mit Rahmmischung überziehen und ca. 30 Minuten bei 200° C backen.

Rahmmischung: Geriebenen Käse mit Rahm vermischen und salzen.

- Falls die Masse zu fest ist, mit Sauerrahm oder Joghurt verdünnen.

1305. Pizza Rustikal

Pizza au jambon et au fromage Bel Paese

kcal	kJ	K	E	F
342	1433	25	15	19

Germteig:
wie in Rezept Nr. 1300

Belag:
- 0,15 kg Paradeismark
- 0,20 kg Schinken
- 0,25 kg Bel Paese
- 0,10 kg Zwiebel
- 2–3 EL Olivenöl
- Pfeffer
- Oregano

Germteigzubereitung wie in Rezept Nr. 1300.

Teigfladen mit Paradeismark bestreichen, mit geschnittenem Schinken und Käsewürfeln belegen. Zwiebel feinringelig schneiden, darauf verteilen, mit Öl beträufeln, würzen und ca. 10 Minuten bei 230° C backen.

1306. Pizza Spezial
Pizza-lard, salami, artichauts, anchois

kcal	kJ	K	E	F
388	1625	28	15	22

Germteig:
wie in Rezept Nr. 1300

Belag:
- ❑ 0,60 kg Paradeiser
- ❑ Salz
- ❑ Oregano
- ❑ Pfeffer
- ❑ Thymian
- ❑ 0,05 kg Sardellenfilets (Dose)
- ❑ 0,50 kg Artischockenherzen (Dose)
- ❑ 0,10 kg Oliven gefüllt
- ❑ 0,10 kg Salami
- ❑ 0,10 kg Frühstücksspeck dünn geschnitten
- ❑ 0,20 kg Tilsiter
- ❑ 2 EL Olivenöl

Germteigzubereitung wie in Rezept Nr. 1300.

Teigfladen mit blanchierten Paradeisscheiben belegen und würzen. Sardellenfilets kleiner schneiden, Artischockenherzen halbieren oder vierteln und der im Rezept angegebenen Reihenfolge nach auflegen. Mit grob gerissenem Käse bestreuen, mit Öl beträufeln und bei 230° C backen.

1307. Pizza Pesci di mare
Pizza au cabillaud

kcal	kJ	K	E	F
314	1314	26	17	14

Germteig:
wie in Rezept Nr. 1300

Fischsud:
- ❑ 1 l Wasser
- ❑ Salz
- ❑ Pfefferkörner
- ❑ Lorbeerblatt
- ❑ Essig
- ❑ 0,10 kg Zwiebel
- ❑ 0,50 kg Kabeljaufilet
- ❑ 1 Zitrone

Belag:
- ❑ 0,10 kg Zwiebel
- ❑ 0,02 kg Öl
- ❑ 0,30 kg Paradeiser
- ❑ Dille
- ❑ Thymian
- ❑ Salz
- ❑ 0,20 kg Emmentaler
- ❑ 2 EL Olivenöl

Germteigzubereitung wie in Rezept Nr. 1300.

Fischsud: Wasser zum Kochen bringen, Gewürze und die grob ringelig geschnittene Zwiebel beigeben und 20–30 Minuten kochen. Den gewürzten Fisch einlegen und 15 Minuten ziehen lassen.

Paradeiser blanchieren, in Scheiben teilen, Zwiebel ringelig schneiden und hell anrösten.
Teigfladen mit zerteiltem Fisch, Zwiebelringen und Paradeisern belegen. Mit den Gewürzen und dem geriebenen Käse bestreuen, mit Öl beträufeln und ca. 20 Minuten bei 220° C backen.

1308. Fleischpizza
Pizza à la viande

kcal	kJ	K	E	F
533	2233	28	26	32

Germteig:
wie in Rezept Nr. 1300

Sauce:
- ❑ 0,05 kg Olivenöl
- ❑ 0,10 kg Zwiebel
- ❑ 0,70 kg Faschiertes
- ❑ Knoblauch
- ❑ Salz
- ❑ Pfeffer
- ❑ Oregano
- ❑ Basilikum
- ❑ Rosmarin
- ❑ 0,50 kg Paradeiser (Dose)
- ❑ 0,10 kg Ketchup
- ❑ 0,20 kg Champignons
- ❑ 0,20 kg Emmentaler

Germteigzubereitung wie in Rezept Nr. 1300.

Sauce: Champignons grob blättrig schneiden, Zwiebel fein hacken, anrösten, Faschiertes mitrösten, Champignons und die klein geschnittenen Paradeiser incl. Saft beifügen. Die Sauce würzen und so lange dünsten lassen, bis die Sauce dicklich ist.
Überkühlt auf die Teigfladen verteilen, mit geriebenem Käse bestreuen und ca. 20 Minuten bei 200° C backen.

1309. Faschiertes à la „Milanese" (Italien)
Viande hachée à la milanaise

kcal	kJ	K	E	F
587	2458	14	36	38

- ❑ 1,20 kg Faschiertes
- ❑ 3 Semmeln
- ❑ 2 Bund Petersilie
- ❑ 0,05 kg Zwiebel
- ❑ 0,01 kg Öl
- ❑ 0,10 kg grüne Paprika
- ❑ 0,10 kg rote Paprika
- ❑ 0,25 kg Topfen
- ❑ 2 Eier
- ❑ 0,05 Brösel
- ❑ Salz
- ❑ Pfeffer
- ❑ Majoran
- ❑ Thymian
- ❑ Oregano

- ❑ 0,20 kg Paradeiser
- ❑ 0,10 kg Emmentaler

Garnierung:
- ❑ frisches Basilikum oder Dille

Rohr auf 200° C vorheizen, Semmeln einweichen, ausdrücken, passieren und Petersilie fein hacken. Zwiebel fein hacken und kurz anrösten. Paprika julienne schneiden. Faschiertes würzen und mit allen Zutaten sehr gut mischen. Fleischmasse 2 cm dick auf ein Blech oder in eine Bratpfanne streichen und im Rohr 30 Minuten garen. Paradeiser in Scheiben schneiden, auf jede Portion eine Paradeisscheibe legen, mit geriebenem Käse bestreuen und bei 220° C überkrusten.
Überkühlt schneiden und mit Basilikum- oder Dillblättchen garniert servieren.

1310. Putenschnitzel „Marengo“ (Italien)

Escalope de dinde „Marengo“

kcal	kJ	K	E	F
334	1397	9	39	13

- ❑ 1,50 kg Putenschnitzel (pro Person 0,15 kg)
- ❑ Salz
- ❑ Pfeffer
- ❑ 0,05 kg Mehl griffig
- ❑ 0,03 kg Olivenöl

Sauce:

- ❑ 0,03 kg Olivenöl
- ❑ 0,10 kg Zwiebel
- ❑ 0,10 kg grüne Paprika
- ❑ 0,10 kg rote Paprika
- ❑ 0,70 kg Paradeiser oder 0,50 kg Paradeiser (Dose)

- ❑ $^{1}/_{4}$ l Kaffeeobers
- ❑ 0,02 kg Mehl glatt
- ❑ 1 Bund Petersilie

Putenschnitzel plattieren, würzen, eine Seite in Mehl tauchen und in wenig heißem Öl beidseitig rasch abbraten. Dachziegelartig in Gratinierformen legen und mit Sauce übergießen. Im Rohr bei 200° C ca. 30–40 Minuten zugedeckt dünsten lassen.

Sauce: Zwiebel fein hacken, Paprika julienne schneiden, Paradeiser blanchieren und einige Male durchschneiden. Zwiebel hell anrösten, Paprika mitrösten, Paradeiser beifügen und abschmecken.

Schnitzel aus dem Rohr nehmen, Kaffeeobers mit Mehl vermischen, Sauce damit binden und eventuell nachwürzen. Petersilie fein hacken, einen Teil in die fertige Sauce geben, den anderen Teil zum Garnieren verwenden.

1311. Kotelett Alkmaar (Niederlande)

Côtelette Alkmaar

kcal	kJ	K	E	F
535	2239	3	36	38

- ❑ 1,50 kg Schweinskoteletts (pro Person 0,15 kg)
- ❑ Salz
- ❑ Pfeffer
- ❑ 0,02 kg Mehl griffig
- ❑ 0,05 kg Öl

Käsemasse:

- ❑ 0,30 kg Goudakäse
- ❑ 1 KL Senf
- ❑ Salz
- ❑ Pfeffer
- ❑ $^{1}/_{8}$ l Kaffeeobers

Garnierung:

- ❑ 1 Bund Schnittlauch
- ❑ 0,15 kg Paradeiser
- ❑ 0,10 kg Gurke

Die eingeschnittenen, plattierten und gewürzten Schweinskoteletts partienweise beidseitig abbraten. Rohr auf 250° C vorheizen, Koteletts auf ein Blech legen, mit Käsemasse bestreichen, hellbraun überbacken und mit geschnittenem Schnittlauch, Paradeis- und Gurkenscheiben garnieren.

Käsemasse: Geriebener Käse, Senf, Salz, Pfeffer und Kaffeeobers vermischen.

1312. Schweinsschnitzel Colbert (Frankreich)
Escalope de porc Colbert

kcal	kJ	K	E	F
622	1606	6	31	48

- ❑ 1 kg Schweinsschnitzel (für 2 Personen 1 Schnitzel à 0,20 kg)
- ❑ Salz
- ❑ Pfeffer
- ❑ 0,03 kg Öl

Fülle I – „Fines Herbes“:
- ❑ 0,10 kg Zwiebel
- ❑ 0,03 kg Öl
- ❑ 0,25 kg Champignons
- ❑ 1 Bund Petersilie
- ❑ Salz

Fülle II:
- ❑ 0,25 kg Faschiertes
- ❑ Salz
- ❑ Pfeffer
- ❑ Majoran
- ❑ 2 EL Wasser

- ❑ 0,50 kg Kohl (10 große Blätter)
- ❑ Salzwasser

- ❑ 0,30 kg Schweinsnetz
- ❑ 0,02 kg Butter

Schweinsnetz wässern, Schnitzel einschneiden, plattieren, würzen und beidseitig abbraten. Die Kohlblätter in Salzwasser kernig kochen, dicke Blattrippen entfernen oder flach klopfen.

Fülle I „Fines Herbes“: Fein gehackte Zwiebel hell anrösten, blättrig geschnittene Champignons beifügen, dünsten lassen, würzen und mit fein gehackter Petersilie aufwerten.

Fülle II: Faschiertes mit den Gewürzen und Wasser gut vermischen.

Rohr auf 200° C vorheizen. Das Schweinsnetz aufbreiten, darauf mit etwas Abstand 5 Kohlblätter legen, diese mit Fülle II bestreichen, mit Fines herbes und Schnitzel belegen. Nun mit Fines Herbes und Faschiertem nochmals bestreichen und mit einem Kohlblatt abschließen. Das restliche Schweinsnetz darüber schlagen und 5 gut verschlossene Päckchen formen. Nebeneinander in eine Pfanne schlichten und im Rohr hellbraun braten. Mit Bouillon oder Wasser die Röstprodukte lösen, Saft entfetten und mit Butter aufwerten. Die Schnitzel halbiert anrichten.

1313. Französisches Rindfleischragout
Ragoût de boeuf

kcal	kJ	K	E	F
288	1208	6	22	16

- ❑ 0,50 kg Zwiebel
- ❑ 0,05 kg Öl
- ❑ 1 kg Rindfleisch (hinteres Ausgelöstes, Wadschinken)
- ❑ Salz
- ❑ Paprika

- ❑ 0,50 kg Karotten
- ❑ 0,15 kg Champignons
- ❑ ⅛ l Weißwein

- ❑ 1 Bund Petersilie

Zwiebeln ringelig, Fleisch in große Würfel, Karotten in kleinfingerdicke Streifen oder in dicke Scheiben und Champignons der Länge nach vierteln oder dick blättrig schneiden.
Zwiebeln hell anrösten, Fleisch dazugeben, gut mitrösten, dünsten und würzen. Die Karotten und die Champignons dem halb gegarten Fleisch beifügen, fertig dünsten, mit Wein abrunden und mit gehackter Petersilie aufwerten.

1314. Chili con carne (Texas, Arizona, Mexiko)

Ragoût de boeuf à la mexicaine au chili

kcal	kJ	K	E	F
375	1568	21	30	16

- ❑ 0,10 kg Öl
- ❑ 1 kg Rindswadschinken
- ❑ 0,20 kg Zwiebel
- ❑ Salz
- ❑ Pfeffer
- ❑ Knoblauch
- ❑ Chilischote oder Pulver
- ❑ 0,50 kg Paradeiser geschält (Dose)
- ❑ 0,50 kg Bohnen rot (Dose) =Kidney Bohnen
- ❑ 0,04 kg Stärkemehl
- ❑ 4 EL Wasser

Fleisch in Würfeln schneiden, Zwiebeln grob hacken, Fleisch scharf anbraten, Zwiebel beifügen, kurz mitrösten, mit wenig Wasser aufgießen, würzen und halb weich dünsten. Paradeiser vierteln, beifügen und fertig dünsten. Zuletzt die gekochten Bohnen dazugeben und mit Stärke und Wasser binden.

- Frische Paradeiser vorher blanchieren.
- Bei Verwendung von Chilischoten Kerne und innere Haut entfernen, denn diese machen das Gericht zu scharf.
- Kidney-Bohnen sind rötlichbraune Bohnen aus Texas oder Arizona.
- In Mexiko werden meist die „Frijoles negros“ Bohnen verwendet, die klein, flach, 1 cm lang und fast schwarz sind. Sie sind auch als Schildkröten-Bohnen bekannt.

1315. Coq au vin à la Bourguignonne

Huhn in Rotwein (Frankreich)

kcal	kJ	K	E	F
671	2801	10	47	41

- ❑ 0,20 kg Frühstücksspeck dünn geschnitten
- ❑ 0,05 kg Butter
- ❑ 0,50 kg Schalotten klein (oder Zwiebel)
- ❑ 0,50 kg Champignons klein
- ❑ 3 kg Hühner (2 Stück)
- ❑ Salz
- ❑ Pfeffer
- ❑ $^1/_{16}$ l Weinbrand
- ❑ $^1/_4$ l Burgunder oder anderer herber Rotwein
- ❑ 0,02 kg Mehl glatt
- ❑ Petersilienstängel
- ❑ Lorbeerblätter
- ❑ Knoblauch

Champignons und Schalotten halbieren oder vierteln. Das Huhn teilen, waschen und würzen. Speck in $^1/_2$ cm breite Streifen schneiden und mit Butter hell anrösten. Speckrückstände abseihen – beim Anrichten wieder beifügen – und mit der Hälfte des Fettes die Schalotten anrösten, die Champignons beifügen und kurz dünsten lassen. Huhn im restlichen Fett auf allen Seiten sehr gut abbraten, mit Weinbrand flambieren und in Bratpfannen legen. Rohr auf 180° C vorheizen. Mehl im Bratenrückstand anrösten, mit Wein und Hühnersud oder Wasser aufgießen und zum Kochen bringen. Petersilienstängel, Lorbeerblätter, Knoblauch, Thymian und die Sauce über das Huhn gießen und im Rohr zugedeckt fast weich dünsten lassen. Champignons und Schalotten beifügen und fertig garen. Lorbeerblätter, Petersilienstängel entfernen, nach Bedarf nachwürzen,

- ❑ Thymian
- ❑ Hühner- oder Fleischsud
- ❑ 1 Bund Petersilie

Speckrückstände beigeben und mit fein gehackter Petersilie bestreut anrichten.

- Anstelle von ganzen Hühnern kann pro Person eine Hühnerbrust oder -keule verwendet werden.

1316. Huhn chinesisch

Poulet à la chinoise

- ❑ 1,20 kg Hühnerbrust
- ❑ Salz
- ❑ 3 EL Sojasauce

Gemüsemasse:

- ❑ 0,03 kg Öl
- ❑ 0,15 kg Zwiebel
- ❑ 0,20 kg rote Paprika
- ❑ 0,20 kg grüne Paprika
- ❑ 0,35 kg Champignons
- ❑ Salz
- ❑ Pfeffer
- ❑ Ingwerpulver
- ❑ 0,30 kg TK-Erbsen
- ❑ 0,03 kg Stärkemehl

- ❑ 2 Eier
- ❑ 0,01 kg Stärkemehl

- ❑ 0,20 kg Öl zum Herausbacken

Hühnerfleisch in schmale, 2 cm lange Streifen schneiden, mit Sojasauce marinieren und durchziehen lassen.
Zwiebel, Paprika und Champignons grobnudelig schneiden. Zwiebel in Öl anrösten, Champignons und Paprika beigeben, mitrösten, aufgießen, würzen und die Erbsen kurz mitdünsten. Stärkemehl mit wenig kaltem Wasser anrühren und Gemüse binden.

Hühnerfleisch mit Eiern und Stärkemehl vermischen. Öl in einer Pfanne erhitzen, das Hühnerfleisch partienweise herausbacken und in das bereits fertig gestellte Gemüse geben, leicht vermischen, nachwürzen und mit Reis servieren.

1317. Schweinefleisch süß-sauer (China)

Viande de porc aigre-douce

- ❑ 1 kg Schweinslungenbraten
- ❑ Salz
- ❑ 3 EL Sojasauce

Lungenbraten in mundgerechte Stücke schneiden, salzen und mit Sojasauce ca. 30–40 Minuten marinieren.

Teig:
- ❑ 1 Ei
- ❑ 0,10 kg Mehl glatt
- ❑ 0,01 kg Öl
- ❑ 3–4 EL Wasser
- ❑ 0,40 kg Öl zum Herausbacken

Sauce:
- ❑ 0,05 kg Öl
- ❑ 0,05 kg Zwiebel
- ❑ 0,02 kg Knoblauch
- ❑ 0,04 kg Zucker
- ❑ 1–2 EL Essig
- ❑ Salz
- ❑ Pfeffer
- ❑ engl. Sauce
- ❑ 2 EL Ketchup
- ❑ 0,15 kg grüne Paprika
- ❑ 0,15 kg rote Paprika
- ❑ 0,10 kg Bambussprossen
- ❑ 0,15 kg Ananasscheiben
- ❑ 0,10 kg TK-Erbsen
- ❑ 0,02 kg Stärkemehl

Die Zutaten für den Teig vermischen, die Fleischstücke eintauchen und in heißem Öl ca. 1 Minute lang frittieren und abtropfen lassen.

Für die Sauce Paprika nudelig, Ananas in Stücke schneiden und Zwiebel und Knoblauch fein hacken. In heißem Öl Zwiebel anlaufen lassen, Paprika kurz miträsten und unter Rühren die Bambussprossen, Ananasstücke und Gewürze beigeben. Stärkemehl mit etwas Wasser abrühren, mit den Erbsen beigeben und kurz verkochen. Mit Ananassaft abschmecken. Fleisch nochmals 2–3 Minuten frittieren, mit heißer Sauce übergießen und sofort servieren.

- **Wok** = chinesisches Kochgeschirr, wird zum Dünsten, Dämpfen, Kochen und Frittieren verwendet. Bereits vor einigen tausend Jahren in der chinesischen Region Kanton aus Mangel an Brennmaterial „erfunden".

Koch & Backjournal

1318. Fondue Bourguignonne (Frankreich)
Fleischfondue

Pro Person rechnet man: 0,15–0,20 kg Rindslungenbraten.

Fleisch parieren, in 3 cm dicke Würfel schneiden, auf Fleischtellern oder Fleischplatten anrichten und mit Petersilie und eventuell schwarzen Oliven garnieren.
Öl zum Garen.

In einem speziellen Topf (Fonduetopf) vorerst Öl auf dem Herd erwärmen, dann auf einen Rechaud, der in der Mitte des Esstisches steht, stellen. Man spießt die Fleischwürfel auf eine spezielle Gabel (Fonduegabel) und hält sie ins heiße Fett. Nach 1–1½ Minuten ist das Fleisch innen noch rosa, nach ca. 2 Minuten bereits durchgebraten.

- Dazu reicht man pikante Beigaben, diverse Saucen = Dips (siehe Rezept Nr. 1209–1223) und Weißbrot.
- Pikante Beigaben: Gurkerl, Maiskolben, Perlzwiebeln, Oliven, Mixed Pickles usw.
- **Variationsmöglichkeiten:** Anstelle von Rindslungenbraten eignen sich Schweinslungenbraten, Hühnerleber, Hühnerbrust und Champignons.
- Anstelle von Öl kann auch Fleisch- oder Hühnersud verwendet werden.
- Als Abschluss des Essens kann diese Suppe aus Schalen getrunken werden. Sie gewinnt durch das Garen der unterschiedlichsten Zutaten an Geschmack.

G

1319. Käsefondue
Fondue au fromage

kcal	kJ	K	E	F
878	3674	77	42	37

Pro Person:
- ❑ 0,10–0,15 kg Käse (Greyzer Käse oder Käsefondue-Mischung)
- ❑ Knoblauch

Auf 1 kg Käse:
- ❑ ¼ l Weißwein
- ❑ 4 cl Kirschwasser
- ❑ 2 KL Stärkemehl
- ❑ Salz
- ❑ Pfeffer
- ❑ Muskatnuss
- ❑ 1,50 kg Weißbrot

Für diese Menge benötigt man 2 Fonduepfannen.

Weißbrot entrinden und in 2 cm große Würfel schneiden und Käse grob raffeln. Feuerfeste Fonduepfannen (Caquelon) mit Knoblauch ausreiben, Wein darin erwärmen und grob geraffelten Käse dazugeben. Unter ständigem Rühren zum Kochen bringen, das mit Kirschwasser abgerührte Stärkemehl einkochen, einmal aufkochen und abschmecken. Pfanne auf dem Rechaud zu Tisch bringen und heiß halten. Weißbrotwürfel auf Fonduegabeln spießen und in die heiße Käsemasse tauchen.

- Falls die Masse zu dick wird, mit etwas Wasser verdünnen.

BEILAGEN

1320. Tarhonya (Ungarn)
Pâtes hongroises

kcal	kJ	K	E	F
220	920	36	5	5

- ❏ 0,50 kg Tarhonya
- ❏ 0,05 kg Butter oder Schweineschmalz
- ❏ 0,05 kg Zwiebel
- ❏ Salz

Variante A: Tarhonya al dente kochen, abseihen und abschrecken. Zwiebel schälen, fein hacken, hell anrösten und Tarhonya kurz mitrösten und würzen.

Variante B: Tarhonya in Butter oder Schmalz goldgelb rösten. Fein gehackte Zwiebel, Salz und Paprikapulver dazugeben und mit doppelter Wassermenge aufgießen. Kurz aufkochen und bei kleiner Flamme 10 Minuten ziehen lassen. Im vorgeheizten Rohr (160° C) zugedeckt ca. 20 Minuten ausdünsten lassen.

1321. Pommes dauphine (Frankreich)
Erdäpfelnocken

Duchessemasse:
- ❏ 0,50 kg Erdäpfel
- ❏ 0,02 kg Butter
- ❏ 1 Eidotter
- ❏ Salz
- ❏ Muskatnuss

Brandteig:
- ❏ 1/8 l Milch
- ❏ 0,05 kg Butter
- ❏ Salz
- ❏ 0,10 kg Mehl glatt
- ❏ 2 Eier

- ❏ 0,50 kg Öl

Erdäpfel kochen, schälen, heiß pressen, mit Butter, Eidotter, den Gewürzen in einer Schüssel vermischen und mit dem fertiggestellten Brandteig vermischen. Mit einem Dessertlöffel nussgroße Nocken ausstechen und im heißen Fett goldgelb backen. Auf Küchenpapier abtropfen und bei Bedarf im Rohr warm halten.

Brandteig: Milch mit Butter und Salz in einem hohen Gefäß aufkochen, Mehl dazugeben und so lange rühren, bis sich die Masse ballt und vom Gefäß löst. Kurz überkühlen und die versprudelten Eier einrühren.

- Brandteigzubereitung siehe Allex, „Kochen nach Grundrezepten Teil 1“ Rezept Nr. 585.

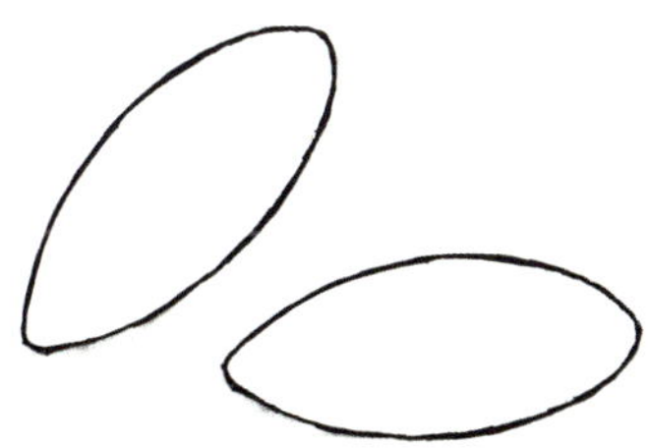

Desserts

1322. Baclava (Griechenland)
Baclava

kcal	kJ	K	E	F
383	1607	37	7	22

- ❑ 0,25 kg Fertigstrudelteig (= 2 P.)

Fülle:
- ❑ 0,12 kg Butter
- ❑ 0,02 kg Öl
- ❑ 0,20 kg Nüsse

Sirup:
- ❑ 0,15 kg Zucker
- ❑ 1 Vanilleschote
- ❑ 1/8 l Wasser
- ❑ 2 EL Honig
- ❑ 1 Zitrone

Nüsse grob reiben, Butter und Öl erwärmen und Rohr auf 180° C vorheizen. Eine kleine rechteckige Bratpfanne befetten, mit einem Blatt Strudelteig auslegen, mit Butter-Öl-Gemisch bepinseln und mit einem Teil der Nüsse bestreuen. Darauf ein Teigblatt legen und diesen Vorgang einige Male wiederholen. Zuletzt mit zwei Teigblättern abschließen und die Oberfläche gut befetten. Mit scharfem Messer 1 cm tiefe und 3–4 cm große Rhomben oder Quadrate einschneiden und ca. 30 Minuten hellbraun backen. Das fertige Gebäck mit heißem Sirup übergießen, überkühlen lassen und die Rhomben fertig durchteilen.

Sirup: Zucker, Wasser, Vanilleschote (halbieren, Mark herauskratzen) und Honig 5 Minuten bei kleiner Flamme kochen und mit Zitronensaft abschmecken.

1323. Somlauer Nockerl (Ungarn)
Boulettes de Somlau

kcal	kJ	K	E	F
571	2392	59	11	29

Biskuitmasse:
- ❑ 6 Eidotter
- ❑ 0,12 kg Staubzucker
- ❑ 6 Eiklar
- ❑ 0,06 kg Zucker
- ❑ 0,18 kg Mehl gemischt
- ❑ 1/2 KL Backpulver
- ❑ 0,05 kg Nüsse
- ❑ 0,02 kg Kakao
- ❑ 1 EL Rum

Zum Befeuchten:
- ❑ 1/8 l Milch
- ❑ 3 EL Rum

Vanillecreme:
- ❑ 3/8 l Milch
- ❑ 2 P. Vanillezucker
- ❑ 0,02 kg Zucker
- ❑ 0,03 kg Stärkemehl
- ❑ 1/4 l Schlagobers

Rohr auf 200° C vorheizen, Backtrennpapier der Breite nach in drei Teile falzen.

Biskuitmasse: Eidotter und Zucker schaumig rühren, Eiklar mit Zucker steif schlagen. Das mit Backpulver versiebte Mehl mit dem Schnee zur Dottermasse mengen und die Masse in drei Teile teilen. Der erste Teil bleibt so, wie er ist. In den zweiten Teil mischt man die geriebenen Nüsse und in den dritten Teil den mit Rum glatt gerührten Kakao. Die drei Teigmassen in je eine Abteilung streichen und 10–15 Minuten backen. Biskuit auf ein Brett stürzen, vom Papier lösen und mit Milch-Rumgemisch tränken. Die Teigstreifen mit Vanillecreme so zusammensetzen, dass unten die Kakaomasse und oben die helle Masse ist. Einige Stunden kalt stellen. Von der Masse mit einem großen Löffel „Nocken“ abstechen, bergartig anrichten, mit Schokoladesauce und leicht geschlagenem Schlagobers teilweise bedecken und mit Schokoladeflocken bestreuen.

Schokoladesauce:
wie in Rezept Nr. 1328
Garnierung:
- ❑ 1/4 l Schlagobers
- ❑ 0,05 Schokoladeflocken

Vanillecreme: Aus den Zutaten einen Pudding bereiten, kalt rühren und mit cremig geschlagenem Schlagobers vermischen.

Schokoladesauce: Wie in Rezept Nr. 1328.

1324. Cassata Napoletana (Italien)

kcal	kJ	K	E	F
725	3032	64	8	46

- ❑ 0,60 kg Erdbeeren
- ❑ 2 Zitronen
- ❑ 5 Eier
- ❑ 2 Eidotter
- ❑ 0,40 kg Zucker
- ❑ 3/4 l Schlagobers

Fülle:
- ❑ 1/2 l Schlagobers
- ❑ 0,06 kg Zucker
- ❑ 1 P. Vanillezucker
- ❑ 0,10 kg kandierte Früchte
- ❑ 0,02 kg Aranzini
- ❑ 0,02 kg Mandeln
- ❑ 0,02 kg Haselnüsse
- ❑ 2 EL Rum

Erdbeeren pürieren und mit Zitronensaft abschmecken. Ganze Eier, Eidotter und Zucker in fast kochendem Wasserbad dickschaumig schlagen und kalt rühren. Steif geschlagenes Schlagobers und die Erdbeeren unterziehen. Zwei mittlere Kasten- oder Rehrückenformen mit Sichtfolie auskleiden, die Masse einfüllen und in den Gefrierschrank stellen. Nach und nach mit Hilfe eines Löffels eine Vertiefung formen. Wenn diese hält, diese Rundung füllen, tiefkühlen, stürzen und portionieren.

Fülle: Schlagobers steif schlagen und mit den fein gehackten kandierten Früchten, blanchierten, stiftelig geschnittenen Mandeln und gerösteten, grob gehackten Nüssen und Rum vermischen.

1325. Tiramisu (Italien)

kcal	kJ	K	E	F
325	1361	26	9	18

Mascarponemasse:
- ❑ 2 Eier
- ❑ 0,08 kg Staubzucker
- ❑ 3 cl Orangenlikör
- ❑ 1/2 KL ungespritzte, fein gehackte Orangenschale
- ❑ 0,50 kg Mascarpone oder Mascarino
- ❑ 1/4 l Kaffee sehr stark
- ❑ 0,02 kg Zucker
- ❑ 3 EL Kaffee- oder Orangenlikör

Eier, Zucker aufschlagen, Orangenlikör beifügen und in fast kochendem Wasserbad so lange rühren, bis die Masse eine Temperatur von 75–80° C erreicht hat. Orangenschale beifügen, kalt rühren und Mascarpone einmengen.
Kaffee, Zucker und Likör vermischen und die Biskotten kurz vor dem Einlegen gut befeuchten.
Eine mit Sichtfolie ausgelegte Kastenform schichtenweise mit Biskotten und Creme füllen. Einige Stunden kalt stellen, stürzen, Papier abziehen, leicht mit Kakaopulver bestreuen und in Scheiben teilen.

- Tiramisu kann auch in Nockenform ausgestochen werden.

- 0,20 kg Biskotten (40 Stück)
- 0,01 kg Kakaopulver

- Tiramisu ist venezianischer Herkunft und bedeutet „Zieh mich hinauf“.
- **Variante der Mascarponemasse:** 0,50 kg Mascarpone, 2 cl Amaretto, 2 cl Rum, 1 P. Vanillezucker, 0,05 kg Staubzucker glattrühren, $^1/_4$ l Schlagobers cremig schlagen und unterziehen.

1326. Mousse au chocolat (Frankreich)

kcal	kJ	K	E	F
352	1473	31	6	21

- $^1/_8$ l Milch
- 0,02 kg Zucker
- 1 P. Vanillezucker
- 4 Eier
- 0,20 kg Bitterschokolade
- 0,10 kg Milchschokolade
- 2 EL Cointreau oder Cognac
- $^1/_4$ l Schlagobers

Garnierung:
- $^1/_8$ l Schlagobers
- 0,05 kg Schokoladeflocken
- 10 Cocktailkirschen

Milch, Eier, Zucker in fast kochendem Wasserbad so lange schlagen, bis die Masse heiß ist. Die in kleine Stücke zerteilte Schokolade beigeben und so lange weiterschlagen, bis die Schokolade zergangen ist. Cointreau beigeben und kalt rühren. Schlagobers cremig schlagen, die Masse unterziehen, in Cremeschalen füllen und kalt stellen. Vor dem Service garnieren.

S 1327. Pêches Cardinal (Frankreich)

kcal	kJ	K	E	F
164	638	28	2	4

- 1 kg Pfirsichhälften (Dose)

Himbeersauce:
- 0,50 kg Himbeeren
- 1 Zitrone
- 0,05 Staubzucker
- Himbeergeist

Garnitur:
- $^1/_8$ l Schlagobers
- 0,10 kg Himbeeren

Pfirsiche abtropfen lassen und in Cremeschalen mit der Wölbung nach oben legen. Himbeeren passieren und mit den anderen Zutaten abschmecken, Pfirsiche mit Sauce übergießen, mit Schlagoberstupf und Himbeere garnieren.

1328. Crêpes Capucines (Frankreich)

kcal	kJ	K	E	F
725	3036	51	13	49

Teig:
- ❑ 0,30 kg Mehl glatt
- ❑ 4 Eier
- ❑ 3/4 l Kaffeeobers
- ❑ 0,02 kg Zucker
- ❑ Prise Salz
- ❑ 0,10 kg Öl zum Ausbacken

Fülle:
- ❑ 0,20 kg Nüsse
- ❑ 0,08 kg Zucker

Schokoladesauce:
- ❑ 1/4 l Wasser
- ❑ 1/8 l Milch
- ❑ 0,15 kg Schokolade
- ❑ 0,02 kg Stärkemehl
- ❑ 0,02 kg Butter
- ❑ 0,08 kg Zucker

- ❑ 1/4 l Schlagobers

Teig: Alle Zutaten glatt rühren und ziehen lassen.

Schokoladesauce: Zerkleinerte Schokolade mit den anderen Zutaten vermischen und auf kleiner Flamme unter ständigem Rühren kurz aufkochen.

Fülle: Geriebene Nüsse mit Zucker vermengen.

Aus dem Teig kleine, dünne Palatschinken (Crêpes) backen, füllen und im Viertel zusammenschlagen. Portionsweise auf vorgewärmten Fleischtellern dachziegelartig anrichten, mit Schokoladesauce übergießen und mit steif geschlagenem Schlagobers garnieren.

- Die Fülle mit 2–3 EL Schokoladesauce vermischen, um sie streichfähig zu machen.

1329. Omelette Monaco

kcal	kJ	K	E	F
387	1620	34	9	22

5 Omeletten:
- ❑ 10 Eiklar
- ❑ 0,10 kg Zucker
- ❑ 10 Eidotter
- ❑ 0,10 kg Mehl glatt

- ❑ 0,05 kg Butter zum Ausbacken

Fülle:
- ❑ 0,50 kg Erdbeeren
- ❑ 2 EL Maraschino

Schokoladesauce:
- ❑ 1/4 l Wasser
- ❑ 0,10 kg Schokolade
- ❑ 0,01 kg Stärkemehl
- ❑ 0,05 kg Zucker
- ❑ 0,02 kg Butter

Rohr auf 220° C vorheizen. Omelettenmasse auf zwei Partien zubereiten: In den sehr steif geschlagenen Schnee den Zucker einschlagen, die Eidotter und zuletzt das Mehl leicht unterheben. In einer Omelettenpfanne Butter zerlassen, Masse aufstreichen und im Rohr goldgelb backen. Leicht mit Mehl bestauben, zusammenklappen und auskühlen lassen.
Die Früchte klein schneiden und mit Maraschino parfümieren. Die Omeletten damit füllen, anrichten, mit Schokoladesauce überziehen und den Rand mit steif geschlagenem Schlagobers verzieren.

Schokoladesauce: Zubereitung wie in Rezept Nr. 1328.

- Für eine Omelette werden 2 Eier, 0,02 kg Zucker, 0,02 kg Mehl und 0,01 kg Butter zum Ausbacken berechnet.
- Aus dieser Masse können auch portionsweise kleine Omeletten gebacken werden: Kreise auf Backfolie

Garnierung:
- ❑ 1/4 l Schlagobers

vorzeichnen, Papier umdrehen, befetten, Teig aufstreichen oder mittels Spritzsack ohne Tülle Kreise aufspritzen und backen. – Siehe S. 150.

- **Früchteomeletten** werden genauso zubereitet, nur verwendet man andere frische oder Dosenfrüchte (Ananas, Pfirsiche ...). Omeletten eventuell nur bezuckern.

1330. La Tatarinade (Frankreich)

kcal	kJ	K	E	F
362	1515	25	5	25

- ❑ 1 kg Äpfel
- ❑ 0,10 kg Butter
- ❑ 1 P. Vanillezucker
- ❑ 0,03 kg Zucker

Creme:
- ❑ 1/4 l Schlagobers
- ❑ 6 Eidotter
- ❑ 1 P. Vanillezucker
- ❑ 0,20 kg Biskotten (40 Stück)
- ❑ 2 EL Rum
- ❑ 1/10 l Schlagobers

Äpfel schälen, vierteln, entkernen, mit Butter, Vanillezucker und Zucker kernig dünsten und abtropfen lassen. Für die Creme Eidotter mit Vanillezucker schaumig rühren und steif geschlagenes Obers unterziehen. Rohr auf 200° C vorheizen, Tortenform (22 cm Durchmesser) mit Backtrennpapier bedecken und mit Butter bestreichen. Den Boden dicht mit Biskotten auslegen, mit Rum bestreichen und die Hälfte der Creme einfüllen. Äpfel darauf verteilen und mit zerbröselten Biskotten bestreuen. Mit restlicher Creme bedecken und ca. 30 Minuten backen. In der Halbzeit eventuell abdecken. Warm oder kalt mit steif geschlagenem Schlagobers servieren.

1331. Schokoladefondue (Frankreich)

Fondue au chocolat

- ❑ 0,40 kg Schokolade
- ❑ 1/4 l Kaffeeobers
- ❑ 2 cl Maraschino oder Weinbrand
- ❑ 2 kg Früchte (Ananas, Pfirsiche, Bananen, Kirschen, Weintrauben, Äpfel, Birnen, Erdbeeren)
- ❑ 2 Zitronen

Früchte in mundgerechte Stücke schneiden, mit Zitronensaft bestreichen und dekorativ auf Platten anrichten. Schokolade, Obers, Weinbrand in eine feuerfeste Fonduepfanne (Caquelon) geben, unter Rühren erwärmen, auf dem Rechaud zu Tisch bringen und warm halten. Das Obst mit der Fonduegabel aufspießen und in die heiße Schokolademasse tauchen.

- Zusätzlich zu den Früchten können auch Biskotten oder Biskuitwürfel eingetaucht werden.
- Als Schokolade eignen sich Milch- und Bitterschokolade, aber auch Schokolade mit gehackten Nüssen und Mandeln.

Sehr gut schmeckt auch geschmolzene **Toblerone** = Schokolade mit türkischem Honig.

FLAMBIEREN

MENGEN FÜR 4 PERSONEN

1332. Allgemeines

Flambieren ist keine Zubereitungsart, sondern ein Kochverfahren, das teilweise vor dem Gast durchgeführt wird.

Zum Flambieren eignen sich rasch garendes Fleisch, Wild, Geflügel, Hummer, Scampi, Innereien, Omelettes, Crêpes und diverse Früchte.

Sie werden nach entsprechender Vorbereitung mit verschiedenen Spirituosen übergossen und entflammt. Das Entzünden darf weder mit einem Feuerzeug noch mit einem Zündholz geschehen, sondern man hält die Flambierpfanne dabei etwas schräg und lässt die Flamme vom Rechaud in die Pfanne züngeln.

Es ist besonders darauf zu achten, dass die Zutaten beim Flambieren sehr heiß sind. Da man nur in kleinen Mengen flambieren kann, wurden die Mengen nur für **4 Personen** berechnet.

Zum Flambieren eignen sich verschiedenste Alkoholika:

Cognac oder Weinbrand	für alle Gerichte, sowohl pikant als süß
Rum	für Omelettes, Bananen, Ananas
Whisky	für Kalbsleber, Huhn, Lamm
Gin	für Wildgerichte, Nieren
Calvados	für Äpfel
Kirschwasser	für Pfirsiche, Kirschen
Orangenlikör	zum Parfümieren für Früchte, Crêpes

Beachtenswertes:

- Die Alkoholika sind mittels Messglas oder kleinem Weinglas laut Rezept in die Flambierpfanne zu gießen.
- Ebenso sind alle vorgegebenen Zutaten in kleinen Schüsseln, kleinen Krügen, auf Platten in der Küche vorzubereiten.
- Flambiert wird in der Flambierpfanne entweder auf dem Guéridon mit Rechaud oder auf speziellem Flambierwagen.
- Sämtliche benötigte Geräte – Dessertteller für gebrauchtes Vorlegebesteck (Suppenlöffel, Fleischgabel), vorgewärmte Fleischteller auf Platemaster, Servierservietten, Spirituosen, Gewürze und vorbereitete, gefällig angerichtete Zutaten – sind je nach Rezeptur vor Arbeitsbeginn bereitzustellen.

Mise en place

Crêpes Suzette

Arbeitsablauf beim Flambieren

• Flambieren von Fleischgerichten, Fischen und Innereien:
- Anbraten des Fleisches, der Innereien oder des Fisches in Öl oder Butter (eventuell vorher würzen).
- Flambieren mit den gewünschten Spirituosen (Vorsicht!).
- Warm stellen in der Timbale (Schüssel mit Deckel).
- Zubereiten der jeweiligen Sauce in der Flambierpfanne.
- Beimengen des Fleisches in die Sauce, eventuell nachwürzen – nur kurz dünsten, da sonst die Stücke hart werden.
- Anrichten auf warmen Fleischtellern.
- Beilagen und Garnituren dazu servieren.

• Flambieren von Obst und Süßspeisen:
- Zubereiten der Grundsauce.
- Einlegen der Früchte oder Crêpes in die Grundsauce.
- Aromatisieren, Erhitzen des Gerichtes und Einreduzieren der Sauce.
- Flambieren.
- Anrichten auf warmen Fleischtellern, mit Sauce nappieren und garnieren.
- Als Garnierung eignen sich: Schlagobers, Mandelplättchen, Pistazien.

S **1333. Beefsteak flambiert**
Bifteck flambé

kcal	kJ	K	E	F
436	1822	1	34	29

- ❑ 0,60 kg Rindslungenbraten (pro Person 0,15 kg)
- ❑ Salz
- ❑ Pfeffer
- ❑ 0,04 kg Butter
- ❑ 0,01 kg Öl
- ❑ 2 cl Weinbrand

Garnierung:
- ❑ 1/8 l Schlagobers
- ❑ Petersilie

Vorbereitung in der Küche: Steaks leicht plattieren, kurz vor dem Flambieren würzen. Eventuell Steaks vorher auf beiden Seiten ca. 2 Minuten scharf abbraten. Schlagobers leicht schlagen und Petersilie fein hacken.

Arbeiten vor dem Gast: Butter und Öl in der Flambierpfanne erhitzen, Steaks einlegen, scharf abbraten, Pfanne von der Flamme nehmen, Weinbrand am Rand dazugießen, kurz ausdampfen lassen, flambieren und mit Schlagobers und Petersilie garnieren.

• Variation: Beefsteak flambiert mit Champignonsauce: 0,15 kg frische Champignons blättrig schneiden, 0,05 kg Zwiebel fein hacken. Zusätzlich 0,01 kg Butter und 2–4 cl Fleischfond in der Küche vorbereiten.

Arbeiten vor dem Gast: Butter in der Flambierpfanne erwärmen, Zwiebel glasig rösten, Champignons mitrösten, mit Fleischfond aufgießen, reduzieren, leicht geschlagenes Obers dazugeben, bereits flambierte, warm gestellte Steaks einlegen, erwärmen und mit Schlagoberstupf und Petersilie garniert servieren.

S 1334. Kalbskoteletts flambiert
Côtelettes de veau flambées

kcal	kJ	K	E	F
508	2127	4	32	33

- ❑ 0,60 kg Kalbskoteletts
- ❑ Salz
- ❑ 2 EL Öl
- ❑ 2 cl Whisky
- ❑ 0,02 kg Butter
- ❑ 0,05 kg Zwiebel
- ❑ 1/16 l Weißwein
- ❑ 2–3 EL Kalbsfond oder gebundene Fleischsuppe
- ❑ Salz
- ❑ Pfeffer
- ❑ 3 EL Schlagobers oder Crème fraîche
- ❑ Petersilie

Garnierung:
- ❑ 1/8 l Schlagobers
- ❑ Petersilie

Vorbereitende Arbeiten in der Küche: Zwiebel und Petersilie fein hacken, Schlagobers leicht schlagen, Koteletts längs des Knochen etwas einschneiden und kurz vor dem Flambieren würzen.

Arbeiten vor dem Gast: Öl erhitzen, Koteletts scharf abbraten, Pfanne von der Flamme nehmen, Whisky dazugießen, kurz ausdampfen lassen, flambieren und warm stellen. Butter in der Pfanne zerlassen, Zwiebel glasig anrösten, mit Wein löschen, Fond beigeben, würzen, reduzieren und mit Obers und Petersilie vollenden. Fleisch in die Sauce geben, erwärmen, auf warmen Tellern anrichten, mit Schlagobers und Petersilie garniert servieren.

S 1335. Schweinsmedaillons flambiert mit Gorgonzolasauce
Médaillons de porc flambés sauce gorgonzola

kcal	kJ	K	E	F
492	2058	3	33	35

- ❑ 0,60 kg Schweinslungenbaten
- ❑ Salz
- ❑ Pfeffer
- ❑ Knoblauch
- ❑ 0,02 kg Butter
- ❑ 0,01 kg Öl
- ❑ 2 cl Gin
  bei Pfeffersauce:
  2 cl Weinbrand

Sauce:
- ❑ 0,02 kg Butter
- ❑ 0,03 kg Schalotten
- ❑ 0,05 Liter Weißwein
- ❑ 3 EL Crème fraîche
- ❑ 3 EL Schlagobers
- ❑ 0,04 kg Gorgonzola

Vorbereitende Arbeiten in der Küche: Fleisch in 1 cm dicke Scheiben schneiden, mit der Hand flach drücken, kurz vor dem Service würzen (eventuell Steaks vorher auf beiden Seiten ca. 2 Minuten scharf anbraten).

Butter mit Dressiermesser schneiden, Zwiebel fein hacken, Crème fraîche mit leicht geschlagenem Schlagobers vermischen, Gorgonzola in kleine Würfel schneiden und kurz tiefkühlen.

Arbeiten vor dem Gast: Butter und Öl in der Flambierpfanne erhitzen, Steaks einlegen, scharf abbraten, Pfanne von der Flamme nehmen, Gin dazugießen, kurz ausdampfen lassen, flambieren und warm stellen.

Butter in der Pfanne zerlassen, Zwiebel glasig anrösten, mit Wein löschen, Crème fraîche vermischt mit Schlagobers dazugeben, verrühren und mit Gorgon-

Garnierung:

- ❏ 4 EL Sauerrahm
- ❏ Petersilie fein gehackt

zola einmal aufkochen. Auf einem heißen Teller einen Saucenspiegel ziehen und die flambierten Medaillons daraufsetzen.

Beigabe: Nudeln

Variante: Grüne Pfeffersauce: 0,05 kg Schalottenzwiebel = ca. 2 EL, 1 EL grüne eingelegte Pfefferkörner, Schweinsjus, Curry, 0,10 Liter Schlagobers. In den Bratenrückstand fein gehackte Zwiebel und Pfefferkörner geben, glasig anrösten, mit Schweinsjus aufgießen, mit Curry würzen, reduzieren und mit leicht geschlagenem Obers Sauce verbessern.

Garnierung: 1 EL Sauerrahm auf das bereits angerichtete Fleisch geben und mit Petersilie bestreuen.

S **1336. Bananen flambiert**
Bananes flambées

kcal	kJ	K	E	F
341	1425	51	4	9

- ❏ 0,50 kg Bananen klein, fest
- ❏ 0,03 kg Butter
- ❏ 0,03 kg Kristallzucker
- ❏ 2 Zitronen
- ❏ 0,20 kg Orangen
- ❏ 2 cl Orangenlikör
- ❏ 2 cl Weinbrand zum Flambieren
- ❏ 0,20 kg Vanilleeis

Vorbereitende Arbeiten: Orangen und eine Zitrone pressen, geschälte Bananen der Länge nach halbieren und mit Zitronensaft bestreichen, „Zitronenrührer“, Zucker und Butter vorbereiten.

Arbeiten vor dem Gast: Butter und Zucker in der Flambierpfanne karamelisieren mit Orangen- und Zitronensaft und „Zitronenrührer“ Karamel lösen, Orangenlikör beifügen. Auf kleiner Flamme sämig einkochen, Bananen einlegen, kurz erhitzen, mit Weinbrand flambieren, Bananen mit Vanilleeis anrichten und mit Sauce übergießen.

- „Zitronenrührer“: Zitrone der Breite nach in der Mitte 1 cm breit abschälen, halbieren, entkernen und mit einer Dessertgabel so aufspießen, dass die Zinken nach oben schauen.
- Als weitere Garnierung eignen sich: leicht geschlagenes Obers, Schokolade-, Erdbeersauce, Mandelplättchen, Schokoladeflocken.

Zitronenrührer:

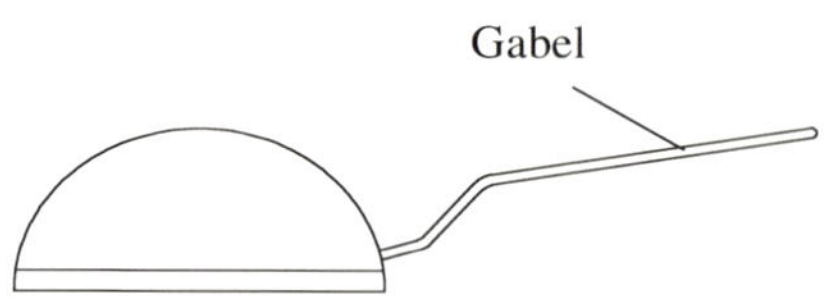

S

1337. Ananas flambiert
Ananas flambés

kcal	kJ	K	E	F
308	1288	41	3	9

- ❑ 0,50 kg Ananasscheiben Dose (pro Person 2 Scheiben)
- ❑ 0,03 kg Butter
- ❑ 0,03 kg Kristallzucker
- ❑ 2 Zitronen
- ❑ 0,10 kg Orangen
- ❑ 4 cl Ananassaft
- ❑ 2 cl Orangenlikör
- ❑ 2 cl Weinbrand
- ❑ 2 cl Rum zum Flambieren
- ❑ 0,20 kg Vanilleeis

Vorbereitende Arbeiten: Orange und eine Zitrone auspressen, Ananasscheiben anrichten, „Zitronenrührer“, Zucker und Butter vorbereiten.

Arbeiten vor dem Gast: Erste Arbeitsschritte wie in Rezept Nr. 1336.
Zusätzlich zum Aufgießen Ananassaft verwenden. Ananasscheiben in der reduzierten Sauce erwärmen, mit Weinbrand und Rum flambieren und mit Eis und jeweils 2 Scheiben anrichten.

- „Zitronenrührer“ und Garnierungsmöglichkeiten wie in Rezept Nr. 1336.

S

1338. Pfirsiche flambiert
Pêches flambées

kcal	kJ	K	E	F
345	1443	50	3	9

- ❑ 0,50 kg Pfirsiche (Dose)
- ❑ 0,03 kg Butter
- ❑ 0,03 kg Kristallzucker
- ❑ 2 Zitronen
- ❑ 0,20 kg Orangen
- ❑ 2 cl Orangenlikör
- ❑ 2 cl Weinbrand
- ❑ 2 cl Rum zum Flambieren
- ❑ 0,20 kg Vanilleeis

Zubereitung wie in Rezept Nr. 1336.
Pfirsichhälften bereits in der Küche mit einer Gabel anstechen, damit die Sauce besser in die Früchte eindringen kann.

1339. Flambierte Himbeeren mit Vanilleeis in der Hippenblüte
Framboises flambés à la glace vanille

kcal	kJ	K	E	F
715	2995	76	10	33

Grundsauce:
- ❑ 0,03 Kristallzucker
- ❑ 0,03 kg Butter
- ❑ 2 cl Zitronensaft
- ❑ 3 cl Orangensaft

Vorbereitende Arbeiten in der Küche: Hippenblüten – Orange, Zitrone auspressen, Butter, Zucker, „Zitronenrührer“ – siehe Rezept Nr. 1336. Himbeeren, Alkoholika – Vanilleeis, leicht geschlagenes Obers, Erdbeerfächer oder frische Himbeeren, Minzblättchen und Pistazien.

- ❏ 1/2 Zitrone für Zitronenrührer
- ❏ 0,35 kg TK-Himbeeren oder frisch
- ❏ 4 cl Grand Manier
- ❏ 4 cl Weinbrand
- ❏ 0,50 l Vanilleeis

Garnierung:

- ❏ 1/8 l Schlagobers
- ❏ Minzblättchen
- ❏ 0,10 kg Erdbeeren frisch für Erdbeerfächer oder frische Himbeeren
- ❏ 0,01 kg Pistazienkerne gehackt zum Bestreuen

Hippenmasse:

- ❏ 0,05 kg Staubzucker
- ❏ 0,05 kg Butter
- ❏ 0,05 kg Mehl glatt
- ❏ 1 Eiklar

Arbeiten vor dem Gast: Erste Arbeitsschritte wie in Rezept Nr. 1336.

Himbeeren zugeben und in der reduzierten Sauce erwärmen, mit Grand Marnier oder Orangenlikör aromatisieren, sämig einkochen, mit Weinbrand flambieren und anrichten.

Garnierung: Beim Anrichten in die Hippenblüte 1–2 Eiskugeln Vanilleeis setzen und mit flambierten Himbeeren umgeben, mit einem Tupf Schlagobers, Minzblättchen, Erdbeerfächer oder frischen Himbeeren garnieren. Tellerrand mit Pistazien bestreuen und eventuell leicht bezuckern.

Hippenblüte Zubereitung siehe Nr. 1236.
Eine Blumenform oder dünne Scheiben backen, ablösen, sofort in ein kleines Schüsserl legen.

- Eiskugeln mit Eisportionierer schon vorher formen und kalt stellen.

1340. Crêpes Suzette

kcal	kJ	K	E	F
600	2511	46	10	35

Teig:

- ❏ 0,15 kg Mehl glatt
- ❏ 1/4 l Kaffeeobers
- ❏ 2 Eier
- ❏ Salz
- ❏ 0,05 kg Öl zum Ausbacken
- ❏ 0,03 kg Butter
- ❏ 0,03 kg Kristallzucker
- ❏ 2 Zitronen
- ❏ 0,25 kg Orangen
- ❏ 2 cl Orangenlikör
- ❏ 2 cl Weinbrand
- ❏ 2 cl Rum

Vorbereitende Arbeiten: Teig herstellen – 8 dünne Crêpes (Palatschinken) backen, Orangen und eine Zitrone auspressen, „Zitronenrührer", Zucker und Butter vorbereiten.

Arbeiten vor dem Gast: Erste Arbeitsschritte wie in Rezept Nr. 1336.
Crêpes zu Vierteln falten, in die Sauce einlegen, Crêpes erwärmen und mit Weinbrand flambieren.

- **Variationen für Fülle und Garnierung:** geriebene Nüsse oder geriebene Nüsse mit Schokoladesauce gebunden zum Füllen – Schlagobers und Schokoladesauce (wie in Rezept Nr. 1329).
- „Zitronenrührer" wie in Rezept Nr. 1336.
- Siehe Foto S. 183.

GETRÄNKE

ERFRISCHENDE, KALTE GETRÄNKE OHNE ALKOHOL

Siehe auch Allex, „Kochen nach Grundrezepten, Teil 1"
Mengenangaben für jeweils 10 Personen

F S

1341. Gemüsedrink
Drink aux légumes

kcal	kJ	K	E	F
65	270	12	2	0

- ❑ 0,50 kg Karotten
- ❑ 0,30 kg Paradeiser
- ❑ 0,30 kg Zeller
- ❑ 1 kg Orangen
- ❑ 1 Zitrone
- ❑ Salz
- ❑ 1 Bund Petersilie

Zutaten kalt stellen, Petersilie hacken und Orangen und Zitrone pressen. Das Gemüse entsaften, Zitrusfrüchtesaft beifügen, würzen, in Juicegläser füllen, mit Petersilie bestreut sofort servieren.

F S

1342. Orangendaisy
Eau minérale à l'orange

kcal	kJ	K	E	F
115	482	25	1	0

- ❑ 0,10 kg Orangen ungespritzt
- ❑ 1 kg Blutorangen
- ❑ 4 Zitronen
- ❑ 0,05 kg Traubenzucker
- ❑ 0,10 kg Staubzucker
- ❑ 1 Flasche Mineral- oder Sodawasser
- ❑ Eiswürfel

Ungespritzte Orangen hauchdünn schälen und die Schalen feinst nudelig schneiden oder Zestenreißer verwenden (siehe Foto S. 27). Zitrusfrüchte auspressen, mit dem Zucker vermischen und kalt stellen. Kurz vor dem Servieren mit Mineralwasser aufgießen und mit Orangenzesten bestreut servieren.

F S

1343. Früchtecocktail
Cocktail de fruits

kcal	kJ	K	E	F
148	620	32	2	0

- ❑ 2 l Ananasjuice
- ❑ 2 kg Saftorangen
- ❑ 1 Flasche Mineral- oder Sodawasser
- ❑ Eiswürfel

Orangen auspressen und mit dem Ananassaft und Mineralwasser kalt stellen. Kurz vor dem Servieren vermischen.

S

1344. Sportler-Cocktail
Cocktail pour sportifs

kcal	kJ	K	E	F
176	739	19	4	8

- ❑ 1 kg Saftorangen
- ❑ 4 Zitronen
- ❑ 0,05 kg Traubenzucker
- ❑ 1/4 l Kaffeeobers
- ❑ 3/4 l Milch
- ❑ Eiswürfel

Orangen und Zitronen auspressen, Zucker mit den übrigen gekühlten Zutaten mixen und sofort servieren.

F S

1345. Karottenmilch
Lait aux carottes

kcal	kJ	K	E	F
130	547	13	6	6

- ❑ 1 1/2 l Milch
- ❑ 0,50 kg Karotten
- ❑ 2 Zitronen
- ❑ Salz
- ❑ 2 EL Zucker
- ❑ 1 Bund Petersilie
- ❑ Eiswürfel

Petersilie fein hacken, Karotten entsaften und mit den gut gekühlten Zutaten vermischen. Zitronensaft beifügen, in Gläser füllen, mit Petersilie bestreuen und sofort servieren.

S

1346. Fruchtmilch
Lait aux fruits

kcal	kJ	K	E	F
138	579	16	5	5

- ❑ 0,10 kg Marmelade (Marille, Erdbeere, Ribisel, Himbeere)
- ❑ 0,02 kg Zucker oder Honig
- ❑ 1 1/2 l Milch
- ❑ 1 Zitrone
- ❑ Eiswürfel

Zitrone auspressen, alle Zutaten mixen, abschmecken und sofort servieren.

S

1347. Orangenmilch
Lait à l'orange

kcal	kJ	K	E	F
132	554	19	4	4

- ❑ 1 l Milch
- ❑ 0,50 kg Orangen
- ❑ 0,10 kg Honig
- ❑ Zimt
- ❑ 0,50 kg Himbeeren
- ❑ ca. 1/2 l Mineralwasser
- ❑ Eiswürfel

Orangen auspressen, Himbeeren pürieren, passieren und die übrigen Zutaten beifügen, abschmecken, mit Mineralwasser etwas aufspritzen und sofort gekühlt servieren.

- Es können sowohl frische als auch tiefgekühlte Himbeeren verwendet werden.

1348. Erdbeercocktail
Cocktail aux fraises

kcal	kJ	K	E	F
233	979	25	5	12

- ❑ 0,50 kg Erdbeeren
- ❑ 3 P. Vanillezucker
- ❑ 0,05 kg Staubzucker
- ❑ 0,05 kg Traubenzucker
- ❑ 1 l Milch
- ❑ 1/4 l Schlagobers
- ❑ 0,40 kg Orangen
- ❑ 2 Zitronen
- ❑ Eiswürfel

Erdbeeren mit Zucker bestreuen, 30 Minuten ziehen lassen und pürieren. Orangen und Zitronen auspressen, die übrigen gekühlten Zutaten beifügen, mixen und sofort servieren.

S 1349. Schoko-Mokka-Milch
Lait au chocolat et au café noir

kcal	kJ	K	E	F
234	981	20	6	13

- ❑ 1 1/2 l Milch
- ❑ 0,03 kg Kakao
- ❑ 0,03 kg Löskaffee
- ❑ eventuell 2 cl Rum
- ❑ 0,10 kg Staubzucker
- ❑ Zimt
- ❑ Muskatnuss
- ❑ 1/4 l Schlagobers
- ❑ Eiswürfel

Kakao, Kaffee und Zucker vermengen, mit wenig Milch glatt rühren, die restlichen Zutaten beifügen, mixen und sofort kalt servieren.

S 1350. Heidelbeer-Bananen-Milch
Lait aux myrtilles et aux bananes

kcal	kJ	K	E	F
204	855	36	4	4

- ❑ 0,50 kg Bananen
- ❑ 0,50 kg Heidelbeeren frisch oder TK
- ❑ 0,10 kg Staubzucker
- ❑ 1 l Milch
- ❑ 1 P. Vanillezucker
- ❑ 1 Zitrone
- ❑ Eiswürfel

Bananen, Heidelbeeren, Zucker, Eiswürfel und Milch mixen, mit Zitronensaft abschmecken und sofort servieren.

S

1351. Erdbeerfrappé
Lait aux fraises

kcal	kJ	K	E	F
214	898	36	5	4

- ❑ 0,50 kg Erdbeeren
- ❑ 0,10 kg Staubzucker
- ❑ 2 Zitronen
- ❑ 0,50 kg Erdbeereis
- ❑ 1 l Milch
- ❑ 2 P. Vanillezucker
- ❑ 0,25 kg Orangen

Alle Zutaten mixen. Mit Zitronen- und Orangensaft abschmecken und sofort servieren.

S

1352. Himbeerfrappé
Lait aux framboises

kcal	kJ	K	E	F
304	1275	35	7	14

- ❑ 1 ½ l Milch
- ❑ 0,10 kg Staubzucker
- ❑ 0,50 kg Himbeeren
- ❑ 1 Zitrone
- ❑ 0,50 kg Himbeereis
- ❑ ¼ l Schlagobers

Schlagobers schlagen, Milch mit Zucker, Himbeeren und Zitronensaft mixen. In jedes Milchbarglas eine Kugel Himbeereis geben, mit Himbeermilch übergießen und mit Obers garnieren.

S

1353. Gemüsecocktail
Cocktail de légumes

kcal	kJ	K	E	F
53	224	6	5	0

- ❑ 1 l Joghurt
- ❑ 0,60 kg Gurken
- ❑ Dille
- ❑ Knoblauch
- ❑ Salz
- ❑ 1 Zitrone
- ❑ 1 Bund Schnittlauch
- ❑ Eiswürfel

Schnittlauch fein schneiden, Gurken schälen, kleiner schneiden, mit Joghurt, Eiswürfel und Dille mixen, würzen und mit Zitronensaft pikant abschmecken. Mit Schnittlauch bestreut servieren.

S

1354. Vitamincocktail
Cocktail aux vitamines

kcal	kJ	K	E	F
138	578	27	5	0

- ❑ 1 l Joghurt
- ❑ 0,25 kg Grapefruit
- ❑ 0,50 kg Orangen
- ❑ 2 Zitronen
- ❑ Zimt
- ❑ 2 P. Vanillezucker
- ❑ 0,10 kg Honig

Früchte auspressen, mit den anderen Zutaten vermischen, abschmecken und gekühlt servieren.

- Anstelle von Honig kann die gleiche Menge Traubenzucker verwendet werden.

1355. Pfefferminzjoghurt
Yaourt à la menthe

kcal	kJ	K	E	F
72	303	8	7	0

- ❑ 1 1/2 l Joghurt
- ❑ 0,30 kg Spinat
- ❑ 1 Bund Petersilie
- ❑ Dille
- ❑ Pfefferminzblätter frisch
- ❑ etwas Knoblauch
- ❑ 1 Zitrone
- ❑ Salz
- ❑ Eiswürfel

Spinat kleiner schneiden und mit wenig Joghurt mixen, übrige Zutaten beifügen, pikant abschmecken und gekühlt servieren.

S 1356. Grapefruitcocktail
Cocktail à la pamplemousse

kcal	kJ	K	E	F
155	649	21	2	6

- ❑ 1,50 kg Grapefruits
- ❑ 1 Zitrone
- ❑ 0,10 kg Traubenzucker
- ❑ 1/4 l Kaffeeobers
- ❑ 1/4 l Milch
- ❑ Eiswürfel

Grapefruits und Zitrone auspressen, mit den anderen Zutaten mixen und sofort servieren.

S 1357. Weltmilchtagscocktail
Cocktail pour la journée mondiale du lait

kcal	kJ	K	E	F
272	1139	33	7	11

- ❑ 0,50 kg Orangen
- ❑ 4 Zitronen
- ❑ 0,50 kg Bananen
- ❑ 0,10 kg Traubenzucker
- ❑ 1/4 l Kaffeeobers
- ❑ 1 1/2 l Milch
- ❑ Eiswürfel

Orangen und Zitronen auspressen, mit den Bananen und den übrigen Zutaten mixen und sofort servieren.

S 1358. Orangencocktail
Cocktail à l'orange

kcal	kJ	K	E	F
179	749	23	3	7

- ❑ 1/4 l Kaffeeobers
- ❑ 1/2 l Milch
- ❑ 1,50 kg Orangen
- ❑ 0,10 kg Traubenzucker
- ❑ Eiswürfel

Orangen auspressen und mit den übrigen Zutaten mixen und sofort servieren.

S

1359. Sanddorn-Orangencocktail

Cocktail à l'argousier et à l'orange

kcal	kJ	K	E	F
267	1119	32	5	13

- ❑ 1/4 l Sanddornsirup
- ❑ 1 l Orangensaft
- ❑ 3/4 l Milch
- ❑ 1/2 l Kaffeeobers
- ❑ Eiswürfel

Sanddornsirup und Orangensaft vermischen und kalt stellen. Mit Kaffeeobers, Milch und Eiswürfel mixen und sofort servieren.

● Falls der Sirup zu wenig süß ist, etwas Zucker beigeben.

S

1360. Mokkacocktail

Cocktail au mocca

kcal	kJ	K	E	F
231	971	18	6	14

- ❑ 0,03 kg Kakao
- ❑ 0,03 kg Löskaffee
- ❑ 0,10 kg Staubzucker
- ❑ eventuell 2 cl Weinbrand
- ❑ 1/2 l Kaffeeobers
- ❑ 1 l Milch
- ❑ Eiswürfel

Kakao, Kaffee und Zucker vermengen, mit wenig Obers abrühren, restliche Zutaten beigeben, mixen und sofort servieren.

ERFRISCHENDE, KALTE GETRÄNKE MIT ALKOHOL

Siehe auch Allex, „Kochen nach Grundrezepten, Teil 1“
Mengenangaben für jeweils 10 Personen

SORBETS

1361. Sorbets – Allgemeines:

Sorbets sind Eisspezialitätengetränke und werden aus Früchten, Fruchtsäften und alkoholischen Getränken zubereitet.
Fruchteis $^{3}/_{4}$ hoch in Gläser füllen oder mit großer Spritztülle in Gläser dressieren, je nach Art und Wunsch mit Likör, Wein oder Sekt aufgießen.

Gefroren werden Sorbets in Eismaschinen (Sorbetièrs) oder im Tiefkühler. Öfteres Umrühren ist nötig. Nicht nur Obst, sondern auch Gemüse (Paradeiser, Spargel ...) können verwendet werden.
Orangensorbet – Orangeneis mit Sekt.
Champagnersorbet – Zitroneneis mit Champagner.
Weichselsorbet – Weichseleis mit Bordeaux und Kirschwasser.

S

1362. Erdbeersorbet
Sorbet aux fraises

kcal	kJ	K	E	F
292	1228	32	3	3

- ❑ 1 kg Erdbeeren
- ❑ 0,10 kg Zucker
- ❑ 1 Zitrone
- ❑ 0,50 kg Vanilleeis
- ❑ 10 cl Orangenlikör
- ❑ 1 ½ l Sekt

Erdbeeren mit Zucker und Zitronensaft pürieren, Vanilleeis beifügen und mixen. Zum Schluss Orangenlikör und Sekt dazumischen, sofort servieren.

S

1363. Blutorangensorbet
Sorbet aux sanguines

kcal	kJ	K	E	F
107	450	18	1	0

- ❑ 0,12 kg Kristallzucker
- ❑ 0,15 l Wasser
- ❑ Schale einer ½ ungespritzten Orange
- ❑ 0,50 kg Blutorangen (= ¼ l Orangensaft)
- ❑ 1 Limette oder 2 Zitronen
- ❑ ¼ l Weißwein
- ❑ 4 cl Orangenlikör
- ❑ 1 Eiklar

Wasser, Zucker und die Schale einer ½ Orange aufkochen, abkühlen lassen.
Zitrusfrüchte auspressen, mit dem abgeseihten Zuckerwasser mischen, Weißwein und Orangenlikör dazugeben. Eiklar halbsteif schlagen, unter die Mischung heben und geschmeidig frieren lassen.

- Auf Wunsch mit Sekt aufgießen und eventuell mit einer Cocktailkirsche garnieren.

BOWLEN

1364. Bowlen – Allgemeines:

- Bei den Bowlen unterscheidet man zwei Gruppen:
  - durstlöschende Bowlen, die rasch zubereitet und serviert werden können (Sommerdrinks);
  - angesetzte Bowlen für besondere Anlässe, abhängig von den Früchten der Saison – meist sehr aromatisch.
- Bei der Herstellung von Bowlen ist zu beachten:
  - Eisgekühlte Weine und
  - gesunde, einwandfreie Früchte verwenden.
  - Nur ungespritzte Früchte mit der Schale schneiden.
  - Bowlengefäß abdecken.
  - Sekt, Champagner oder Mineralwasser erst kurz vor dem Service dazugeben und dann nach Möglichkeit nicht mehr umrühren.
- Bowlen werden leicht gesüßt – entweder die Früchte mit Staubzucker bestreut oder mit Läuterzucker vermischt ziehen lassen (**Läuterzucker:** Zucker und 1 l Wasser im gleichen Verhältnis ca. 5 Minuten kochen und abkühlen lassen).
- Sie werden kalt – aber nicht eiskalt serviert.
- Sie können auch ohne Alkohol zubereitet werden (z. B. für Kinder). Man nimmt statt Weißwein Süßmost oder Apfelsaft, statt Rotwein Traubensaft, statt Sekt Mineralwasser und lässt die Likörbeigabe weg.
- Die Früchte in der Bowle müssen in mundgerechte Stücke geteilt werden und dürfen beim Genuss wegen ihres Alkoholgehaltes nicht unterschätzt werden.

1365. Erdbeerbowle

Punch aux fraises

kcal	kJ	K	E	F
274	1153	23	1	0

- ❏ 1 kg Erdbeeren
- ❏ 0,15 kg Zucker
- ❏ 2 l Weißwein
- ❏ 1 Flasche Sekt

Erdbeeren zerkleinern, mit Zucker bestreuen und mindestens eine halbe Stunde ziehen lassen. Mit der Hälfte des Weißweines aufgießen und 1 Stunde zugedeckt ruhen lassen. Kurz vor dem Servieren mit gut gekühltem Sekt und dem restlichen Wein aufgießen.

1366. Orangenbowle

Punch à l'orange

kcal	kJ	K	E	F
297	1246	33	2	0

- ❏ 1,50 kg Orangen
- ❏ 0,20 kg Zucker
- ❏ 2 l Weißwein
- ❏ 1 Flasche Sekt

Orangen schälen, filetieren oder in dünne Scheiben schneiden. Weitere Zubereitung wie in Rezept Nr. 1365 und 1364.

1367. Pfirsichbowle
Punch aux pêches

kcal	kJ	K	E	F
321	1345	35	1	0

- ❑ 1,50 kg Pfirsiche frisch
- ❑ 0,20 kg Zucker
- ❑ 2 l Weißwein
- ❑ 1 Flasche Sekt

Früchte blanchieren, in kleine Stücke schneiden. Weitere Zubereitung wie in Rezept Nr. 1365 und 1364.
Bei Dosenfrüchten keinen Zucker verwenden, dafür aber mit Zitronensaft aromatisieren.

1368. Rotweinbowle
Punch au vin rouge

kcal	kJ	K	E	F
251	1050	14	1	0

- ❑ 0,50 kg Ananasscheiben (frisch oder Dose)
- ❑ 0,75 kg Orangen
- ❑ 4 cl Weinbrand
- ❑ 4 cl Orangenlikör
- ❑ 2 l Rotwein
- ❑ 1 Flasche Sekt

Orangen filetieren und mit den Ananasscheiben in kleine Würfel schneiden. Mit Weinbrand, Orangenlikör, und der Hälfte des Weines zugedeckt im Kühlschrank eine Stunde ziehen lassen. Vor dem Servieren mit restlichem Wein und Sekt auffüllen.

1369. Sangria (Spanien)

kcal	kJ	K	E	F
223	933	21	1	0

- ❑ 0,25 kg Orangen
- ❑ 2 Zitronen
- ❑ 0,15 kg Äpfel oder frische Pfirsiche
- ❑ 0,15 kg Staubzucker
- ❑ 2 l Rotwein trocken
- ❑ 6 cl Weinbrand
- ❑ 1 l Mineral- oder eisgekühltes Sodawasser
- ❑ Eiswürfel

Orangen und Zitronen schälen, in $^1/_2$ cm dicke Scheiben schneiden, die Äpfel halbieren, entkernen und dünnblättrig schneiden. In ein Bowlengefäß geben, mit Zucker bestreuen, Wein und Weinbrand dazugießen, leicht umrühren, kalt stellen und mindestens 1 Stunde ziehen lassen. Kurz vor dem Anrichten mit Mineralwasser aufgießen und Eiswürfel dazugeben.

- Als Erfrischungsgetränk wird Weinbrand gerne weggelassen.
- Weinbrand kann durch Rum und Curaçao teilweise ersetzt werden: 6 cl Weinbrand entsprechen 4 cl Curaçao weiß und 2 cl Jamaica-Rum.

EINIGE STANDARDGETRÄNKE DER BAR

DIE REZEPTE SIND JEWEILS FÜR EIN GLAS BERECHNET

1370. Allgemeines

Um verschiedene Drinks mixen zu können, genügt für eine Hausbar eine Grundausstattung von jeweils 1 Flasche:

Scotch Whisky – Gin – Wermut rot und trocken – Weinbrand oder Cognac – weißer Rum – 2–3 Liköre wie Orangenlikör (Cointreau, Curaçao, Triple sec) oder/und Crème de Cacao. Daraus können bis zu 100 verschiedene Drinks zubereitet werden.

An Bargeräten benötigt man:

- Schalen- oder kelchförmige Cocktailgläser für Cocktails
- schlanke, hohe Gläser für Longdrinks
- Messbecher = Jigger oder Measure
- Ausgießer = Pourer – für dünnflüssige Spirituosen – jeweils mit der Kork- oder Gummiseite fest in den Flaschenhals drücken – beim Zubereiten einer größeren Anzahl verschiedenster Getränke unerlässlich
- Schüttelbecher = Shaker zum Schütteln der Getränke
- Rühr- oder Mixglas = Mixing Glass
- Barsieb = Strainer zum Zurückhalten von Eis und Früchten
- Eiskübel = Ice-Bucket
- Spritzflasche = Dash-Bottle für Bitters (z. B. Angostura-Bitter), von denen man jeweils nur einige Tropfen verwendet – 12 Dash = 1 cl
- Barlöffel (BL) = Barspoon – 4 BL = 1 cl
- Barbrett und Barmesser zum Schneiden der Früchte
- Cocktailstäbchen oder -sticks
- Gewürzreibe
- Korkenzieher
- Trinkhalme und Untersetzer = Underliner

Bargetränke werden als Apéritif vor oder nach dem Essen bzw. zu kleinen Bissen bei Partys gereicht.

Die Zubereitung erfolgt in einem Shaker oder Rührglas. Die Getränke werden in einem geeisten Glas serviert.

Bei der Zubereitung ist die richtige Reihenfolge zu beachten:

- Glas mit einem Eiswürfel eisen
- Garnitur vorbereiten
- Eis, alkoholfreie Zutaten, alkoholische Zutaten shaken oder rühren
- abseihen in das Glas
- eventuell aufspritzen
- garnieren – eventuell Beigabe eines Strohhalmes

Getränke von links nach rechts angeführt: Rührglas, Eiskübel mit Eisschaufel, Schüttelbecher 3-teilig, Barsieb, Barlöffel, Gewürzreibe, Korkenzieher, Messbecher (Glas, Metall), Cocktailstäbchen, Barmesser, Barbrett, Zitronenpresse, Cocktailgläser mit Untersetzer und Garnituren (Physalis, Karambole, Feige, Kiwi, Erdbeeren, Limetten, Orange), Longdrinkglas, Trinkhalme, Spritzflasche - Pourer (rechts oben)

COCKTAILS

1371. Allgemeines

Ein Cocktail – Das Wort kommt aus dem Amerikanischen und bedeutet „Hahnenschwanz" – setzt sich aus alkoholischen Getränken, die aus Spirituosen, Likören, Süd-, Süß- und Dessertweinen, Früchten, Fruchtsäften, Sirupen und Aromaten in Form von Würzbitters (Angostura-, Peach- oder Orange-Bitter) hergestellt werden, zusammen. Die Zutat, die die Geschmacksrichtung des Cocktails bestimmt, hat den größten Anteil im Cocktail.
Cocktails zählen zur Gruppe der Shortdrinks. Sie werden im Shaker, im Rührglas, im Hamilton Beach oder im Gästeglas zubereitet.
Ausnahme: Sekt- und Champagnercocktails sind Longdrinks, die aus Basisalkohol, Likören und Fruchtsäften bestehen.

Man unterscheidet weiters:
Before-Dinner-Cocktails und After-Dinner-Cocktails.

S **1372. Alexander-Cocktail**
Cocktail Alexandre

kcal	kJ	K	E	F
179	749	7	1	6

- ❑ 2 cl Schlagobers
- ❑ 2 cl Crème de Cassis
- ❑ 2 cl Weinbrand
- ❑ Muskatnuss
- ❑ Eiswürfel

Glas: Cocktailglas oder Creamer
Zubereitung: Shaker
Eis, Obers und Spirituosen shaken, eventuell mit Muskatnuss bestreuen.
● **Alexandra-Cocktail:** anstelle von Weinbrand Gin verwenden.

S **1373. Blue-Lady-Cocktail**
(sehr erfrischend) Cocktail Blue-Lady

kcal	kJ	K	E	F
127	532	7	2	0

- ❑ ½ Eiklar
- ❑ 2 cl Zitronensaft
- ❑ 2 cl Curaçao blau
- ❑ 2 cl Cognac
- ❑ Eiswürfel

Glas: Cocktailglas
Zubereitung: Shaker
Eis, Zitronensaft, Eiklar und Spirituosen shaken.

S **1374. Manhattan-Cocktail**
Cocktail Manhattan

kcal	kJ	K	E	F
125	520	1	0	0

- ❑ 2 cl Vermouth rosso
- ❑ 4 cl Canadian Whisky
- ❑ 1 dash (Spritzer) Angosturabitter
- ❑ Eiswürfel
- ❑ Cocktailkirsche

Glas: Cocktailglas
Zubereitung: Rührglas
Eis und Spirituosen im Rührglas mit Barlöffel rühren, über einen Strainer ins Glas abseihen und mit einer Cocktailkirsche garnieren.

1375. Martini-Cocktail
Cocktail Martini

kcal	kJ	K	E	F
125	520	1	0	0

- ❑ 2 cl Vermouth dry
- ❑ 4 cl Dry Gin
- ❑ Eiswürfel

Garnierung:
- ❑ Olive/Zitronenzeste

Glas: Cocktail- oder Martiniglas
Zubereitung: Rührglas
Eis und Spirituosen im Rührglas mit einem Barlöffel rühren, über den Strainer ins Cocktailglas abseihen und garnieren.

SEKTCOCKTAILS

S 1376. Sekt Orange

kcal	kJ	K	E	F
65	273	6	1	0

- ❑ 6 cl Sekt
- ❑ 6 cl Orangensaft

Glas: Sektglas
Zubereitung: Gästeglas
Glas zur Hälfte mit Sekt füllen und mit gut gekühltem Orangensaft auffüllen – am besten frisch gepressten Saft verwenden.

S 1377. Kir royal

kcal	kJ	K	E	F
113	475	5	0	0

- ❑ 1,5 cl Crème de Cassis
- ❑ 10 cl Sekt trocken

Glas: Sektschale oder -kelch
Zubereitung: Gästeglas
Crème de Cassis mit gut gekühltem Sekt auffüllen.

S 1378. Red Flirt

kcal	kJ	K	E	F
137	574	7	0	0

- ❑ 2 cl Red Curaçao
- ❑ 10 cl Sekt

Glas: Sektglas
Zubereitung: Gästeglas
Red Curaçao mit gut gekühltem Sekt auffüllen.

FIZZES

1379. Allgemeines

Die Fizzes werden mit Soda aufgespritzt und sind daher Longdrinks. Die wichtigsten Zutaten sind Zitronensaft, Zucker und Alkohol. Die Fizzes werden im Shaker so lange geschüttelt, bis sich am Shaker eine dünne Eisschicht gebildet hat. Die Fizzes müssen rasch serviert werden.

Bei der Zubereitung ist die richtige Reihenfolge zu beachten:

- Glas mit einem Eiswürfel eisen
- Garnierung vorbereiten
- Eis, alkoholfreie Zutaten, alkoholische Zutaten shaken oder rühren
- in das Glas abseihen
- aufspritzen
- garnieren
- eventuell Beigabe eines Strohhalmes

S 1380. Gin-Fizz

kcal	kJ	K	E	F
146	610	11	0	0

- ❑ 2 cl Zitronensaft
- ❑ 3 BL Läuterzucker
- ❑ 4 cl Gin
- ❑ Eiswürfel
- ❑ Sodawasser
- ❑ Strohhalm

Glas: mittlerer Tumbler

Zubereitung: Shaker

Eis, Zitronensaft, Zucker und Gin shaken, über Strainer in Glas abseihen und aufspritzen (Läuterzucker siehe Rezept Nr. 1364).

S 1381. Silver Fizz

kcal	kJ	K	E	F
162	678	11	3	0

- ❑ 2 cl Zitronensaft
- ❑ 3 BL Läuterzucker
- ❑ 1 Eiklar
- ❑ 4 cl Gin
- ❑ Sodawasser
- ❑ Eiswürfel

Glas: mittlerer Tumbler

Zubereitung: Shaker

Eis, Zitronensaft, Zucker, Eiklar und Gin shaken, über Strainer in das Glas seihen und mit Sodawasser aufspritzen.

FANCY DRINKS

Alle Drinks sowohl mit, aber auch ohne Alkohol, die keiner speziellen Gruppe zugeordnet werden können, werden als solche bezeichnet.

S 1382. Pina Colada

kcal	kJ	K	E	F
265	1111	16	2	8

- ❑ 3 cl Rum weiß
- ❑ 3 cl Batida de Coco
- ❑ 2 cl Schlagobers
- ❑ 8 cl Ananassaft
- ❑ Eiswürfel oder Crushed-Ice

Garnierung:
- ❑ Ananasstück, Cocktailkirsche

Glas: großer Tumbler oder Fancyglas

Zubereitung: Shaker

Zutaten mit Crushed-Ice shaken, ins Glas seihen und dekorieren.

S 1383. Tequila Sunrise

kcal	kJ	K	E	F
244	1020	24	–	–

- ❑ 4 cl Tequila
- ❑ 2 cl Triple sec
- ❑ 2 cl Zitronensaft
- ❑ 10 cl Orangensaft
- ❑ 1 cl Grenadinesirup
- ❑ Crushed-Ice

Garnierung:
- ❑ Orangenscheibe
- ❑ Strohhalm

Glas: Longdrinkglas

Zubereitung: im Gästeglas

In ein mit Eis gefülltes Longdrinkglas die Zutaten der Reihenfolge nach eingießen, Grenadinsirup vorsichtig darüber geben und garnieren.

S 1384. Tropical Dream

kcal	kJ	K	E	F
271	1139	25	2	5

- ❑ 2 cl Tia Maria
- ❑ 2 cl Batida de Coco
- ❑ 2 cl Crème de Bananes
- ❑ 1 cl Schlagobers
- ❑ 8 cl Orangensaft
- ❑ Eiswürfel

Glas: Cocktailschale

Zubereitung: Shaker

Eis, Obers, Spirituosen und Saft shaken und über den Strainer ins Glas füllen.

S

1385. Red Game

kcal	kJ	K	E	F
128	530	15	1	0

- ❑ 3 cl Red Curaçao
- ❑ 8 cl Orangensaft
- ❑ Eiswürfel

Glas: Cocktailschale

Zubereitung: Gästeglas

Red Curaçao und Eiswürfel in das Glas geben und darüber vorsichtig den gut gekühlten Saft gießen.

1386. Coconut Kiss

kcal	kJ	K	E	F
248	1040	39	1	9

- ❑ 3 cl Kokosnusssirup
- ❑ 3 cl Schlagobers
- ❑ 10 cl Ananassaft
- ❑ 1 cl Grenadinesirup
- ❑ Eiswürfel oder Crushed-Ice

Garnierung:
- ❑ Ananasstück
- ❑ Cocktailkirsche

Glas: Fancy- oder Longdrinkglas

Zubereitung: Shaker

Alles, bis auf Grenadinsirup, shaken. In ein mit Eis gefülltes Glas abseihen, Grenadine langsam darübergießen, dekorieren und Strohhalm beigeben.

1387. Florida
Floride

kcal	kJ	K	E	F
114	479	37	1	–

- ❑ 1 cl Maracujasirup
- ❑ 1 cl Grenadinesirup
- ❑ 2 cl Zitronensaft
- ❑ 6 cl Orangensaft
- ❑ 6 cl Ananassaft
- ❑ Eiswürfel

Garnierung:
- ❑ Orangenscheibe
- ❑ Cocktailkirsche

Glas: Fancy- oder Longdrinkglas

Zubereitung: Shaker

Alle Zutaten shaken und in ein mit Eis gefülltes Glas abseihen und garnieren.

KAFFEESPEZIALITÄTEN

Herkömmliche Kaffeezubereitung siehe Allex, „Kochen nach Grundrezepten, Teil 1“.

1388. Kaffeespezialitäten warm ohne Alkohol

- *Kleiner Espresso (kleiner Mocca, Schwarzer oder Piccolo):*
  kleiner, starker schwarzer Espresso – kleine Tasse.
- *Großer Espresso (großer Mocca oder Schwarzer):*
  großer starker, schwarzer Espresso – große Tasse (Doppelmoccatasse)
- *Espresso kurz (Kurzer, Ristretto):*
  kleiner oder großer Espresso mit weniger Wasser, besonders starker Kaffee – kleine oder große Tasse.
- *Kleiner Brauner:*
  kleiner Espresso mit etwas Obers, Kaffeeobers oder Milch, eventuell ein kleines Kännchen Obers, Kaffeeobers oder Milch separat dazuserviert – kleine Tasse.
- *Großer Brauner:*
  großer Espresso mit einigen Tropfen Obers oder Milch, eventuell mit einem kleinen Kännchen Obers oder Milch separat dazuserviert – große Tasse.
- *Obermaier:*
  kleiner oder großer Espresso mit Kännchen kaltem Obers. Der Gast gießt das Obers über den KL langsam in die – kleine oder große Tasse.
- *Verlängerter(Langer oder Gestreckter):*
  kleiner Espresso mit Wasser auf großen Espresso verlängert – große Tasse oder kleiner Espresso in Doppelmoccatasse + 1 Kännchen heißes Wasser + 1 Kännchen Obers.
- *Melange (mehrere Arten):*
  kleiner Espresso in Doppelmoccatasse – gleich viel Milch und Kaffee (1 : 1), mit oder ohne Obers, mit aufgeschäumter Milch, mit oder ohne Schlagobers – große Tasse.
- *Cappuccino (Italien):*
  kleiner Espresso in Doppelmoccatasse mit Milch oder Milchschaum (1:1), mit Kakaopulver bestreut – große Tasse.
- *Caffè macchiato (Italien):*
  kleiner Espresso mit wenig aufgeschäumter Milch – kleine Tasse oder Spezialglas.
- *Latte macchiato (Italien):*
  heiße, aufgeschäumte Milch, kleiner Espresso – Glas gut zur Hälfte mit warmer Milch, dann bis ca. 1 cm unter dem Glasrand mit Milchschaum füllen. Espresso vorsichtig mit Hilfe eines KL in den Milchschaum laufen lassen – Longdrinkglas oder hohes, schlankes Glas, langstieliger Löffel.

- *Kaffee Creme:*
  Kännchen Kaffee und Kännchen Obers – große Tasse.
- *Schale Gold:*
  kleiner Espresso = 1/3 Kaffee und 2/3 warmes Obers – kleine Tasse.
- *Obers gespritzt:*
  kleiner Espresso ganz kurz gehalten – 1/3 Kaffee und 2/3 warmes Obers – kleine oder große Tasse.
- *Einspänner:*
  kleiner Espresso mit Schlagobershaube und Zucker – Einspännerglas (Henkelglas).
- *Kapuziner:*
  kleiner Espresso mit einigen Tropfen Milch oder Obers – kleine Tasse.
- *Franziskaner:*
  kleinen Mocca in Spezialglas gießen, aufgeschäumte Milch bis knapp unter den Rand füllen, mit geschlagenem Obers garnieren, mit Schokoladestreusel oder -raspel bestreuen – Laufglas.
- *Separée:*
  Portion Kaffee mit Milch, getrennt in Kännchen servieren – große Tasse.
- *Kaffee verkehrt:*
  ¾ heiße Milch und ¼ Kaffee – große Tasse.
- *Türkischer Kaffee:*
  Wird im Kupferkännchen zubereitet (= Cesve) zubereitet und erfordert einen wesentlich milder gerösteten Kaffee, der im Fachhandel erhältlich ist. Pro Portion 2 KL pulverfein gemahlenen Kaffee, 1 KL Zucker mit kalten Wasser bis zum "Rand" aufgießen, zum Kochen bringen, 1-mal aufwallen lassen, vom Feuer nehmen, Schaum in Tassen gießen, eventuell 1 EL kaltes Wasser dazugießen, nochmals aufkochen. Eventuell 1–2 Stück Lokum oder Rahat (Gummiarabikum) dazuservieren, als kleiner Würfel auf Zahnstocher aufgespießt – kleine Tasse.
- Arabischer Kaffee:
  Wird wie türkischer Kaffee zubereitet, 1 Msp. Kardamompulver oder Kardamomkapsel beigeben, mitkochen – kleine Tasse.

1389. Kaffeespezialitäten warm mit Alkohol

- *Wiener Fiaker:*
  verlängerter Mocca oder Schwarzer mit 2 cl Rum oder Kirschwasser oder Himbeergeist, eventuell Schlagobershaube – Laufglas oder große Tasse.
- *Kaffee Cointreau:*
  Stielglas = mit Zuckerrand serviert (um ein Springen des Glases zu verhindern, gibt man einen KL in das Glas!). ⅔ verlängerter Mocca, leicht süßen, mit 2 cl Cointreau – Stielglas.

Geräte von links nach rechts angeführt: Irish-Coffee-Glas mit Ständer, Laufgläser (2 Arten), Einspännergläser (2 Arten), Kupferkännchen mit Lokum (Gummiarabicum) und Kardamomkapseln, Rüdesheimer-Kaffee-Tasse mit Weinbrandschwenker und Barlöffel, verschiedene Zuckerarten (im Ständer), Kaffeebaum

- *Meisterkaffee:*
  Kaffee, gleich ob schwarz, braun oder verlängert, 2 cl Weinbrand im Schwenker extra dazuservieren – kleine oder große Tasse.
- *Mocca gespritzt:*
  Mocca mit 2 cl Cognak oder Rum oder Weinbrand – kleine oder große Tasse.
- *Kaffee Maria Theresia:*
  2 cl Orangenlikör (Maria-Theresia-Likör) und 2 cl Weinbrand mit 2 KL Rohzucker oder Zuckersirup verrühren. Heißen, verlängerten Mocca dazugießen, mit Schlagoberstupf und buntem Streusel garnieren – Laufglas.
- *Kaisermelange mit Cognak:*
  In einer Tasse 1 Eidotter und 1 KL Zucker mit Gabel verrühren, 2 cl Cognak dazumischen, mit $^1/_4$ starkem heißen Kaffee und $^1/_4$ heißer Milch auffüllen – große Tasse.
- *Kaffee Biedermeier, Kaffee Advokat oder Diplomatenkaffee:*
  Großen Mocca leicht süßen, 2 cl Eierlikör, mit Schlagobershaube garnieren und mit etwas Eierlikör und Schokoladespänen verzieren – Einspännerglas oder „Kakaotasse“.
- *Caffè Corretto (Italienischer Kaffee):*
  Großer Espresso, 4 cl Grappa, Schlagobershaube – große Tasse.
- *Rüdesheimer Kaffee (Deutschland):*
  Spezialtasse vorwärmen und dazugeben: 2–4 Stück Würfelzucker und 4 cl Weinbrand (Asbach Uralt) anzünden, Zucker lösen lassen, eventuell mit Barlöffel umrühren, mit starkem Kaffee aufgießen, mit leicht gesüßter Schlagobershaube garnieren, mit Schokoladespänen bestreuen, ohne Löffel und Strohhalm servieren – Spezialtasse.
  (Weinbrand vor dem Anzünden entweder mit dem Dampfhahn der Espressomaschine oder in einem Schöpfer über einer Flamme erwärmen.)
- *Irish coffee (Irland):*
  2 KL Rohzucker mit 4 cl Irish Whisky über der Flamme erwärmen, nicht flambieren. Im Glas Kaffee aufgießen, leicht geschlagenes Obers über einen EL auf die Kaffeeoberfläche laufen lassen. Wird nicht Irish Whisky, sondern Schottischer Whisky verwendet, dann Zucker und Whisky über der Flamme unter Drehen erhitzen, Flamme überschlagen lassen und flambieren, mit Kaffee aufgießen – Spezialglas mit Ständer.
- *Kaffee Ländle:*
  1 cl Apfelschnaps (Grafensteiner), 1 cl Moccalikör, Zimt, Kardamom mit heißem Kaffee aufgießen, mit Schlagobershaube und Schokoladespänen garnieren – Eiskaffeeglas.
- *Pharisäer (Norddeutschland):*
  1 KL Zucker mit 2–4 cl Rum oder Weinbrand in einer Tasse verrühren, eventuell 1 KL Kakaopulver mitrühren, $^3/_4$ Tasse heißen, starken Kaffee dazugießen, mit Schlagobershaube gut bedecken – große Tasse.

- *Metternich-Melange:*
  2 cl Kümmellikör, 1/2 Tasse heißen Kaffee, 1/2 Tasse aufgeschäumte Milch – große Tasse.
- *Kaffee Sobiesky:*
  Kleiner Mocca, 2 cl Wodka, Beigabe Honig, Gast süßt den Kaffee selbst – kleine Tasse.

1390. Kaffeespezialitäten kalt ohne Alkohol

- *Wiener Eiskaffee:*
  2 Kugeln Vanilleeis, kalter schwarzer, leicht gesüßter Kaffee, Schlagoberstupf und Hohlhippe – Long-Drink-Glas oder hohes Glas, Unterteller, Serviette, Barlöffel, Strohhalm, Zuckerstreuer.
- *Berliner Eiskaffee:*
  Wird wie Wiener Eiskaffee zubereitet, statt Vanilleeis wird Kaffee- oder Vanilleeis mit etwas Kaffee (vorher verrühren) verwendet – siehe Wiener Eiskaffee.
- *Amerikanischer Eiskaffee:*
  Glas mit Eiswürfeln füllen, mit 2 cl Läuterzucker und kaltem Kaffee auffüllen – Long-Drink-Glas, Limonadenlöffel, Strohhalm.
- *Katerschreck:*
  Mocca mit Zitronensaft und Zucker – große Tasse.

1391. Kaffeespezialitäten kalt mit Alkohol

- *Wiener Spezialeiskaffee:*
  2 Kugeln Vanilleeis, kalter schwarzer, leicht gesüßter Kaffee, Schlagoberstupf, 2 cl Grand Marnier oder Mandarinenlikör – Likör zum Schluss darüber gießen, Hohlhippe – Sektflöte, Unterteller, Serviette, Barlöffel, Strohhalm.
- *Mazagran:*
  Eiswürfel ins Glas geben, kalten, leicht gesüßten Kaffee und 2 cl Maraschino darüber gießen – Long-Drink-Glas.
- *Moccaflip Chicago:*
  Shaker: 1/2 Tasse Milch, 1 EL Löskaffee, 2 cl Cognak, 1 cl Moccalikör, 1 P. Vanillezucker; shaken, Gemixtes über die 3 Eiswürfel gießen – Stielglas.

ANDERE KOSTFORMEN

Es gibt kaum eine Fachrichtung wie die Ernährungswissenschaft, in der sich so viele Pseudoexperten mit Wissenschaftern streiten, was nun „gesunde Ernährung“ sei. Vor manchen alternativen Ernährungsformen und einseitigen Schlankheitskuren muss ausdrücklich gewarnt werden. Wichtige Bewertungskriterien sind die Deckung des Bedarfs an Nährstoffen und die Eignung als Dauerkost für gesunde Erwachsene.

VEGETARISMUS

1392. Allgemeines

Am Ende des 19. Jahrhunderts wurde in Deutschland die erste vegetarische Vereinigung gegründet.
Nach den Leitsätzen der Internationalen Vegetarischen Union ist jeder, der auf Nahrungsmittel von getöteten Tieren verzichtet, Vegetarier. Das schließt Fische, Weich- und Schalentiere genauso ein, wie tierische Fette (Schmalz, Speck ...). Im Vordergrund steht die Ablehnung ganz bestimmter Lebensmittelgruppen. Vegetarier bevorzugen pflanzliche Ernährung wie Vollkornprodukte, Obst und Gemüse – zu einem großen Teil in Form von Rohkost – und als Nahrungsergänzung Nüsse, kaltgepresste Öle sowie Gemüsesäfte, Kräuter- und Früchtetees. Kochsalz und scharfe Gewürze werden vermieden, ebenso Alkohol und Nikotin.
Unter dem Dachbegriff „Vegetarismus“ finden sich verschiedene Formen der Ernährung:

- **Ovolactovegetabile Kost:** Neben pflanzlichen Lebensmitteln und Milchprodukten sind auch Eier erlaubt. Diese Art bevorzugen 50 % der Vegetarier.
- **Lactovegetabile Kost:** Rund 30 % der Anhänger verzehren neben pflanzlichen Nahrungsmitteln auch Milch- und Milchprodukte.
- **Veganer:** Sie stellen die kleinste Gruppe unter den Vegetariern dar. Sie lehnen alle von Tieren stammende Produkte völlig ab und ernähren sich bevorzugt von Rohkost.

Beurteilung dieser Kost durch diplomierte DiätassistentenInnen und ernährungsmedizinische BeraterInnen:
Eine ovolactovegetabile und lactovegetabile Kost ist für den gesunden Erwachsenen durchaus empfehlenswert. Vor allem Jugendliche, speziell junge Frauen, könnten aber an Eisenmangel leiden. Eine streng vegane Kost erfordert auch beim Erwachsenen eine sorgfältige Gestaltung der Ernährung, um den Bedarf an unentbehrlichen Nährstoffen zu decken. Eine Ernährungsberatung ist hier empfehlenswert. Bei Kleinkindern gefährdet eine vegane Ernährung das Wachstum und die Entwicklung des Kindes und ist deswegen nicht empfehlenswert. Um Mangelerscheinungen vorzubeugen werden Vegetariern regelmäßige ärztliche Untersuchungen emp-

fohlen. Neben dem Ernährungsaspekt kann der Verzicht auf Fleisch auch ethisch-religiös oder ökonomisch-ökologisch begründet sein.

TRENNKOST

1393. Allgemeines

Wie schon der Name sagt, soll bei der Nahrungsmittelaufnahme auf die Trennung von Kohlenhydraten und Eiweiß geachtet werden. Nach den Hay'schen (Dr. Hay – amerikanischer Arzt) Verdauungsgesetzen können die beiden Nährstoffe nicht gleichzeitig verdaut werden. Die Kohlenhydratverdauung beginnt in einem basischen Milieu bereits im Mund, die Eiweißverdauung jedoch erst in der sauren Umgebung des Magens. Gleichzeitig ist dies nicht möglich, daher durchwandert die Stärke den Magen und kann im Dünndarm zu einer Gärung führen. Die Fortsetzung der Eiweißverdauung erfolgt, ebenso wie die Stärkeverdauung, unter neutralen bis leicht basischen Bedingungen im Darm. Die Ursache der Übersäuerung und somit eine Störung im chemischen Gleichgewicht des Körpers ist für Hay der Genuss eiweißreicher und zugleich ballaststoffarmer Lebensmittel. Diese benötigen bis zu 72 Stunden zur Verdauung im Gegensatz zur ballaststoffreichen Kost, deren Verarbeitung nach 24 Stunden abgeschlossen ist.
Die Nahrung sollte zu 80 % aus basenüberschüssigen Lebensmitteln (Obst, Fruchtsäfte, Getreide, Erdäpfel, Hülsenfrüchte: kohlenhydrathaltige Lebensmittel) und zu 20 % aus säureüberschüssigen Lebensmitteln (Fleisch, Fisch, Ei, Magermilch: eiweißhaltige Lebensmittel) bestehen. In einer Mahlzeit sollte man nur eiweiß- oder kohlenhydrathaltige Lebensmittel essen.
Die so genannten „neutralen“ Lebensmittel (Gemüse, Salat, Pilze, Sprossen, Kräuter, Vollfett-Milchprodukte, Eidotter, Fette, Nüsse) dürfen zu allen Speisen beigegeben werden.

Beurteilung dieser Kost durch diplomierte DiätassistentenInnen und ernährungsmedizinische BeraterInnen:

- Die Vorteile der Hay'schen Kost sind der Verzehr von Rohkost, Obst und Gemüse, die geringen Fleischmengen (nur 20 % säureüberschüssige Lebensmittel) und das Meiden von Zucker.
- Dem Erwachsenen kann die Trennkost bei der Gewichtsreduktion helfen, da man sich intensiver mit der Ernährung auseinandersetzen muss und auf eine fettarme Ernährung umstellt.
- Die Verdauungsgesetze von Dr. Hay entbehren aber jeglicher physiologischer Grundlage. Die Kohlenhydratverdauung ist durch die Eiweißverdauung nicht beeinträchtigt. Auch die versuchte Einteilung in kohlenhydrathaltige und eiweißhaltige Lebensmittel ist so nicht möglich: Magermilch wird z. B. zu den eiweißhaltigen Lebensmitteln gezählt, enthält jedoch mehr Kohlenhydrate als Eiweiß.

VOLLWERTERNÄHRUNG

1394. Allgemeines

In dieser Kostform werden Lebensmittel bevorzugt, die möglichst wenig verarbeitet, also naturbelassen sind. Sie besteht hauptsächlich aus Vollkornprodukten, Gemüse, Obst, Erdäpfel sowie Milch- und Milchprodukten. Die Lebensmittel sollen möglichst aus kontrollierter biologischer Landwirtschaft stammen. Daneben werden in geringen Mengen Eier, Fisch und Fleisch verzehrt.
Eines der wichtigsten Kriterien bei der qualitativen Bewertung von Lebensmitteln ist der Grad der Verarbeitung. Je naturbelassener ein Lebensmittel ist, umso besser wird es bewertet. „Lasst die Nahrung so natürlich wie möglich" (Zitat von Kollath, Ernährungsforscher und Mediziner).

Beurteilung dieser Kost durch diplomierte DiätassistentenInnen und ernährungsmedizinische BeraterInnen:
Unserer Nahrung fehlt es nicht an Kalorien, dafür aber an essenziellen Vital- und Ballaststoffen. Sie sind für die Gesunderhaltung des Körpers von großer Bedeutung. Ein Mangel kann schwere Erkrankungen auslösen.

- Frisch gemahlenem Vollgetreide (Getreidemühle) gegenüber weißem Auszugsmehlen den Vorzug geben. Es entstehen vor allem Aroma- und Geschmacksverluste, und das Fett kann bei Überlagerung ranzig werden. Der Verlust an Vitaminen (die Mineralstoffe unterliegen keiner Veränderung) ist relativ gering. 4–6 Wochen kann Vollkornmehl (trocken, kühl, lichtgeschützt) ohne große Qualitätseinbuße aufbewahrt werden.
- Man kann alle Grundteigarten wie Nudel-, Nockerl-, Germ-, Biskuit-, Strudel-, Rühr-, Omletten-, Frittaten-, Mürb- und Blätterteig aus Vollkornmehl zubereiten.
- Die Vollkornprodukte liefern dem Organismus vor allem Vitamin B1. Ohne dieses Vitamin kann der Organismus die Kohlenhydrate nicht abbauen, der Körper muss dafür die Vitamin B1-Reserven heranziehen. Bei ungenügender Vitamin B1-Zufuhr kann es zu Mangelerscheinungen kommen.
- Naturbelassene, kaltgepresste Pflanzenöle mit einem hohen Gehalt an ungesättigten Fettsäuren und Vitamin E (Raps-, Soja-, Walnuss-, Lein-, Distel-, Maiskeim- und Sonnenblumenöl) tragen dazu bei, den Cholesterinspiegel im Blut niedriger zu halten bzw. sogar zu senken.
- Gut gewürzte, aber sparsam gesalzene Speisen regen die Verdauungssäfte an.
- Zum Würzen vorwiegend frische, heimische Kräuter (Schnittlauch, Petersilie, Liebstöckel = „Maggikraut", Basilikum, Majoran ...) verwenden.
- Üblichen Haushaltszucker durch kleine Mengen an Honig, Ahornsirup, Birnendicksaft oder durch Untermischen zerkleinerter ungeschwefelter süßer Trockenfrüchte ersetzen. Die „Süßschwelle" wird auf diese Weise allmählich gesenkt. Der Eigengeschmack der Lebensmittel steht im Vordergrund.

- Rohkost und Salate, vor den Hauptmahlzeiten reichen. Sie fördern eine gute Verdauung.
- Obst als Nachtisch oder zu den Zwischenmahlzeiten anbieten. Sie liefern dem Organismus reichlich Vitamine und Ballaststoffe.
- Das für den menschlichen Körper benötigte Eiweiß in erster Linie durch pflanzliches Eiweiß, in Kombination mit Milcheiweiß, decken. Fisch sowie Fleisch und Eier von möglichst artgerecht gehaltenen Tieren sind, in mäßigem Ausmaß genossen, erlaubt.
- Durch eine ausgewogene Kombination von verschiedenen pflanzlichen und tierischen Lebensmitteln (vornehmlich von Milch und Milchprodukten) erhält man auch ohne Fleisch hochwertiges Eiweiß.

Einige Beispiele:
Erdäpfel und Vollei
Weizen und Vollei
Weizen und Milch

Für Kleinkinder ist die Vollwerternährung nur bedingt geeignet. Sie haben einen höheren Eiweißbedarf, der auch durch täglichen Verzehr von tierischen Eiweißträgern (Fleisch, Fisch, Ei, Milch und Milchprodukte) gedeckt werden soll. Die ausschließliche Verwendung von Vollgetreide ist für den Darm von Kleinkindern noch zu belastend.

Eine Umstellung auf Vollwertkost sollte auf Grund der höheren Ballaststoffmengen in der Ernährung nur langsam erfolgen, da es sonst zu Darmproblemen kommen kann.

Wichtig ist außerdem ausreichend zu trinken: Pro Tag mindestens 2 Liter Flüssigkeit in Form von Wasser, Fruchtsaft oder Tee. Vollkornkost gibt bei gutem Kauen ein anhaltendes Sättigungsgefühl trotz geringerem Nahrungsvolumen.

Die folgenden Rezepte sollen dazu beitragen, mit der Vollwerternährung vertraut zu werden.

SAUCEN, SALATE UND AUFSTRICHE

Mengen für 10 Personen

S 1395. Salatsauce A (Rahmsauce)
Assaisonnement

kcal	kJ	K	E	F
126	527	1	1	13

- ❑ 1 KL Leinölsenf
- ❑ 1/2 Zitrone
- ❑ 1/10 l Pflanzenöl kaltgepresst
- ❑ Salz
- ❑ 1/4 l Sauerrahm

Senf und Zitronensaft mit einer Schneerute verrühren, Öl langsam einrühren, mit dem Sauerrahm glatt rühren und würzen.

- Anstelle des Sauerrahms kann Fidus-Bioaktiv oder Kefir verwendet werden.

S 1396. Salatsauce B (Käsesauce)
Assaisonnement

kcal	kJ	K	E	F
114	477	2	3	10

- ❑ 1 KL Leinölsenf
- ❑ 1/2 Zitrone
- ❑ 1/10 l Pflanzenöl kaltgepresst
- ❑ Salz
- ❑ 0,10 kg Topfen
- ❑ 1/4 l Joghurt

Senf und Zitronensaft mit der Schneerute verrühren, Öl langsam einrühren, Topfen oder passierten Käse dazugeben, mit Joghurt glatt rühren und würzen.

- Anstelle von Topfen kann Schaf- oder Ziegenkäse verwendet werden.

S 1397. Salatsauce C (Kräutersauce)
Assaisonnement

kcal	kJ	K	E	F
109	457	2	2	10

- ❑ 1/2 l Sauerrahm
- ❑ 1 KL Apfelessig
- ❑ 0,05 kg Pflanzenöl
- ❑ Salz
- ❑ 1 Zitrone
- ❑ 1 EL Gartenkräuter

Alle Zutaten gut vermischen, pikant abschmecken und mit den fein gehackten Kräutern vermischen.

- **Gartenkräuter:** Kresse, Petersilie, Thymianblätter, Majoranblätter, Schnittlauch.
- Kaltgepresste Pflanzenöle verwenden.

1398. Schnittlauchrahm
Crème civette

kcal	kJ	K	E	F
73	304	2	2	6

- ❑ 1/4 l Sauerrahm
- ❑ 1/8 l Crème fraîche
- ❑ 1/8 l Joghurt
- ❑ Salz
- ❑ Zitronensaft
- ❑ 1 Bund Schnittlauch

Zutaten mit fein geschnittenem Schnittlauch vermischen und pikant abschmecken.

- **Joghurtkräutersauce:** Anstelle von Sauerrahm nur Joghurt und verschiedene Kräuter wie Schnittlauch, Petersilie, Dille, Kresse, Kerbel ... verwenden.

1399. Gurken-Erdäpfel-Salat
Salade de concombre et de pommes de terre

kcal	kJ	K	E	F
156	653	22	3	5

- ❑ 1,20 kg Erdäpfel speckig
- ❑ 0,50 kg Gurken
- ❑ 0,10 kg Zwiebel

Marinade:
- ❑ 2 EL Apfelessig
- ❑ Salz
- ❑ Wasser
- ❑ 0,05 kg Pflanzenöl kaltgepresst
- ❑ Dille

Gedämpfte, geschälte Erdäpfel und geschälte Gurken blättrig und Zwiebel feinringelig schneiden. Mit der Marinade vermischen, 30 Minuten ziehen lassen, eventuell mit Wasser verdünnen und mit fein gehackter Dille bestreuen.

Marinade: Zutaten vermischen.

S 1400. Zucchinisalat
Salade de courgettes

kcal	kJ	K	E	F
16	66	2	1	1

- ❑ 1 kg Zucchini

Salatsauce A, B oder C: siehe Rezept Nr.1395–1397

Zucchini grob reißen oder feinblättrig schneiden und mit Salatsauce vermischen.

1401. Löwenzahnsalat
Salade depissenlits

kcal	kJ	K	E	F
95	397	17	4	1

- ❑ 0,50 kg Löwenzahn
- ❑ 0,75 kg Erdäpfel speckig
- ❑ Kresse

Salatsauce A, B oder C siehe Rezept Nr. 1395–1397

Erdäpfel dämpfen, schälen und blättrig schneiden. Löwenzahn putzen, warm waschen und fingerdick schneiden. Zutaten vermischen, marinieren, 30 Minuten ziehen lassen und mit Kresse bestreuen.

- Löwenzahn nur vor der Blüte verwenden (stark gezahnter ist geschmacklich besser).

1402. Frühlingssalat
Salade printanière

kcal	kJ	K	E	F
72	300	3	2	5

- ❑ 0,30 kg Spinat frisch
- ❑ grüner Salat
- ❑ 0,30 kg Löwenzahn
- ❑ 1 Bund Radieschen
- ❑ 1 KL Majoran frisch
- ❑ Kresse

Marinade:
- ❑ 2 EL Apfelessig
- ❑ Wasser

Spinat, Löwenzahn gut waschen und in fingerdicke Streifen, die Radieschen in dünne Scheiben schneiden, Salat in mundgerechte Stücke teilen, alles gut vermischen, marinieren und mit Kresse bestreuen.

Marinade: Zutaten vermischen und abschmecken.

- ❑ Salz
- ❑ 0,05 kg Pflanzenöl kaltgepresst

S **1403. Bunter Maissalat**
Salade de mais aux cent couleurs

kcal	kJ	K	E	F
105	439	10	3	6

- ❑ 0,30 kg rote Paprika
- ❑ 0,30 kg grüne Paprika
- ❑ 0,30 kg Maiskörner (Dose)
- ❑ grüner Salat
- ❑ 1 Bund Schnittlauch

Marinade:
- ❑ 2 EL Apfelessig
- ❑ Wasser
- ❑ Salz
- ❑ 0,05 kg Pflanzenöl kaltgepresst

Paprika halbieren und feinnudelig schneiden und Salat in mundgerechte Stücke teilen. Alle Zutaten vermischen, marinieren und mit geschnittenem Schnittlauch bestreuen.

Marinade: Zutaten vermischen und abschmecken.

- TK-Maiskörner vorher kochen.

1404. Fenchel-Zucchini-Salat
Salade de fenouil et de courgettes

kcal	kJ	K	E	F
21	87	3	2	0

- ❑ 0,50 kg Fenchel
- ❑ 0,50 kg Zucchini
- ❑ Kresse

Salatsauce A, B oder C: siehe Rezept Nr. 1395–1397

Geputzten Fenchel feinnudelig schneiden, Zucchini entweder grob reißen oder in dünne Scheiben schneiden, vermischen und marinieren. Mit fein gehacktem Fenchelgrün und Kresse bestreuen.

1405. Sojabohnen-Aufstrich
Pâte à tartiner soja

kcal	kJ	K	E	F
52	219	2	2	4

- ❑ 0,15 kg Sojabohnen
- ❑ 0,03 kg Sonnenblumenöl
- ❑ 0,05 kg Zwiebel
- ❑ Salz
- ❑ Zitronensaft
- ❑ Paprikapulver
- ❑ 1 KL Senf

Sojabohnen entbittern, über Nacht einweichen, ca. $^{3}/_{4}$ Stunde im Dampfdruckkochtopf sehr weich kochen, mit wenig Flüssigkeit passieren oder pürieren. Zwiebel fein hacken, glasig anlaufen lassen, Sojabrei dazumischen, würzen und so lange rühren, bis eine cremige Masse entsteht.

- **Entbittern der Sojabohne:** Die Sojabohne enthält als Schutz für das Samenkorn unter der Samenhülle einen Bitterstoff, der die Funktion des Eiweiß abbauenden Ferments Trypsin hemmt. Dieser Bitterstoff soll vor jeder Verwendung unwirksam gemacht werden: Sojabohnen mit 70–80° C heißem Wasser übergießen, ca. 15 Minuten quellen lassen, abseihen und mit der **dreifachen** Wassermenge ca. 10–12 Stunden einweichen.

- Kalkhältiges Wassesr unbedingt vorher abkochen, da der Kalk das Quellen verzögert.
- Die Bohnen beim Kochen weder säuern noch salzen.
- Heiße Sojabohnen lassen sich leichter passieren als kalte.
- **Variationen:** anstelle von Zwiebel 1–2 EL Sesam oder geröstete fein gehackte Kürbiskerne – anstelle von Sonnenblumen- Kürbiskernöl – anstelle von Paprikapulver 2–4 EL frischen roten, gelben oder grünen fein gehackten Paprika oder frische Kräuter, Bärlauch fein gehackt verwenden.

SUPPEN UND SUPPENEINLAGEN

Suppen und Saucen mit einem möglichst selbst hergestellten Gemüsesud aufgießen.

1406. Gemüsesud

Bouillon aux légumes

kcal	kJ	K	E	F
26	107	4	2	0

- ❑ 2 l Wasser
- ❑ 0,10 kg Zwiebel
- ❑ 0,10 kg Porree
- ❑ 0,10 kg Petersilienwurzel
- ❑ 0,15 kg Zeller
- ❑ 0,15 kg Erdäpfel
- ❑ 2 Lorbeerblätter
- ❑ 10 Wacholderbeeren
- ❑ Petersilienstängel
- ❑ Zellergrün
- ❑ Liebstöckel
- ❑ Salz
- ❑ 2 EL Hefeflocken oder -pulver

Das gut gewaschene Gemüse in kleinfingerdicke Stücke schneiden, Wasser dazugeben und 25 Minuten langsam kochen. Petersilienstängel, Zellergrün, Liebstöckel und Salz beigeben, weitere 10 Minuten kochen, abseihen, abschmecken und mit Hefeflocken aufwerten.

1407. Zucchinisuppe
Potage aux courgettes

kcal	kJ	K	E	F
54	224	2	1	4

- ❏ 0,60 kg Zucchini
- ❏ 0,10 kg Zwiebel
- ❏ vegetarische Suppenwürze oder selbst hergestellter Gemüsesud
- ❏ 2 Knoblauchzehen
- ❏ 2 KL Kräuter frisch oder TK (Majoran, Basilikum)
- ❏ 0,05 kg Butter

Zwiebel, Zucchini und Knoblauchzehen grob schneiden, mit Gemüsesud bedecken, weich kochen, pürieren, auf 2 Liter Suppe ergänzen, aufkochen, mit Butter und gehackten Kräutern aufwerten.

1408. Grünkernsuppe
Bouillon aux grains de blé vert

kcal	kJ	K	E	F
103	432	12	4	4

- ❏ 0,10 kg Grünkernschrot
- ❏ 0,25 kg Suppengemüse
- ❏ 0,05 kg Zwiebel
- ❏ 0,02 kg Öl
- ❏ 0,30 kg Paradeiser
- ❏ Salz
- ❏ vegetarische Suppenwürze
- ❏ 1/8 l Sauerrahm
- ❏ 2 EL Kräuter (Schnittlauch, Petersilie)

Suppengemüse und Zwiebel fein schneiden und mit Grünkernschrot in Öl anrösten. Blanchierte geschnittene Paradeiser dazugeben, mit wenig Wasser aufgießen, würzen und 15–20 Minuten kochen. Auf insgesamt 2 Liter Suppe ergänzen, aufkochen, mit glatt gerührtem Sauerrahm und den fein gehackten Kräutern aufwerten.

- Anstelle der Suppenwürze kann auch selbst hergestellter Gemüsesud verwendet werden.

1409. Klare Suppe mit Hirseflocken
Bouillon aux flocons de millet

kcal	kJ	K	E	F
96	401	13	5	2

- ❏ 2 l Gemüsesud: (wie in Rezept Nr. 1406)
- ❏ 1 Bund Schnittlauch

Einlage:
- ❏ 3 Eier
- ❏ Tamari
- ❏ 0,05 kg Hirseflocken
- ❏ Salz

Gemüsesud: Zubereitung wie in Rezept Nr. 1406.

Einlage: Zutaten vermischen und 10 Minuten ziehen lassen. In die kochende Suppe mit der Schneerute einkochen, aufkochen und mit geschnittenem Schnittlauch aufwerten.

- Falls die Einlage zu fest ist, mit Wasser, Milch oder Eiklar verdünnen.

1410. Klare Suppe mit Vollreisnockerln
Bouillon au boulettes de riz complet

kcal	kJ	K	E	F
244	1020	24	7	12

- ❏ 2 l Gemüsesud *(wie in Rezept Nr. 1406)*
- ❏ 1 Bund Schnittlauch

Einlage:
- ❏ 0,10 kg Butter weich
- ❏ 5 Eier
- ❏ Salz
- ❏ Muskatnuss
- ❏ 0,20 kg Vollreis

Gemüsesud: Zubereitung wie in Rezept Nr. 1406.

Einlage: Reis fein mahlen und Eiklar steif schlagen. Butter und Eidotter flaumig rühren, würzen, den Schnee abwechselnd mit dem Reismehl unterziehen und 30 Minuten rasten lassen. Mit Kaffeelöffel Nokkerl in leicht wallendes Salzwasser einlegen und 15 Minuten ziehen lassen. Suppe mit Schnittlauch aufwerten.

- Falls die Masse zu weich ist, etwas Reismehl beifügen.

1411. Klare Suppe mit Maisgrießnockerln
Bouillon aux boulettes de semoule de mais

kcal	kJ	K	E	F
246	1029	24	8	12

wie in Rezept Nr. 1410
statt Vollreis:
- ❏ 0,20 kg Maisgrieß

Zubereitung wie in Rezept Nr. 1410.

1412. Klare Suppe mit Weizenvollkornnockerln
Bouillon aux boulettes de blé complet

kcal	kJ	K	E	F
233	973	20	8	12

wie in Rezept Nr. 1410
statt Vollreis:
- ❏ 0,18 kg Weizenvollkornmehl

Zubereitung wie in Rezept Nr. 1410.

1413. Klare Suppe mit Hirsenockerln
Bouillon aux boulettes de millet

kcal	kJ	K	E	F
255	1066	25	8	13

wie in Rezept Nr. 1410
statt Vollreis:
- ❏ 0,22 kg Hirseflocken oder Hirse fein gemahlen

Zubereitung wie in Rezept Nr. 1410.

Die Masse 60 Minuten rasten und 20 Minuten ziehen lassen.

1414. Klare Suppe mit Topfennockerln

Bouillon aux boulettes de fromage blanc

kcal	kJ	K	E	F
219	915	14	11	12

- ❑ 2 l Gemüsesud *(wie in Rezept Nr. 1406)*
- ❑ 1 Bund Schnittlauch

Einlage:

- ❑ 5 Eidotter
- ❑ 0,07 kg Butter weich
- ❑ 0,10 kg Reibkäse
- ❑ 0,25 kg Topfen
- ❑ Salz
- ❑ Muskatnuss
- ❑ 0,05 kg Weizenvollkornmehl

Gemüsesud: Zubereitung wie in Rezept Nr. 1406.

Einlage: Butter und Eidotter flaumig rühren, Käse und Topfen einmengen, würzen, das Mehl unterziehen, 30 Minuten kalt rasten lassen, Nockerl in die leicht wallende Suppe einlegen und 10 Minuten ziehen lassen. Suppe mit Schnittlauch servieren.

Variante: 0,50 kg Topfen mit 2 Eiern, 1 Bund Petersilie fein gehackt und 0,08 kg Dinkelmehl vermischen und mit Salz, Muskatnuss und Pfeffer würzen.

1415. Klare Suppe mit Tofuknöderln

Bouillon aux boulettes de tofou

kcal	kJ	K	E	F
107	447	12	6	3

- ❑ 2 l Gemüsesud *(wie in Rezept Nr. 1406)*
- ❑ 1 Bund Schnittlauch

Einlage:

- ❑ 0,10 kg Zwiebel
- ❑ 1 EL Öl
- ❑ 0,30 kg Tofu – Sojakäse
- ❑ 1 EL Sojasauce
- ❑ 1 KL scharfer Senf
- ❑ Ingwer
- ❑ 1 Ei
- ❑ 0,02 kg Dinkel gemahlen
- ❑ 0,02 kg Vollkornbrösel
- ❑ 1 Bund Petersilie

Gemüsesud: Zubereitung wie in Rezept 1406.

Einlage: Zwiebel fein hacken und im heißen Öl aufschäumen lassen. Tofu mit der Gabel fein zerdrücken, Petersilie hacken und mit allen Zutaten gut vermischen, würzen und nussgroße Knöderl formen. In leicht wallenden Gemüsesud einkochen, 5–10 Minuten ziehen lassen und mit Schnittlauch bestreut servieren.

HAUPTGERICHTE

1416. Maisauflauf mit Zucchini

Soufflé au mais aux courgettes

kcal	kJ	K	E	F
512	2142	48	13	27

- ❑ 10 Eier
- ❑ 0,60 l Schlagobers
- ❑ Salz
- ❑ Muskatnuss
- ❑ 0,20 kg Zucchini

Auflaufformen befetten, Rohr auf 200° C vorheizen, Zucchini kleinwürfelig schneiden und Eiklar steif schlagen. Schlagobers cremig schlagen, Eidotter, Zucchini, Gewürze, Kresse, Mais und Schnee unterziehen. Masse in die Formen füllen und ca. 45 Minuten backen.

- Kresse
- 0,60 kg Maisgrieß
- Butter zum Befetten

- Die Masse kann auch in Puddingformen in kochendem Wasserbad ca. 45 Minuten gegart werden.
- Für Vorspeisen (halbe Menge) können anstelle einer Puddingform auch Dariolformen gewählt werden. Diese im kochenden Wasserbad in einer Bratpfanne im Backrohr – unterste Schiene – bei 120° C ca. 20 Minuten garen.

1417. Champignonragout

Ragoût aux champignons

kcal	kJ	K	E	F
155	649	6	6	11

- 0,05 kg Öl
- 0,10 kg Zwiebel
- 1,50 kg Champignons
- 1 Zitrone
- 0,50 kg grüne Paprika
- 0,30 kg Paradeiser
- Salz
- 1/4 l Kaffeeobers
- 1 Bund Petersilie
- 1 Bund Schnittlauch

Paradeiser blanchieren, kleiner schneiden, Paprika julienne schneiden, Zwiebel fein hacken, Champignons blättrig schneiden und mit Zitronensaft vermischen. Zwiebel hell anrösten, Champignons, Paprika und Paradeiser beifügen. Kurz dünsten, mit Kaffeeobers aufgießen und so lange weiterdünsten, bis die Sauce sämig ist. Würzen und mit fein gehakkter Petersilie und Schnittlauch aufwerten.

1418. Grünkernlaibchen

Galettes de pépins verts

- 0,30 kg Grünkernschrot
- 0,02 kg Sojabohnen
- 3/4 l Wasser
- vegetarische Suppenwürze
- Salz
- Lorbeerblatt
- 0,05 kg Zwiebel
- Knoblauch
- Sojasauce
- Oregano
- 0,12 kg Topfen
- 0,05 kg Vollkornbrösel
- 0,30 kg Öl zum Ausbacken

Grünkern nicht zu fein schroten und Sojabohnen fein mahlen. Wasser zum Kochen bringen, mit den Gewürzen abschmecken, Grünkernschrot und Sojamehl einrühren und auf kleiner Flamme 10 Minuten quellen lassen. Fein gehackte Zwiebel und die restlichen Zutaten der überkühlten Masse beifügen und Brösel nach Bedarf dazugeben. Laibchen formen und in heißem Fett herausbacken.

- **Beigabe:** Schnittlauchrahm siehe Rezept Nr. 1398.
- **Grünkern** ist sehr früh geernteter Dinkel. Die Körner sind weich, saftig und die Stärke ist noch wenig ausgebildet.

1419. Hirselaibchen gratiniert
Galettes de millet gratinés

kcal	kJ	K	E	F
419	1753	35	16	22

- ❑ 0,40 kg Hirse
- ❑ 0,80 l Gemüsesud
- ❑ 0,05 kg Butter
- ❑ Basilikum
- ❑ Kerbel
- ❑ Majoran
- ❑ Salz

- ❑ 0,05 kg Öl
- ❑ 0,10 kg Zwiebel
- ❑ Knoblauch
- ❑ 0,25 kg Topfen
- ❑ 0,10 kg Emmentaler
- ❑ 1 Bund Schnittlauch
- ❑ 1 Bund Petersilie
- ❑ 1/4 l Kaffeeobers

- ❑ 1/4 l Sauerrahm
- ❑ Salz

Hirse mit heißem Wasser abspülen, mit Gemüsesud aufgießen, aufkochen, Butter und Gewürze beifügen und 20 Minuten auf kleinster Stufe ausdünsten lassen. Zwiebel fein hacken, anrösten, Blech befetten, Rohr auf 220° C vorheizen, Kräuter fein hacken und Käse reiben. Alle Zutaten zur Hirsemasse geben, vermischen, sehr gut würzen, Laibchen formen, auf ein beöltes Blech legen, mit gewürztem Sauerrahm überziehen und im Rohr 15–20 Minuten überbacken.

- Anstelle von Sauerrahm können die Laibchen mit Paradeis- und Käsescheiben belegt und überbacken werden.
- **Beigabe:** Schnittlauchrahm siehe Rezept Nr. 1398.

1420. Dinkellaibchen
Galettes d'épeautre

- ❑ 0,40 kg Dinkel
- ❑ 1 l Wasser
- ❑ Suppenwürze
- ❑ 4 Eier
- ❑ 0,25 kg Emmentaler oder Goudakäse
- ❑ 0,10 kg Zwiebel
- ❑ 0,05 kg Öl
- ❑ 3 Knoblauchzehen
- ❑ 1 Bund Petersilie
- ❑ einige Tropfen Tabascosauce
- ❑ Muskatnuss
- ❑ Salz
- ❑ Pfeffer

- ❑ 0,10 kg Brösel zum Formen

- ❑ 0,20 kg Öl zum Ausbacken

Dinkel grob mahlen, mit gut gewürztem Wasser oder Gemüsefond aufsetzen, unter Rühren zum Kochen bringen und bei geringer Hitze 20–30 Minuten quellen lassen. Käse grob reiben, Petersilie und Zwiebel fein hacken. Zwiebel hell anrösten. Eier, Käse und die restlichen Zutaten in die überkühlte Masse mischen und pikant abschmecken. Falls die Masse zu weich ist, mit Bröseln festigen, Laibchen formen und in Bröseln wälzen. Öl erhitzen und die Laibchen langsam herausbacken.

- **Dinkelauflauf:** In diese Masse zusätzlich 8 Eidotter einrühren und aus dem Eiklar steifen Schnee schlagen. In die Grundmasse einheben und in befetteter Auflaufform bei 200° C ca. 30 Minuten backen.
- **Beigabe:** Schnittlauchrahm siehe Rezept Nr. 1398.

1421. Buchweizenlaibchen mit Gemüse

Palets de sarrasin aux légumes

- ❑ ¼ l Wasser
- ❑ 0,25 kg Buchweizen im Ganzen
- ❑ 0,20 kg Porree
- ❑ 0,60 kg Karotten
- ❑ 0,20 kg Reibkäse
- ❑ Salz
- ❑ Pfeffer
- ❑ Majoran
- ❑ 2 EL Sojasauce
- ❑ 2 EL TK-Kräuter oder frische
- ❑ 5 Eier
- ❑ 0,25 kg Brösel
- ❑ 0,10 kg Brösel oder Sesam oder Weizenkleie zum Wälzen
- ❑ 0,20 kg Öl zum Herausbacken

Wasser erhitzen, salzen, Buchweizen ungemahlen zugeben und so lange bei geringer Hitze rühren, bis die Flüssigkeit verkocht ist. Karotten fein reißen, Lauch fein schneiden, mit dem ausgekühlten Buchweizen und den restlichen Zutaten vermischen und pikant abschmecken. 10–15 Minuten ziehen lassen. Falls die Masse zu weich ist, mit Bröseln festigen, Laibchen formen, in Bröseln oder Sesam oder Weizenkleie wälzen. Öl erhitzen und die Laibchen herausbacken.

- **Beigabe:** Joghurtkräutersauce oder Schnittlauchrahm siehe Nr. 1398, Cocktailtomaten und Kresse oder Krauspetersilie als Garnierung.

1422. Tofukäselaibchen mit Sesamkruste

Galettes au tofou et au fromage gratinées au sésame

- ❑ 0,75 kg Tofu-Sojakäse
- ❑ 2 Eidotter
- ❑ 0,10 kg Emmentaler
- ❑ Salz
- ❑ Pfeffer
- ❑ 2 Knoblauchzehen
- ❑ 1 Bund Petersilie
- ❑ Sojasauce
- ❑ 0,15 kg Zwiebel
- ❑ 0,10 kg Sesam zum Wälzen
- ❑ 0,20 kg Öl zum Herausbacken

Käse reiben, Zwiebel und Petersilie fein hacken, Tofu entweder mit der Gabel zerdrücken oder pürieren, mit allen Zutaten zu einer geschmeidigen Masse kneten und gut gewürzt zu Laibchen formen.

In Sesam wälzen und in heißem Öl beidseitig goldbraun herausbraten.

- **Tofu-Laibchen**: 1 kg Tofu-Sojakäse, 0,20 kg fein gehackte Zwiebel, Salz, 1–2 EL Sojasauce würzen, mit 0,25 kg Brösel festigen und mit 2 EL Kräutern aufwerten. Falls die Masse zu weich ist, Brösel dazugeben.
- **Beigabe:** Schnittlauchrahm siehe Rezept Nr. 1398.

1423. Gemüseschnitten
Tranches aux légumes

kcal	kJ	K	E	F
259	1084	16	11	15

- ❏ 0,10 kg Zwiebel
- ❏ 0,05 kg Öl
- ❏ 0,40 kg Erdäpfel
- ❏ 0,40 kg Karotten
- ❏ 0,40 kg Zeller
- ❏ 0,25 kg Zucchini
- ❏ Salz
- ❏ Knoblauch
- ❏ 4 Eier
- ❏ 0,05 kg Vollkornbrösel
- ❏ 1 Bund Petersilie
- ❏ 0,25 kg Topfen
- ❏ 0,10 kg Emmentaler zum Bestreuen
- ❏ Öl zum Befetten

Zwiebel fein hacken und anrösten, Gemüse grob reißen, Karotten und Zeller kernig kochen und Petersilie fein hacken. Topfen und Eier glatt rühren, würzen, mit den übrigen Zutaten vermischen und Masse 10 Minuten ziehen lassen. Rohr auf 200° C vorheizen und große rechteckige Pfanne oder tiefes Blech befetten. Masse fingerdick aufstreichen, mit Käse bestreuen und 20–30 Minuten backen.

1424. Vegetarierlaibchen mit Soja
Galettes végétariennes au soja

- ❏ 0,30 kg Sojagranulat
- ❏ 0,30 l Gemüsesud
- ❏ 0,25 kg Wurzelwerk
- ❏ 0,04 kg Sojamehl
- ❏ 0,20 kg Zwiebel
- ❏ 0,05 kg Öl
- ❏ Knoblauch
- ❏ 0,25 kg Topfen
- ❏ 2 Eier
- ❏ Majoran
- ❏ Basilikum
- ❏ 1 Bund Petersilie
- ❏ 1 EL Hefeflocken
- ❏ 0,05 kg Vollkornbrösel
- ❏ 0,20 kg Öl zum Ausbacken
- ❏ 0,15 kg Paradeiser

Sojawürfel mit lauwarmem Gemüsesud 15 Minuten quellen lassen. Zwiebel fein hacken, Wurzelwerk fein reißen und gemeinsam anrösten. Petersilie fein hacken und alle Zutaten vermischen, gut würzen und je nach Festigkeit Sojamehl und Brösel beifügen. Laibchen formen und in Öl langsam hellbraun backen. Mit Paradeisscheiben garniert servieren.

- Man kann auch fingerdicke Schnitzel formen und auf gut befettetem Blech bei 200° C im Rohr ca. 15–20 Minuten backen.
- **Beigabe:** Schnittlauchrahm siehe Rezept Nr. 1398

1425. Sojabohnenlaibchen
Palets au soja

kcal	kJ	K	E	F
164	687	12	7	9

- ❑ 0,40 kg Sojabohnen
- ❑ 1/4 l Wasser = Bohnenkochwasser
- ❑ 1/2 Zitrone
- ❑ 2–3 EL Sojasauce
- ❑ Salz
- ❑ 2 EL TK-Kräuter
- ❑ 0,06 kg Dinkelkörner gemahlen
- ❑ 0,06 kg Haferflocken
- ❑ 0,06 kg Öl zum Herausbacken

Sojabohnen entbittern, mit dreifacher Wassermenge einweichen, sehr weich kochen, abseihen und mit den übrigen Zutaten vermischen. So viel gemahlenen Dinkel und Haferflocken dazu geben, dass sich eine formbare Masse bildet und 10 Minuten ziehen lassen. Rohr auf 200° C vorheizen. Laibchen formen, auf ein gut befettetes Blech legen und 10 Minuten im Rohr braten, umdrehen und noch ca. 10 Minuten fertig garen.

Beilage: Salat, Joghurtkräuter-, Schnittlauchsauce. Siehe Rezept Nr. 1398.

- Die Laibchen können auch in heißem Fett schwimmend herausgebacken werden.
- Vorbereiten der Sojabohnen siehe Rezept Nr. 1405.

1426. Bunter Sojabohnenreis
Riz soja mutlicolore

kcal	kJ	K	E	F
248	1040	31	8	9

- ❑ 0,40 kg Sojabohnen
- ❑ Lorbeerblatt
- ❑ 0,03 kg Öl
- ❑ 1 KL Zucker
- ❑ 0,50 kg Karotten
- ❑ 0,20 kg grüner Paprika
- ❑ 0,20 kg roter Paprika
- ❑ Salz
- ❑ Oregano
- ❑ Basilikum
- ❑ 0,03 kg Öl
- ❑ 0,30 kg Reis
- ❑ 0,60 Liter Wasser
- ❑ Salz
- ❑ 1 Bund Petersilie oder TK-Kräuter

Sojabohnen entbittern, mit 3-facher Wassermenge einweichen und weichkochen.

Reis je nach Reissorte mit 1 1/2- bis 2-facher Flüssigkeit dünsten. Karotten in 1 cm große Würfel schneiden, Zwiebel fein hacken und Paprika julienne schneiden. Zwiebel glasig anrösten, Zucker und Karotten beifügen, mit wenig Wasser kernig dünsten, Paprika und die Gewürze hinzufügen und fertig garen.

Zuletzt das Gemüse mit dem Reis, den Bohnen und der fein gehackten Petersilie vermischen.

- Vorbereiten von Sojabohnen siehe Rezept Nr. 1405.
- Anstelle von Petersilie 0,05 kg fein gehackten Bärlauch oder blanchierte, fein gehackte Brennessel verwenden.

1427. Reisschnitten überbacken
Galettes de riz gratinées

kcal	kJ	K	E	F
349	1461	38	10	16

- ❑ 0,50 kg Vollreis
- ❑ 1 l Wasser
- ❑ 0,10 kg Butter
- ❑ 0,20 kg Zwiebel
- ❑ Knoblauch
- ❑ Salz
- ❑ 2 Eier
- ❑ 4 EL Kräuter (Petersilie, Basilikum, Schnittlauch)
- ❑ 0,20 kg Scheiblettenkäse (pro Person 1 Blatt)
- ❑ Öl zum Befetten

Zwiebel fein hacken, hell anrösten, zerdrückten Knoblauch, Reis, Wasser und Salz beifügen, aufkochen, ca. 40 Minuten weich dünsten und überkühlen lassen. Ei und sehr fein gehackte Kräuter darunter mischen. Die Masse auf ein nasses Blech ca. 1 cm dick aufstreichen, kalt stellen und Rohr auf 220° C vorheizen. Blech befetten, Reismasse in Schnitten teilen, aufs Blech legen, mit einer Scheibe Käse belegen und überbacken.

1428. Getreideflockenröllchen
Rouleaux aux flocons de céréales

- ❑ $1\frac{1}{2}$ l Gemüsesud
- ❑ 0,50 kg Weizenflocken
- ❑ 0,02 kg Butter
- ❑ 0,02 kg Öl
- ❑ 0,20 kg Zwiebel
- ❑ 0,20 kg Champignons
- ❑ 1 Bund Petersilie
- ❑ 2 Eier

Panier:
- ❑ 2 Eier
- ❑ 0,20 kg Weizenflocken
- ❑ 0,30 kg Öl zum Ausbacken

Weizenflocken in den kochenden Gemüsesud einrühren, Masse eindicken, Butter hinzufügen und auskühlen lassen. Zwiebel und Champignons fein hacken. Zwiebel in Öl aufschäumen und Pilze kurz mitrösten. Petersilie fein hacken, mit allen Zutaten vermischen, würzen, Röllchen formen, in Ei und Weizenflocken panieren und in heißem Öl herausbacken.

- Die Röllchen können auch ohne Panier in Fett herausgebacken werden.
- Anstelle von Gemüsesud kann vegetarische Suppenwürze, in Wasser gelöst, verwendet werden.

1429. Zucchini-Maisgratin
Gratin de courgettes et de mais

kcal	kJ	K	E	F
343	1436	32	14	15

- ❑ 0,40 kg Maisgrieß
- ❑ 2 l Wasser
- ❑ 0,03 kg Butter
- ❑ Kräutersalz
- ❑ 4 Eier
- ❑ 2 KL Curry

Belag:
- ❑ 0,60 kg Zucchini
- ❑ 0,03 kg Butter
- ❑ 0,30 kg Gouda
- ❑ 1 EL TK-Kräuter

Maisgrieß in kochendes, gut gewürztes Wasser einrühren, 5 Minuten kochen und 30 Minuten ausdünsten lassen. Es muss ein dicker Brei entstehen. Rohr auf 200° C vorheizen. Zucchini ungeschält in ½ cm dicke Scheiben schneiden. In die überkühlte Masse Eier und Curry einrühren, 2 cm hoch in befettete Gratinierformen streichen, mit Zucchinischeiben dachziegelartig belegen und mit Butter betropfen. Auf die unterste Schiene des Backrohres stellen und ca. 30 Minuten backen.

Käse reiben, mit Kräutern vermischen, auf den fertig gebackenen Auflauf streuen und gratinieren.

1430. Spinattaschen
Chaussons aux épinards

kcal	kJ	K	E	F
343	1436	23	12	21

Mürbteig – Pastetenteig:
- ❑ 0,35 kg Weizenvollkornmehl
- ❑ 0,12 kg Butter
- ❑ 1 Msp. Backpulver
- ❑ Salz
- ❑ kaltes Wasser nach Bedarf

Fülle:
- ❑ 0,05 kg Zwiebel
- ❑ 0,02 kg Butter
- ❑ 0,30 kg TK-Blattspinat
- ❑ Salz
- ❑ Pfeffer
- ❑ Muskatnuss
- ❑ Knoblauch
- ❑ 0,25 kg Schafkäse
- ❑ 1 Ei

- ❑ 1 Ei zum Bestreichen
- ❑ 0,03 kg Sesam zum Bestreuen
- ❑ Butter zum Befetten

Einen Pastetenteig herstellen (Zubereitung siehe Rezept Nr. 1294), 30 Minuten kalt rasten lassen und Rohr auf 200° C vorheizen. Aus dem Teig Scheiben oder Quadrate in beliebiger Größe ausstechen bzw. radeln, mit Fülle belegen, Ränder mit Ei bestreichen, zusammenklappen, nochmals mit Ei bestreichen und mit Sesam bestreuen. Auf befettetem Blech goldgelb backen.

Fülle: Zwiebel fein hacken, hell anrösten, Blattspinat dazugeben, würzen und nur kurz dünsten. Ausgekühlt mit zerdrücktem Käse und Ei vermischen.

1431. Zucchini-Torte (Tarte)

Quiches aux courgettes

kcal	kJ	K	E	F
412	1727	20	9	31

Mürbteig:
(Quicheform, 30 cm ∅)
- ❑ 0,20 kg Roggenvollkornmehl
- ❑ 0,10 kg Roggenschrot
- ❑ 0,20 kg Butter
- ❑ 2 Eidotter
- ❑ Salz
- ❑ kaltes Wasser nach Bedarf
- ❑ Butter und Sesam für die Form

Belag:
- ❑ 0,60 kg Zucchini klein
- ❑ 1 Bund Petersilie
- ❑ 1 Bund Schnittlauch
- ❑ Kresse
- ❑ 0,02 kg Öl
- ❑ Salz
- ❑ Pfeffer
- ❑ Knoblauch

Überguss:
- ❑ 4 Eier
- ❑ 0,20 l Crème fraîche
- ❑ 0,03 kg Leinsamen
- ❑ Salz
- ❑ Pfeffer

Einen Pastetenteig herstellen (Zubereitung siehe Rezept Nr. 1294) und 30 Minuten rasten lassen. Tarteform bebuttern und mit Sesam bestreuen. Teig ausrollen, Form damit auslegen, überschüssigen Teig am Rand wegschneiden, Teigreste zusammenkneten und kalt stellen. Teigboden mit Backtrennpapier belegen, mit Linsen zum Blindbacken füllen. Bei 200° C in der Mitte des Rohres 10 Minuten vorbacken, Linsen entfernen und mit vorbereiteten Zucchinischeiben fächerförmig belegen. Teigreste zu einer Rolle formen und um den Rand der Form legen, festdrücken, die Zucchinischeiben mit Überguss bedecken und ca. 25–30 Minuten fertig backen. Im ausgeschalteten, geöffneten Backrohr 5 Minuten ruhen lassen, portionieren und servieren.

Belag: Zucchini ungeschält, in gesalzenem Wasser 5 Minuten blanchieren, Stielansatz entfernen und längs in 1/2 cm dicke Scheiben schneiden. Kräuter fein hacken, mit Öl, dem Knoblauch und den Gewürzen vermischen und die Zucchinischeiben damit einstreichen.

Überguss: Eier, Crème fraîche, Leinsamen versprudeln und würzen.

- Dazu passt eine mit Knoblauch gewürzte Joghurtsauce.

1432. Champignon-Vollkornomelette

Omelette de blé complète aux champignons

kcal	kJ	K	E	F
339	1420	28	13	17

Omelettenteig:
- ❑ 0,35 kg Weizenvollkornmehl
- ❑ 6 Eidotter
- ❑ Salz
- ❑ 3/4 l Milch
- ❑ 3 EL Wasser
- ❑ 6 Eiklar

Omelettenteig: Mehl, Milch, Salz, Eidotter glatt rühren und den Teig 30 Minuten quellen lassen. Eiklar steif schlagen, nach Bedarf Wasser und Schnee unterziehen. Daraus kleine Omeletten backen, füllen und zusammenklappen.

- 0,05 kg Öl zum Ausbacken

Fülle:

- 0,90 kg Champignons
- 1 Zitrone
- 0,06 kg Butter
- 0,10 kg Zwiebel
- Salz
- 2 Bund Petersilie

Fülle: Champignons blättrig schneiden, mit Zitronensaft mischen, Zwiebel fein hacken, in Butter hell anrösten, Champignons beifügen und dünsten lassen. Würzen und fein gehackte Petersilie darunter mischen.

1433. Heidensterz („Hadnsterz")
Plat de paysans

kcal	kJ	K	E	F
183	764	27	5	5

- 0,40 kg Buchweizen gemahlen = Heidenmehl
- ½ l Wasser
- 1 KL Salz
- 0,05 kg Butter oder Grammelschmalz

Heidenmehl so lange linden (trocken rösten), bis die Feuchtigkeit verdunstet ist. Mehl in kochendes Salzwasser schütten, kurz aufkochen, mit der Gabel auflockern und bei geringer Hitze 15 Minuten ausdünsten lassen. Mit zerlassener Butter abschmalzen.

- Zu Kaffee, saurer Milch oder als Suppeneinlage geben.

1434. Vollreis
Riz complet

kcal	kJ	K	E	F
242	1016	37	4	8

- 0,05 kg Öl
- 0,10 kg Zwiebel
- 0,50 kg Vollreis
- 1 l Wasser oder Gemüsesud
- Salz
- Lorbeerblatt
- Gewürznelken
- 0,02 kg Butter

Zwiebel fein hacken, hell anrösten, Reis und Wasser beifügen, würzen, aufkochen und im Rohr bei 160° C zugedeckt ca. 50 Minuten ausdünsten lassen. Zuletzt mit Butter verbessern.

- Der Reis kann ca. 3 Stunden eingeweicht werden – er wird dadurch saftiger, geschmacklich besser, und die Garzeit wird kürzer.

1435. Hirseauflauf
Soufflé au millet

kcal	kJ	K	E	F
647	2714	70	17	30

- 0,50 kg Hirse
- 1½ l Milch
- Salz
- 6 Eier
- 0,12 kg Butter weich
- 0,15 kg Honig

Hirse heiß abspülen, mit Milch und Salz aufkochen, 20 Minuten bei schwacher Hitze ausdünsten und überkühlen lassen. Auflaufformen befetten, Rohr auf 200° C vorheizen und Eiklar mit der halben Honigmenge steif schlagen. Butter, Eidotter und restlichen Honig schaumig rühren, unter die Hirsemasse mischen und zuletzt den Schnee unterziehen. Die halbe Hirse-

Fülle:
- ❑ 1 kg Äpfel
- ❑ 1 Zitrone
- ❑ 0,10 kg Nüsse
- ❑ 0,10 kg Rosinen
- ❑ 0,05 kg Butter zum Befetten und Beträufeln

masse in die Formen einfüllen, mit Apfelmasse belegen und mit der restlichen Hirsemasse bedecken. Mit zerlassener Butter beträufelt 50–60 Minuten backen.

Fülle: Äpfel schälen, blättrig schneiden, mit Zitronensaft, Rosinen und geriebenen Nüssen vermengen.

- Anstelle der Apfelfülle können 1 1/2 kg Marillen oder Kirschen, Zwetschken verwendet werden.

1436. Mohnnudeln aus Topfenteig
Nouilles de pâte au fromage blanc au pavot

kcal	kJ	K	E	F
488	2044	40	17	26

- ❑ 0,40 kg Weizenvollkornmehl
- ❑ 0,60 kg Topfen
- ❑ 0,02 kg Sojamehl
- ❑ 1 EL Öl
- ❑ Salz
- ❑ 0,08 kg Butter
- ❑ 0,12 kg Honig
- ❑ 0,25 kg Mohn gerieben

Mehl, Topfen, Sojamehl, Salz und Öl zu einem Teig zusammenarbeiten, in Sichtfolie einschlagen und 30 Minuten rasten lassen. Teig zu Rollen formen, 1 cm dicke Stücke abschneiden, zu Nudeln drehen. Partienweise vorsichtig in kochendem Salzwasser gar ziehen lassen und abseihen. In einer Pfanne Butter und Honig zergehen lassen, partienweise Nudeln darin schwenken und mit Mohn bestreuen.

NACHSPEISEN – DESSERTS

1437. Sojabohnen-Polenta-Auflauf mit Äpfel
Soufflé soja semoule de mais aux pommes

kcal	kJ	K	E	F
386	1618	66	8	9

- ❑ 0,80 kg Äpfel
- ❑ 0,30 kg Sojabohnen = ca. 0,60 kg eingeweicht
- ❑ 1 l Wasser
- ❑ 0,06 kg Öl
- ❑ 2 KL Salz
- ❑ 0,40 kg Maisgrieß
- ❑ 0,10 kg Rosinen
- ❑ 0,20 kg Honig
- ❑ 2 P. Vanillezucker
- ❑ Zimt
- ❑ Öl zum Befetten

Sojabohnen entbittern und einweichen. Rohr auf 150° C vorheizen, Äpfel schälen, grob reißen, Sojabohnen ungekocht mit Wasser, Öl und Salz im Standmixer pürieren, mit den Äpfeln und den übrigen Zutaten vermischen. Die Masse in befettete Auflaufformen 3–4 cm hoch einfüllen und ca. 1 Stunde backen – Nadelprobe.

- Vorbereiten der Sojabohnen siehe Rezept Nr. 1405.
- Anstelle von Maisgrieß kann Vollwertgrieß verwendet werden.
- Man kann die Masse ca. 1 cm hoch in vorbereitete Auflaufformen füllen, mit Kirschen oder Marillenhälften belegen und mit der restlichen Masse bedecken.

1438. Zwetschkenkuchen
Gâteau aux prunes

kcal	kJ	K	E	F
365	1528	30	10	17

Topfenmürbteig:
- ❑ 0,35 kg Weizenvollkornmehl
- ❑ 0,10 kg Butter
- ❑ Salz
- ❑ 0,15 kg Topfen
- ❑ 2–3 EL Wasser

- ❑ Butter zum Befetten

Fülle:
- ❑ 0,10 kg Topfen
- ❑ 1/2 Zitrone
- ❑ 0,10 kg Datteln
- ❑ 0,05 kg Nüsse
- ❑ 0,15 kg Äpfel
- ❑ 1/2 KL Zimt

Belag:
- ❑ 0,50 kg Zwetschken
- ❑ 0,05 kg Nüsse

Teig: Mehl und Butter abbröseln, mit den restlichen Zutaten verkneten, in Sichtfolie einschlagen und 30 Minuten rasten lassen.

Tortenform (24 cm Durchmesser) befetten, mit dem Teig auskleiden und den Rand 2–3 cm hochziehen. Teig mit Fülle bestreichen, mit Zwetschken belegen, mit Nüssen bestreuen und auf unterer Schiene bei 170° C backen. Ausgekühlt erst aus der Form nehmen.

Belag: Zwetschken halbieren und entkernen, Nüsse grob reiben.

Fülle: Datteln fein schneiden, Nüsse reiben und Äpfel grob reißen. Alle Zutaten vermengen, mit Zitronensaft und Zimtpulver abschmecken.

- Anstelle von Zwetschken können kleine Äpfel verwendet werden. Äpfel schälen, halbieren und die Wölbung leicht einschneiden.

1439. Schokolade-Nusskuchen
Gâteau au chocolat

kcal	kJ	K	E	F
247	1036	17	9	15

- ❑ 5 Eier
- ❑ 0,06 kg Honig
- ❑ 2 EL Kakaopulver
- ❑ 1 KL Lebkuchengewürz
- ❑ 0,15 kg Walnüsse
- ❑ 0,15 kg Weizenvollkornmehl
- ❑ 1/16 l Wasser nach Bedarf

- ❑ Butter und Mandelplättchen für die Form

Kastenform befetten und mit Mandelplättchen ausstreuen. Eidotter mit Honig sehr gut schaumig rühren, Eiklar steif schlagen und abwechselnd mit den vermischten trockenen Zutaten und Wasser in die Grundmasse einmelieren. In die Form füllen, ins kalte Rohr stellen und bei 170–180° C backen.

- Die Masse kann auch auf ein Blech gestrichen und mit Früchten belegt oder in eine Tortenform gefüllt werden.

1440. Karotten-Walnussschnitten
Tranches de carottes et de noix

kcal	kJ	K	E	F
346	1447	35	10	16

- ❑ 5 Eidotter
- ❑ 0,20 kg Honig
- ❑ 2 EL Rum

Blech vorbereiten, Rohr auf 180° C vorheizen, Karotten fein reißen und Nüsse reiben. Eidotter und Honig sehr gut schaumig rühren und Eiklar steif

- ❑ 0,25 kg Karotten
- ❑ 0,25 kg Walnüsse
- ❑ 5 Eiklar
- ❑ 0,10 kg Dinkel gemahlen
- ❑ 1 KL Backpulver
- ❑ 0,25 kg Orange zum Betropfen
- ❑ 0,10 kg Marillenmarmelade zum Bestreichen
- ❑ Butter und Mehl griffig für das Blech

schlagen. Die trockenen Zutaten vermischen, mit dem Schnee, dem Rum und den Karotten in die Grundmasse unterheben, auf das Blech streichen und backen.

Erkaltet die halbe Masse mit Orangensaft betropfen und mit Marmelade bestreichen. Zusammensetzen und in Schnitten teilen.

- Die Masse kann auch in eine Tortenform gefüllt werden.

1441. Biskuitrolle
Biscuit roulé

kcal	kJ	K	E	F
215	899	15	6	13

- ❑ 5 Eidotter
- ❑ 0,05 kg Honig
- ❑ 5 Eiklar
- ❑ 0,03 kg Honig
- ❑ 0,10 kg Weizenvollkornmehl
- ❑ 0,02 kg Weizenkeime
- ❑ 1 EL Sonnenblumenöl

Fülle:
- ❑ 1/4 l Schlagobers
- ❑ 0,03 kg Weizenkeime oder Nüsse
- ❑ Butter zum Befetten

Rohr auf 220° C vorheizen und Papier befetten. Eidotter mit Honig schaumig rühren, Eiklar mit Honig sehr steif schlagen, Mehl mit Weizenkeimen vermengen und abwechselnd mit dem Schnee unter die Dottermasse ziehen und Öl einmelieren. Masse aufstreichen, backen, auf ein leicht bemehltes Geschirrtuch stürzen, vom Papier lösen, einrollen (siehe Skizze Nr. 1442) und erkalten lassen. Biskuit ausrollen, mit steif geschlagenem Obers füllen, mit Weizenkeimen bestreuen und einrollen.

- Zum Bemehlen des Geschirrtuches griffiges Mehl verwenden.

1442. Buchweizenrolle
Rouleau au sarrasin

kcal	kJ	K	E	F
306	1281	27	6	18

- ❑ 4 Eier
- ❑ 0,13 kg Honig
- ❑ 0,05 kg Buchweizen gemahlen
- ❑ 0,02 kg Schokolade

Fülle:
- ❑ 1/4 l Schlagobers
- ❑ 0,05 kg Schokolade
- ❑ 0,10 kg Marillenmarmelade zum Bestreichen

Backblech mit Backtrennpapier auslegen, mit Butter sehr gut befetten, Rohr auf 220° C vorheizen und Schokolade reiben. Eidotter mit einem Drittel des Honigs sehr gut schaumig rühren und Eiklar mit dem restlichen Honig sehr steif schlagen. In den Schnee die Dottermasse und die restlichen Zutaten einheben, auf das Blech streichen und ca. 10 Minuten backen. Mit dem Papier vom Blech ziehen, auskühlen lassen, Biskuitmasse umdrehen, Papier abziehen, mit Fülle bestreichen, einrollen, mit heißer Marmelade bestreichen, in Mandelplättchen wälzen und in Stücke schneiden.

- ❑ 0,10 kg Mandelplättchen zum Wälzen
- ❑ Butter zum Befetten

Fülle: Schlagobers leicht schlagen und geriebene Schokolade einheben.

- Die Roulade lässt sich leichter mit Papier und Lineal einrollen. Das Papier mit Hilfe des Lineals fest anziehen.

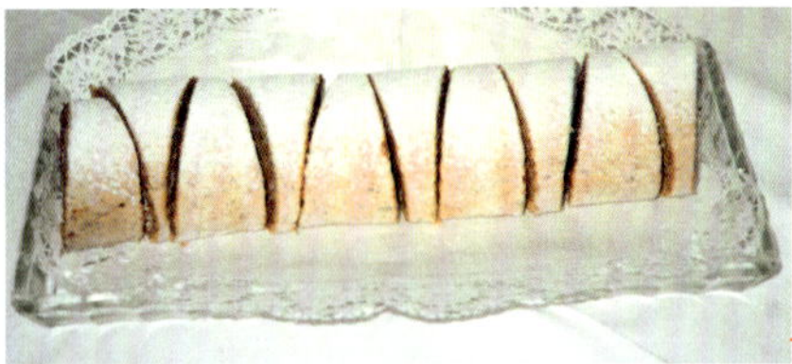

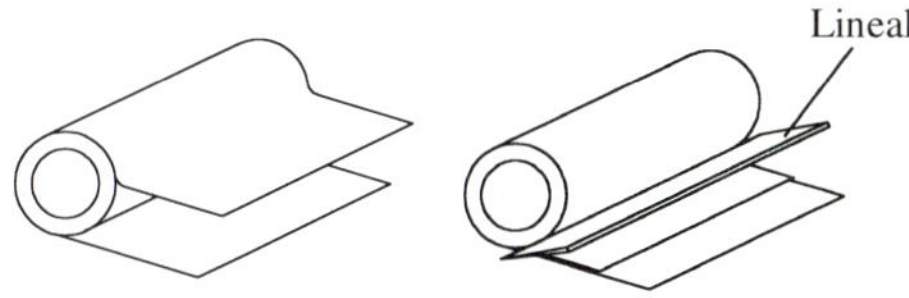

Biskuitrolle einmal anders geschnitten

1443. Brandteigkrapferl mit Kürbiskerncreme
Profiteroles à la crème de pépins de citrouille

kcal	kJ	K	E	F
270	1132	19	7	18

Brandteig:
- ❑ ¼ l Wasser
- ❑ 0,06 kg Butter
- ❑ Salz
- ❑ 0,16 kg Weizenvollkornmehl
- ❑ 4 Eier

Fülle:
- ❑ ¼ l Schlagobers
- ❑ 0,05 kg Kürbiskerne
- ❑ 0,10 kg Ahornsirup

Brandteig zu einer spritzfähigen Masse herstellen, 30 Minuten rasten lassen, Krapferl auf leicht befettetes Blech spritzen und bei 220° C abfallend ca. 30 Minuten backen. Erkaltet durchschneiden, füllen und knapp vor dem Service mit Sirup übergießen.

Fülle: Schlagobers steif schlagen und mit gehackten Kürbiskernen vermischen.

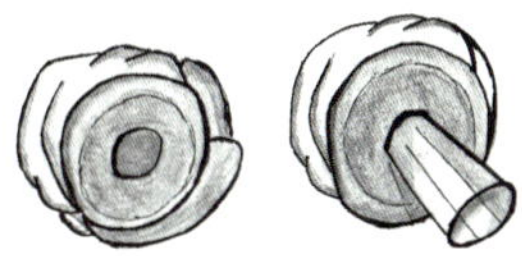

Brandteig einmal anders füllen

1444. Mohnstrudel
Stroudel au pavot

kcal	kJ	K	E	F
594	2487	50	17	33

Germteig:
- ❑ 0,50 kg Weizenvollkornmehl
- ❑ 0,03 kg Germ
- ❑ ¼ l Milch
- ❑ 0,10 Butter
- ❑ 0,05 kg Honig
- ❑ Salz
- ❑ 2 Eier
- ❑ 0,10 kg Topfen

Germteig (indirekte Führung): Ein Dampfel zubereiten, Zutaten leicht erwärmen, und mit Mehl und Dampfel zu einem nicht zu weichen Teig verrühren und diesen so lange abschlagen, bis er seidig glatt ist und sich von der Schüssel löst. 60 Minuten mit feuchtem Tuch oder Sichtfolie bedeckt warm gehen lassen. Den gegangenen Teig rechteckig ausrollen, mit Fülle bestreichen, einrollen, aufs befettete Blech legen und nochmals gehen lassen. Rohr auf 180° C vorheizen. Strudel in der Mitte mehrmals anstechen

Fülle:
- ❑ 0,25 kg Mohn gerieben
- ❑ ¼ l Milch
- ❑ 0,05 kg Honig
- ❑ 2 EL Rum
- ❑ 0,10 kg Nüsse
- ❑ 0,05 kg Rosinen
- ❑ Zimt

- ❑ 0,05 kg Butter zum Bestreichen

und backen. Nach 20 Minuten mit zerlassener Butter einige Male bestreichen und fertig backen.

Fülle: Nüsse reiben, Mohn in der Milch weich kochen und mit den anderen Zutaten vermischen.

● Es ist vorteilhaft, aus dieser Masse 2 Strudel zu formen.

1445. Mohn-Apfeltorte
Gâteau au pavot et aux pommes

kcal	kJ	K	E	F
349	1462	27	9	20

- ❑ 0,60 kg Äpfel
- ❑ 6 Eidotter
- ❑ 0,08 kg Honig
- ❑ 1 P. Vanillezucker
- ❑ Zimtpulver
- ❑ Zitronenschale (ungespritzt)

- ❑ 0,15 kg Mohn
- ❑ 0,15 kg Haselnüsse gerieben
- ❑ 0,05 kg Dinkelkörner gemahlen
- ❑ 4 cl Apfelschnaps – Calvados

- ❑ 6 Eiklar
- ❑ 0,08 kg Honig
- ❑ Prise Salz

- ❑ Butter für die Form

Tortenform mit 24 cm Durchmesser vorbereiten und Rohr auf 170° C vorheizen.
Äpfel schälen, entweder in ½ cm große Würfel schneiden oder grob reißen. Eidotter mit Honig, Vanillezucker, Zimtpulver und Zitronenschale schaumig rühren, Eiklar mit Honig und Salz steif schlagen. In den steif geschlagenen Schnee die Dottermasse unterziehen, die trockenen Zutaten und die Äpfel einheben und mit Calvados verfeinern. In die Form füllen, auf der unteren Schiene im Rohr ca. 60 Minuten backen. Ausgekühlt portionieren und bezuckern.

● Die Masse kann in befettete Dariolformen gefüllt werden und im Rohr im leicht wallenden Wasserbad bei 160° C gegart werden.

Beigabe: Weichselsauce siehe Rezept Nr. 1243.

1446. Sesambusserl
Bises au sésame

kcal	kJ	K	E	F
375	1571	38	7	20

- ❑ 0,15 kg Butter weich
- ❑ 0,15 kg Honig
- ❑ 1 Ei
- ❑ 0,15 kg Weizenschrot
- ❑ 0,15 kg Weizenvollkornmehl

Butter, Honig und Ei schaumig rühren. Schrot, Mehl und Milch einrühren. Klein geschnittene Datteln, Sesam und Gewürze untermischen und ziehen lassen. Aus der Masse kleine Häufchen auf das mit Backtrennpapier ausgelegte Blech setzen und bei 200° C 10–15 Minuten backen.

- ❑ 2 EL Milch
- ❑ 0,10 kg Datteln
- ❑ 0,10 kg Sesam
- ❑ Zimt
- ❑ Muskatnuss
- ❑ Backtrennpapier

1447. Vanillecreme (Dessert)
Crème à la vanille

kcal	kJ	K	E	F
442	1853	33	15	26

- ❑ 1½ l Milch
- ❑ 0,30 kg Honig
- ❑ 10 Eier
- ❑ 1 Vanilleschote
- ❑ 15 Gelatineblätter
- ❑ ½ l Schlagobers

Wasser zum Kochen bringen, Gelatine einweichen, Milch, Honig, Eier und Vanilleschote in kochendem Wasserbad unter Rühren fast bis zum Kochen bringen, Gelatineblätter darin auflösen und Creme kalt rühren. Schlagobers steif schlagen, zwei Drittel davon in die kalte Creme einrühren, portionieren und mit dem restlichen Obers garnieren.

- Vanilleschote der Länge nach einschneiden und mit einem kleinen Messer das Mark herausschaben.

S 1448. Bananencreme
Crème à la banane

kcal	kJ	K	E	F
291	1215	27	7	16

- ❑ 1 l Fidus-Bioaktiv oder Joghurt
- ❑ 0,08 kg Honig
- ❑ 0,70 kg Bananen
- ❑ 1 Zitrone
- ❑ ¼ l Schlagobers

Garnierung:
- ❑ ⅛ l Schlagobers
- ❑ 0,03 kg Weizenkeime oder Nüsse

Schlagobers steif schlagen, Bananen pürieren, schaumig rühren, mit den übrigen Zutaten vermischen und portionieren. Mit Schlagobersrosette garnieren und mit Weizenkeimen kurz vor dem Servieren bestreuen.

FRÜHSTÜCKSSPEISEN

Weitere Frühstücksspeisen siehe Allex, „Kochen nach Grundrezepten Teil 1“.

F 1449. Bircher Müsli
Musli Bircher

kcal	kJ	K	E	F
220	924	32	6	6

- ❑ 0,20 kg Haferflocken
- ❑ 3/4 l Milch
- ❑ 1 Zitrone
- ❑ 0,05 kg Honig
- ❑ 0,25 kg Bananen
- ❑ 0,25 kg Orangen
- ❑ 0,50 kg Äpfel
- ❑ 0,03 kg Hasel- oder Walnüsse

Haferflocken mit Milch übergießen und ca. 30 Minuten quellen lassen. Früchte kleinwürfelig schneiden oder grob reißen, Haselnüsse grob hacken. Alle Zutaten vermischen, mit Zitronensaft und Honig abschmecken.

- Je nach Jahreszeit andere Früchte verwenden.
- Die Haferflocken können auch nur in wenig Wasser eingeweicht und kurz vor dem Zusammenmischen mit Milch übergossen werden.

F 1450. Müsli mit Topfen und Weizenschrot
Musli au fromage blanc et au gruau de froment

kcal	kJ	K	E	F
228	953	21	8	11

- ❑ 0,50 kg Topfen
- ❑ 1/4 l Sauerrahm
- ❑ 0,05 kg Weizen
- ❑ 0,08 kg Honig
- ❑ 1 Zitrone
- ❑ 0,05 kg Walnüsse
- ❑ 0,20 kg Äpfel
- ❑ 0,30 kg Heidelbeeren

Weizen oder Dinkel grob mahlen und 20 Minuten in wenig Wasser quellen lassen. Äpfel schälen, reißen und Nüsse hacken. Alle Zutaten vermischen, mit Honig und Zitronensaft abschmecken.

- Es können sowohl frische als auch tiefgekühlte Heidelbeeren oder andere Früchte verwendet werden.

F 1451. Kleiemüsli
Musli au son

kcal	kJ	K	E	F
121	506	21	6	1

- ❑ 1 l Joghurt
- ❑ 0,05 kg Weizenkleie
- ❑ 0,08 kg Honig
- ❑ 0,70 kg Orangen
- ❑ 0,05 kg Rosinen
- ❑ 1 Zitrone

Joghurt mit Kleie, Honig und Rosinen vermischen, Orangen schälen, würfelig geschnitten dem Müsli beigeben.

- Zum Süßen kann auch Ahorn- oder Birnensirup verwendet werden.

F

1452. Sommermüsli
Musli estival

kcal	kJ	K	E	F
191	801	14	11	9

- ❑ 0,75 kg Topfen
- ❑ 1/4 l Joghurt
- ❑ 0,08 kg Honig
- ❑ 1 Zitrone
- ❑ 0,50 kg frische Erdbeeren, Himbeeren, Heidelbeeren, Brombeeren oder Stachelbeeren
- ❑ 0,03 kg Weizenkeime oder Nüsse zum Bestreuen

Topfen mit Joghurt und Zitronensaft verrühren. Die Beeren nach Bedarf kleiner schneiden, unter die Topfenmasse ziehen, mit Honig abschmecken und angerichtet mit Weizenkeimen bestreuen.

F

1453. Früchtemüsli
Musli aux fruits

kcal	kJ	K	E	F
135	566	18	5	4

- ❑ 3/4 l Joghurt
- ❑ 0,05 kg Honig
- ❑ 1/2 Zitrone
- ❑ 0,20 kg Bananen
- ❑ 0,30 kg Äpfel
- ❑ 0,05 kg Müslimischung
- ❑ 0,05 kg Haselnüsse

Äpfel schälen, julienne schneiden oder grob reißen, Bananen der Länge nach halbiert, blättrig oder kleinwürfelig schneiden. Haselnüsse rösten, reiben oder fein hacken. Alle Zutaten vermischen und mit Zitronensaft und Honig abschmecken. Müsli portionieren und garnieren.

- **Einige Vorschläge zur Garnierung:** Schlagoberstupf, Kirschen, frische Erd- oder Himbeeren, Mandarinen- oder Orangenspalten, Kiwischeiben ...

F S

1454. Kräuterrührei
Oeufs brouillés aux fines herbes

kcal	kJ	K	E	F
124	521	3	7	9

- ❑ 10 Eier
- ❑ 0,10 l Milch
- ❑ 2 EL Mehl griffig
- ❑ 1 Bund Schnittlauch
- ❑ 1 Bund Petersilie
- ❑ Kerbel, Dille, Kresse oder TK-Kräuter
- ❑ Salz
- ❑ Pfeffer

- ❑ 0,03 kg Butter

Kräuter fein hacken. Die Eier mit allen Zutaten gut verquirlen und würzen. Etwas Butter in einer Pfanne erhitzen, die Eimasse auf 3–4 Partien eingießen, etwas stocken lassen und mit der Gabel leicht verrühren. Beim Anrichten mit Kräutern bestreuen.

- Man kann fein gehackten Schinken unter die Masse rühren.

BROT – SELBST GEBACKEN

Allgemeine Hinweise zum Brotbacken:

- Während des Backens immer ein kleines Gefäß mit kochendem Wasser auf den Boden des Backrohres stellen – Dampfentwicklung!
- Nach dem Backen sofort das Brot aus dem Rohr nehmen, mit kaltem Wasser abpinseln und auf einem Gitter auskühlen lassen. Das Brot kann nur so nach allen Seiten „Dampf" abgeben. Sonst ist durch die frei werdende Feuchtigkeit der ideale Nährboden für Schimmelpilze geschaffen.
- Zu allen Brotmassen kann man 2–3 EL Kleie, Haferflocken oder geschrotete oder ganze Getreidekörner mischen. Diese vorher einige Zeit quellen lassen.

1455. Vollkornbrot (Sauerteig)

Pain complet au levain

kcal	kJ	K	E	F
97	405	17	4	1

Sauerteig:

- ❑ 0,20 kg Roggenvollkornmehl
- ❑ 0,01 kg Germ
- ❑ 1/8 l Wasser lauwarm
- ❑ 1 EL Sauermilch

Hauptteig:

- ❑ 0,25 kg Weizenvollkornmehl
- ❑ 0,15 kg Roggenvollkornmehl
- ❑ 1/4 l Wasser lauwarm
- ❑ 2 KL Salz
- ❑ 0,01 kg Germ
- ❑ Gewürze nach Geschmack (ganz oder gemahlen): Kümmel, Koriander, Anis, Fenchel
- ❑ 1 EL Essig
- ❑ Öl für das Blech

Sauerteigherstellung: Germ in Wasser auflösen, mit den anderen Zutaten vermischen und durchkneten, mit einem feuchten Tuch bedeckt ca. 48 Stunden bei 30° C gären lassen, bis sich Bläschen bilden. Für den nächsten Sauerteig 0,12 kg davon wegnehmen, mit etwas Roggenmehl verkneten und in ein verschließbares Glas geben. Dieser Teig kann bis zu 8 Tagen im Kühlschrank aufbewahrt werden.

Hauptteig: Mehl mit den Gewürzen in einer Schüssel vermengen, in eine Vertiefung den Sauerteig und die mit etwas Wasser angerührte Germ geben und von der Mitte her das Mehl einarbeiten. Wasser zugießen, gut durcharbeiten, mit Mehl bedecken und doppelt so hoch aufgehen lassen (2–4 Stunden). Nochmals durcharbeiten, einen Laib, Wecken oder kleine Laibchen formen (à ca. 0,06 kg schwer), auf ein befettetes Blech legen und zugedeckt 45 Minuten gehen lassen. Bei Vorhandensein eines Simperls oder Brotkörbchens statt dessen den Teig darin gut bemehlt aufgehen lassen und anschließend auf das Blech stürzen. Mit Wasser bestreichen, eventuell mit Kümmel bestreuen und mit einer Gabel anstechen. Laib oder Wecken 20 Minuten bei 250° C anbacken und 50–60 Minuten bei 190° C fertig backen. Laibchen 15–20 Minuten bei 200° C backen – kochendes Wasser ins Rohr stellen!

1456. Vollkornbrot (Germteig)
Pain complet à la levure

kcal	kJ	K	E	F
115	480	21	4	1

- ❑ 0,30 kg Weizenvollkornmehl
- ❑ 0,30 kg Roggenvollkornmehl
- ❑ 0,40 l Wasser
- ❑ 0,04 kg Germ
- ❑ 2 KL Salz
- ❑ 1 KL Kümmel
- ❑ 1 KL Honig
- ❑ 1 EL Buttermilch
- ❑ Öl für das Blech

Germ im Wasser auflösen, mit den übrigen Zutaten vermischen, gut durcharbeiten, bemehlen und mit einem trockenen Tuch bedeckt 60 Minuten warm gehen lassen. Teig nochmals durcharbeiten, zu einer Kugel oder einem Wecken formen, auf ein befettetes Blech legen und eventuell kreuzweise einschneiden. Teig 20 Minuten bei 250° C anbacken und 30–40 Minuten bei 180–200° C fertig backen – kochendes Wasser ins Rohr stellen!

1457. Sonnenblumenbrot (Germteig)
Pain aux pépins de tournesol

kcal	kJ	K	E	F
140	588	21	6	3

- ❑ 0,30 kg Weizenvollkornmehl
- ❑ 0,30 kg Roggenvollkornmehl
- ❑ 0,03 kg Germ
- ❑ 0,40 l Wasser
- ❑ 1 EL Essig
- ❑ 0,05 kg Sonnenblumenkerne
- ❑ 2 KL Salz
- ❑ 1 KL Koriander
- ❑ Öl für das Blech

Zubereitung wie in Rezept Nr. 1456.

1458. Kürbiskernbrot (Germteig)
Pain aux pépins de citrouille

kcal	kJ	K	E	F
141	592	21	6	3

wie in Rezept Nr. 1457
statt Sonnenblumenkerne:
- ❑ 0,05 kg gehackte Kürbiskerne

Zubereitung wie in Rezept Nr. 1456.

1459. Zwiebelbrot (Germteig)
Pain à l'oignon

kcal	kJ	K	E	F
128	535	20	4	2

wie in Rezept Nr. 1457
statt Sonnenblumenkerne:
- ❑ 0,05 kg Zwiebel
- ❑ 0,02 kg Butter

Zubereitung wie in Rezept Nr. 1456.
Zwiebel fein hacken und in Butter anrösten.

1460. Maislaibchen (Germteig)
Galettes de mais

kcal	kJ	K	E	F
215	902	29	7	7

(Masse für 20 Laibchen)
Germteig:
- ❑ 0,30 l Milch
- ❑ 0,10 kg Maisgrieß
- ❑ 0,05 kg Butter
- ❑ 2 KL Salz
- ❑ 0,04 kg Germ
- ❑ 1/8 l Wasser
- ❑ 0,20 kg Weizenvollkornmehl
- ❑ 0,10 kg Weizenschrot
- ❑ 0,20 kg Roggenvollkornmehl
- ❑ 0,02 kg Sesam zum Bestreuen
- ❑ Öl für das Blech

Milch aufkochen, Fett und Salz dazugeben, den Mais übergießen und glatt rühren. Germ im Wasser auflösen, alle Zutaten vermischen, gut durcharbeiten, zudecken, warm stellen und mindestens 60 Minuten gehen lassen. Durchkneten, zu kleinen Laibchen formen, abdecken und 20 Minuten gehen lassen. Mit Wasser bestreichen, mit Sesam bestreuen und 15–20 Minuten bei 220° C backen – kochendes Wasser ins Rohr stellen!

1461. Weizenvollkornlaibchen (Germteig)
Galettes au blé complet

kcal	kJ	K	E	F
217	911	37	8	3

(Masse für 20 Laibchen)
Germteig:
- ❑ 0,60 kg Weizenvollkornmehl
- ❑ 2 KL Salz
- ❑ 0,04 kg Germ
- ❑ 0,05 l Wasser

- ❑ 0,30 l Wasser
- ❑ Öl für das Blech

Mehl und Salz in eine Schüssel geben, eine Vertiefung drücken und Germ mit dem Wasser darin anrühren. Mit einem Tuch zudecken und 10–15 Minuten warm gehen lassen.
Das restliche Wasser zugießen, zu einem glatten Teig verarbeiten, abdecken, 60 Minuten gehen lassen, Teig nochmals durcharbeiten, kleine Laibchen formen, leicht einschneiden und 20 Minuten aufgehen lassen. Mit Wasser bepinseln und 15–20 Minuten bei 220° C backen – kochendes Wasser ins Rohr stellen!

1462. Vollkorn-Milchlaibchen
Galettes à la pâte levée complète

kcal	kJ	K	E	F
301	1261	40	9	10

(Masse für 20 Laibchen)
Germteig:
- ❑ 0,60 kg Weizenvollkornmehl
- ❑ 2 KL Salz
- ❑ 0,04 kg Germ
- ❑ 0,30 l Milch
- ❑ 1–2 EL Honig
- ❑ 0,07 kg Öl
- ❑ Öl für das Blech

Mehl und Salz in eine Schüssel geben, eine Vertiefung drücken und Germ mit etwas Milch darin anrühren, zudecken und 10–15 Minuten warm gehen lassen. Die restliche Milch mit Honig und Öl erwärmen (30° C), zum Mehl geben und zu einem glatten festen Teig verarbeiten. Weitere Zubereitung wie in Rezept Nr. 1461.

- Zusätzlich können in den Teig Rosinen, gehackte Schokolade oder Nüsse eingeknetet werden.

1463. Sesam-Mohn-Laibchen (Germteig)
Galettes de sésam et de pavot

kcal	kJ	K	E	F
280	1174	39	11	7

(Masse für 20 Laibchen)
Germteig:
- ❑ 0,50 kg Weizenvollkornmehl
- ❑ 0,10 kg Haferflocken
- ❑ 1/4 l Buttermilch
- ❑ 1 Eidotter
- ❑ 0,04 kg Germ
- ❑ 1 EL Honig
- ❑ 0,12 kg Topfen
- ❑ 2 KL Salz
- ❑ Fenchel
- ❑ Koriander

- ❑ 1 Eiklar und 1 KL Wasser zum Bestreichen
- ❑ je 0,02 kg Mohn und Sesam zum Bestreuen
- ❑ Öl für das Blech

Mehl, Gewürze und Haferflocken in einer Schüssel vermengen, eine Vertiefung drücken und Germ mit etwas Buttermilch darin anrühren, zudecken und 10–15 Minuten warm gehen lassen. Restliche Buttermilch mit Topfen, Eidotter und Honig glatt rühren, dem Mehl beifügen und zu einem glatten Teig verarbeiten und abgedeckt 60 Minuten gehen lassen. Teig durchkneten, kleine Laibchen oder Weckerl formen, auf ein befettetes Blech setzen, einschneiden und nochmals 20 Minuten zugedeckt gehen lassen. Mit Wasser-Eiklargemisch bestreichen, mit Sesam oder Mohn bestreuen und 20–30 Minuten bei 220° C backen – kochendes Wasser ins Rohr stellen!

1464. Vollkornlaibchen mit Leinsamen (Germteig)
Galettes de farine complète au graines de lin

kcal	kJ	K	E	F
271	1135	39	10	7

(Masse für 20 Laibchen)
Germteig:
- ❑ 0,60 kg Weizenvollkornmehl
- ❑ 0,04 kg Germ
- ❑ 0,50 l Wasser
- ❑ 2 KL Salz
- ❑ 0,10 kg Leinsamen
- ❑ 1 EL Öl
- ❑ Öl für das Blech

Germteigzubereitung wie in Rezept Nr. 1456 – zugedeckt 60 Minuten gehen lassen. Vor der Weiterverarbeitung den Leinsamen in einer elektrischen Schlagmessermühle (z. B. Kaffeemühle mit Stahlmesserkreuz) mahlen und mit dem Öl sofort in den Teig einarbeiten, da bereits nach 10 Minuten die wertvollsten Stoffe oxydieren. Kleine Laibchen formen, auf ein befettetes Blech legen, einschneiden und mit einem Tuch bedeckt aufgehen lassen. Mit Wasser bestreichen und 15–20 Minuten bei 220° C backen – kochendes Wasser ins Rohr stellen!

- **Keine Steinmühle** zum Mahlen des Leinsamens verwenden, da die Steine mit dem Leinöl verklebt werden.

1465. Salzstangerl
Petit pain au sel

kcal	kJ	K	E	F
331	1385	44	8	12

(Masse für 24 Stangerl)
- ❑ 0,60 kg Mehl glatt oder Weizenvollkornmehl
- ❑ 0,04 kg Germ
- ❑ 2 KL Salz
- ❑ 0,10 kg Öl
- ❑ 1/4 l Wasser oder Milch
- ❑ 1/2 Ei

- ❑ 1/2 Ei zum Bestreichen
- ❑ Kümmel
- ❑ grobes Salz
- ❑ Öl für das Blech

Germteigzubereitung wie in Rezept Nr. 1456.
3 Laibchen formen, ohne zu bemehlen, dünne Kreise ausrollen, achteln, von außen nach innen jedes Achtel einrollen, auf befettetem Blech zugedeckt aufgehen lassen. Die Stangerl mit Ei bestreichen, mit Kümmel und Salz bestreuen und bei 220° C 10–15 Minuten backen – kochendes Wasser ins Rohr stellen

- Man kann auch glattes und Weizenvollkornmehl 1:1 mischen.

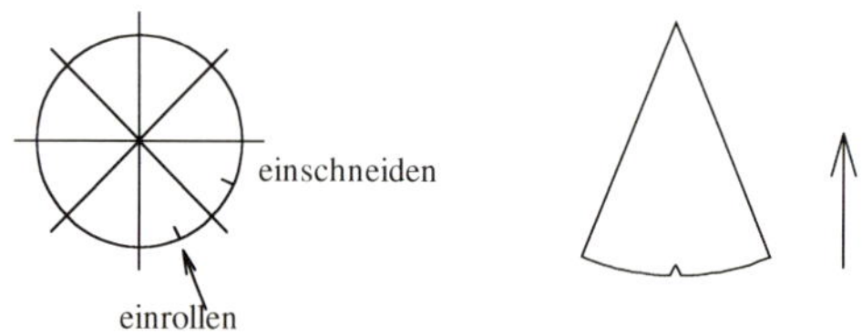

1466. Vollkornweckerl mit Dinkelkörnern
Petit pain complet à l'épeautre

kcal	kJ	K	E	F
360	1507	52	12	9

(Masse für 20 Weckerl)
- ❑ 0,15 kg Dinkelkörner
- ❑ 1/2 l Wasser

Germteig:
- ❑ 0,04 kg Germ
- ❑ 0,02 kg Staubzucker
- ❑ 1/4 l Wasser oder Dinkelwasser
- ❑ 0,40 kg Mehl glatt
- ❑ 0,15 kg Mehl griffig
- ❑ 4 Eidotter
- ❑ 2 KL Salz

- ❑ 1 Eiklar und 1 KL Wasser zum Bestreichen
- ❑ Öl zum Befetten

Zum Bestreuen:
- ❑ Sesam, grobes Salz, Kümmel, Sonnenblumenkerne oder Mohn

Dinkelkörner (nicht mahlen) am Vortag in 1/2 l Wasser einweichen.

Im Dampfdruckkochtopf ca. 10 Minuten weich kochen und auskühlen lassen. Einen Germteig herstellen (wie in Rezept Nr. 1456), die Dinkelkörner einarbeiten und gehen lassen.

Rohr auf 220° C vorheizen, Weckerl formen mit Eiklar-Wassergemisch bestreichen, verschiedenartig bestreuen, nochmals gehen lassen und bei 200° C ca. 10 Minuten backen – kochendes Wasser ins Rohr stellen!

1467. Bierweckerl
Petit pain à la bière

kcal	kJ	K	E	F
210	879	37	7	2

(Masse für 20 Weckerl)
- ❑ 0,25 kg Roggenvollkornmehl
- ❑ 0,25 kg Weizenvollkornmehl
- ❑ 0,10 kg Haferflocken
- ❑ 1/4 l Bier
- ❑ 0,04 kg Germ
- ❑ 1 KL Kümmel gemahlen
- ❑ 2 KL Salz
- ❑ Koriander

Germ in der halben Biermenge auflösen, mit den übrigen Zutaten vermischen und einen mittelfesten Germteig bereiten. Teig an einem warmen Ort gehen lassen, Rohr auf 250° C vorheizen, Blech befetten. Weckerl formen, nach Bedarf einschneiden, nochmals gehen lassen, mit Wasser bestreichen und bei abfallender Temperatur goldgelb backen – kochendes Wasser ins Rohr stellen!

Anhang

„Circa"-Nährwertangaben für Speisen, die in Fett herausgebacken werden

Es wurde bei der Berechnung angenommen, dass 10 % der Ausbackfettmenge in der Speise verbleiben. Für eine exakte Nährwertangabe muss das verbliebene Fett gemessen werden und danach die Berechnung erfolgen.

Rezept-nummer	Speise	kcal	kJ	K	E	F
1168	Lammfilet in der Erdäpfel-Kürbiskruste	403	1691	26	32	1
1080	Fischlaibchen	433	1114	25	22	25
1182	Gebratene Melanzani	76	318	11	2	2
1192	Polentaschnitte	308	1292	27	8	17
1194	Trüffelbällchen	449	1882	57	11	17
1195	Erdäpfelpuffer	233	977	30	6	9
1242	Kletzenniggalan	436	1826	58	10	16
1247	Posterzipf	770	3324	49	7	58
1290	Spanische Tortilla	309	1294	36	12	11
1293	Frühlingsrollen	306	1280	19	10	19
1316	Huhn – chinesisch	263	1103	12	32	8
1317	Schweinefleisch süß-sauer	349	1460	19	23	18
1321	Pommes dauphine	201	843	16	4	12
1418	Grünkernlaibchen	176	736	23	6	6
1420	Dinkellaibchen	381	1595	34	16	18
1421	Buchweizenlaibchen mit Gemüse	383	1603	49	18	10
1422	Tofukäselaibchen mit Sesamkruste	194	809	3	12	15
1424	Vegetarierlaibchen mit Soja	262	1094	12	24	11
1428	Getreideflockenröllchen	354	1482	50	10	10

NÄHRWERTTABELLE
DER WICHTIGSTEN LEBENSMITTEL

Als Grundlage dient der Bundeslebensmittelschlüssel (BLS). Alle Werte beziehen sich jeweils auf 100 g des genießbaren Teiles folgender Lebensmittel.

	kj	kcal
Fleisch, Wild, Innereien, Wurst		
Kalbfleisch (Schlögel)	687	164
Kalbfleisch (Schulter)	644	154
Lamm (Schlögel)	892	213
Lamm (Rücken)	654	156
Rindfleisch (Schulter)	903	216
Rindfleisch (Kotelett)	995	238
Rindfleisch (Lungenbraten)	643	154
Faschiertes (Schwein)	1420	339
Schweinefleisch (Schlögel)	768	183
Schweinefleisch (Lungenbraten)	652	156
Knochen (Rind)	55	13
Rehfleisch	489	117
Hase	538	128
Ente	979	234
Gans	1641	392
Huhn	580	139
Truthahn (Pute)	691	165
Putenschnitzel (Brust)	498	119
Leber (Rind)	566	135
Leber (Schwein)	665	159
Herz (Rind)	569	136
Niere (Schwein)	484	116
Hirn (Kalb)	511	122
Zunge (Rind) – gepökelt	1258	300
Selchspeck	3168	757
Frühstücksspeck	2700	645
Schinkenwurst	1313	314
Schinken	1079	258
Frankfurter	1196	286
Knackwurst	1414	338
Debreziner	1560	373
Pariser Wurst	1157	276
Leberkäse	1320	315
Salami (ungarisch)	1872	447
Leberpastete (Kalb)	1877	448
Suppenwürze	935	223
Fische		
Forelle	485	116
Dorsch (Kabeljau)	360	86
Karpfen	728	174
Scholle	392	94
Krabben (tiefgefroren)	441	105
Bückling	1023	244
Bismarckhering	703	168
Ölsardinen	1250	299
Thunfisch (Konserve)	1530	365
Makrele (geräuchert)	1226	293
Eier		
Ei (100 g)	703	168
Eidotter (100 g)	1558	372
Eiklar (100 g)	206	49
Fette		
Butter	3230	771
Butterschmalz	3836	916
Schweineschmalz	3970	948
Margarine	2841	679
Sonnenblumenöl	3882	927
Olivenöl	3878	926
Kokosfett	3866	923
Milch und Milchprodukte		
Vollmilch	278	66
Buttermilch	152	36
Schlagobers (30 %)	1296	310
Sauerrahm (10 %)	505	121
Kaffeeobers	905	216
Joghurt (1 %)	176	42
Joghurt (3,6 %)	212	51
Joghurt mit Früchten	473	113
Kefir	290	69
Topfen (mager)	319	76
Topfen (40 %)	692	165
Gervais (70 %)	1472	352
Emmentaler	1741	416
Edamer	1405	336
Camembert	1415	338
Schmelzkäse	1201	287

	kj	kcal
Getreideprodukte		
Buchweizen	1517	362
Cornflakes	1545	369
Eierteigwaren	1526	364
Grieß (Weizen)	1499	358
Haferflocken	1607	384
Hirse	1504	359
Leinsamen	2102	502
Mehl (Weizen)	1523	364
Mehl (Roggen)	1270	303
Weizen (Vollkorn)	1363	326
Reis (geschält)	1534	366
Reis (Vollkorn, ungeschält)	1488	355
Sago	788	188
Brösel	1586	379
Maisstärke	1524	364
Puddingpulver	1577	377
Brot und Backhilfsmittel		
Weißbrot	1188	284
Roggen-/Weizen-Mischbrot	1109	265
Grahambrot	859	205
Vollkornbrot	909	217
Pumpernickel	794	190
Knäckebrot	1335	319
Zwieback	1790	428
Germ (Hefe)	230	55
Backpulver	419	100
Gemüse und Pilze		
Avocado	887	212
Artischocken	215	51
Dille	232	55
Bohnen (frisch, Fisolen)	124	30
Bohnen (getrocknet)	1518	363
Broccoli	109	26
Champignons	91	22
Chicorée	55	13
Chinakohl	46	11
Erbsen (frisch)	364	87
Erbsen (getrocknet)	1385	331
Erdäpfel	349	83
Fenchel	113	27
Gurken	43	10
Gurken (Konserve)	28	7
Kapern	1748	418
Karfiol	89	21
Karotten	117	28
Kohl	356	85
Kohlrabi	109	26

	kj	kcal
Kohlsprossen	111	27
Kren (frisch)	262	63
Kren (Konserve)	172	41
Kresse	116	28
Kürbis	71	17
Paprika (frisch)	68	16
Paprika (Konserve)	58	14
Paradeiser	78	19
Petersiliengrün	115	27
Petersilwurzel	51	12
Porree (Lauch)	110	26
Radieschen	71	17
Rote Rüben (frisch)	117	28
Rote Rüben (Konserve)	101	24
Salat (grün)	64	15
Sauerkraut	85	20
Schnittlauch	110	26
Schwarzwurzeln (frisch)	151	36
Schwarzwurzeln (Konserve)	177	42
Spargel (frisch)	55	13
Spargel (Konserve)	48	11
Spinat	63	15
Steinpilze (frisch)	99	24
Steinpilze (getrocknet)	1139	272
Zeller (Sellerie)	70	17
Zwiebel	133	32
Obst und Obstkonserven/Obstgetränke		
Äpfel	186	44
Apfelsaft	219	52
Ananas (frisch)	235	56
Ananas (Konserve)	235	56
Ananassaft	163	39
Bananen	367	88
Birnen (frisch)	212	51
Birnen (Konserve)	128	31
Birnen (getrocknet – Kletzen)	1179	282
Brombeeren	226	54
Datteln (getrocknet)	1232	294
Erdbeeren (frisch)	136	32
Erdbeermarmelade	1094	261
Heidelbeeren	390	93
Himbeeren	142	34
Himbeersaft	172	41
Kirschen (frisch)	237	57
Kirschen (Konserve)	387	92
Marille (frisch)	207	49
Marille (Konserve)	361	86
Marillenmarmelade	1103	263
Mandarine (frisch)	194	46

	kj	kcal
Mandarine (Konserve)	351	84
Mango	297	71
Grapefruit	172	41
Grapefruitsaft	161	38
Orange	147	35
Orangensaft	179	43
Pfirsich (frisch)	164	39
Pfirsich (Konserve)	342	82
Preiselbeeren (frisch)	109	26
Preiselbeermarmelade	1053	252
Ribisel (frisch)	189	45
Ribiselmarmelade	1077	257
Rharbarber	47	11
Rosinen	1197	286
Wassermelone	105	25
Weintrauben	316	75
Zitronen	189	45
Zwetschken (frisch)	239	57
Zwetschken (getrocknet)	1198	286
Süßwaren		
Honig	1315	314
Kakaopulver	1519	363
Marzipan	2014	481
Schokolade	1961	468
Vanillezucker	1634	390

	kj	kcal
Vanillezucker	1653	395
Zucker	1632	390
Nüsse		
Erdnüsse (geröstet)	2591	619
Haselnüsse	2849	680
Mandeln	2577	616
Walnüsse	2635	629
Eis		
Speiseeis	695	166
Fruchteis	562	134
Cremeeis (Vanille)	829	198
Getränke		
Bier	186	44
Coca-Cola	194	46
Cognac	982	235
Curaçao	1360	325
Rotwein (leicht)	251	60
Rotwein (schwer)	311	74
Weißwein (trocken)	273	65
Weißwein (Spätlese)	337	80
Rum (38 %)	977	233
Sekt	302	72
Whisky	1042	249

Anmerkung:
Bei Fleisch und Fisch wurden die Mittelwerte (Fettgehalt) gewählt. Außerdem unterliegen die Lebensmittel natürlichen Schwankungen.

Tabelle für gebräuchliche Einheiten

Einheit	Gewicht	kj	kcal
1 Ei	50 g	352	84
1 Eidotter	19 g	296	71
1 Eiklar	33 g	68	16
1 Semmel	50 g	594	142
1 Zitrone	50 g	95	23
1 Salat – grün	200 g	128	30
1 Bund Petersilie	10 g	12	3
1 Bund Schnittlauch	10 g	11	3

Richtzeiten für verschiedene Tätigkeiten

	Zeitangabe in Min. für jeweils 1 kg	Persönliche Richtwerte
Dünsten:		
Schweinefleisch	40–60	
Rindfleisch	60–120	
Kalbfleisch	30–50	
Fisch (ziehen lassen)	20	
Reis	30–40	
Garzeiten von Braten:		
Schwein	60	
Rind	120	
Kalb	60	
Geflügel	60	
Kochen:*		
Knochensud	90	
Schweinefleisch	60–80	
Rindfleisch	100–150	
Karotten	15	
Karfiol	20–30	
Kohlrabi	15	
Grüne Fisolen	20	
Erbsen	5	
Teigwaren	7–10	
Knödel	10	
Dämpfen:		
Erdäpfel (mit Schale, mittelgroß)	30	
Salzerdäpfel	20	
Rasches Abbraten:		
Fleisch (10 Schnitzel = 3 Partien)	15–20	

* Bei Fleisch kann sich die Kochzeit durch Verwendung eines Dampfdruckkochtopfes auf ein Drittel der angegebenen Zeit verkürzen.
Bei tiefgekühltem, blanchiertem Gemüse verkürzt sich die Kochzeit entsprechend.

Vorbereitungsarbeiten:	Zeitangabe in Min. für jeweils 1 kg	Persönliche Richtwerte
Putzen von Gemüse	5–15	
Reißen von Gemüse	5–10	
Schneiden von Gemüse	10–20	
Schneiden von Fleisch	5–10	
Formen von Knödeln (für 10 Personen)	5–10	
Putzen von 1 grünem Salat	3–5	
Schneiden von Salat (1 kg)	10–15	
Schälen von Erdäpfeln	10	
Schälen von Äpfeln	5–10	
Schneiden von Obst – würfelig	15–20	
Schneiden von Obst – blättrig	10–15	
Portionieren von Fleisch	5	
Portionieren von Kuchen	10	

TEIGE UND RICHTZEITEN

(Angaben in Minuten)

	Vorarbeiten	Rastzeiten	Backzeiten
Nudelteig	20	30	-
Backpulverteig	15–20	-	20–30 (Blech) 50–60 (hohe Form)
Palatschinkenteig (1/2 kg Mehl)	5	30	30–40
Germteig	20	10 (Dampfel) 30–100 (Teig)	10–60
Erdäpfelteig	40	-	20–30
Biskuitmasse	15–20	-	8–20 (Blech) 40–60 (hohe Form)
Sandmasse	20	-	15–20 (Blech) 50–60 (hohe Form)
Strudelteig	20	30	20–40
Brandteig	15–20	30	20–30
Mürbteig – Torte	5–10 (Abbröseln) 5–15 (Formen)	30	40–60
Mürbteig – Kleingebäck	5–10 (Abbröseln) 30 (Formen)	30	5–10
Plunderteig	25–30	-	20–30
Blätterteig	25–30	90	20–30

Arbeitsanalyse – Organisationsdiagramm – Arbeitsablaufliste

Für eine exakte Zeitplanung gilt folgende Gliederung:

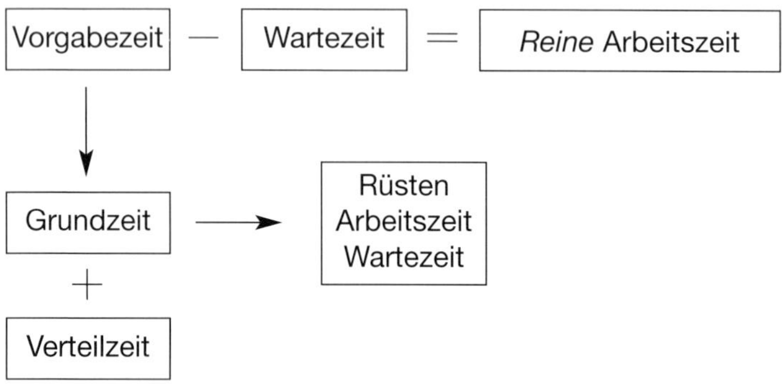

Die **Vorgabezeit** besteht aus:

- Grundzeit
- Verteilzeit

- Die **Grundzeit** setzt sich zusammen aus:

Rüsten: ist jene Zeitspanne, die vor Arbeitsbeginn die Kontrolle der Zutaten und Geräte für die Zubereitung der jeweiligen Speise beansprucht.

Arbeitszeit: ist jene Zeit, die für die Zubereitung der Speisen erforderlich ist.

Wartezeit: ist jene Zeit, die durch Gar- oder Rastzeiten entsteht (z. B. Schnitzel dünsten, Mürb-, Strudelteig rasten lassen). Wartezeiten werden in der Analyse eingeringelt oder rot geschrieben und in der Grafik durch einen roten Balken gekennzeichnet. Eine Überwachung ist trotzdem notwendig.

- Die Verteilzeit (oder auch Pufferzeit) wird für den Fall eingeplant, dass Arbeitsvorgänge länger dauern oder unvorhergesehene mitarbeiterbezogene Ereignisse (z. B. Schnittverletzung) eintreten, und ist in der Grafik explizit ausgewiesen.

Die **reine Arbeitszeit** entspricht der Vorgabezeit abzüglich Wartezeit.

Um die einzelnen Arbeitsschritte darstellen zu können, ist eine Codierung notwendig. Jeder Speise wird daher ein Buchstabe zugewiesen (z. B. A_1 = Suppe oder Vorspeise), den einzelnen Arbeitsschritten eine Ziffer (z. B. A_2 = Butter schaumig rühren, Gervais kurz beifügen, mit Gewürzen abschmecken).

ARBEITSANALYSE EINES MENÜS FÜR 10 PERSONEN

A	Spinatrohkostbrötchen	Seite 25
B	Gefüllte Putenröllchen mit Porree (Lauch)	Seite 92
C	Vollreis	Seite 229
D	Pfirsich Alexander	Seite 125

Als kleinste Einheit für einen Arbeitsvorgang sind 5 Minuten vorgesehen. Einzelne Arbeitsschritte wurden daher aus ökonomischen Gründen zusammengezogen.

A	**Spinatrohkostbrötchen**		
Code	**Vorgang**	**Zeit in Minuten**	**Information und Geräte**
A_1	Rüsten	5	
A_2	Butter schaumig rühren, Gervais kurz beifügen, mit Gewürzen abschmecken	5	
A_3	Zwiebel fein hacken, Spinat waschen, putzen, feinnudelig schneiden und mit Sauerrahm, Salz, Zitronensaft marinieren	25	
A_4	Vollkornbrot mit Aufstrich bestreichen, halbieren und mit Spinat belegen	15	

Gesamtzeit	50
+ 5 % Verteilzeit	5
reine Arbeitszeit	**55**

B	Gefüllte Putenröllchen mit Porree		
Code	**Vorgang**	**Zeit in Minuten**	**Information und Geräte**
B_1	Rüsten	5	Wasser zum Kochen bringen
B_2	Fleisch leicht plattieren und würzen	5	
B_3	Porree putzen, der Länge nach einschneiden, waschen, in 6 cm lange Stücke teilen und blanchieren	10	
B_4	Schnitzel mit Schinken und Porreestücken belegen, einrollen und feststecken	10	
B_5	Öl erhitzen, Röllchen abbraten, mit Hühnerbouillon die Röstprodukte lösen	15	
B_6	Dünsten lassen	30	
B_7	Zwiebel fein hacken und hellen Roux bereiten, mit Weißwein löschen und mit Putensaft aufgießen	10	
B_8	Röllchen einlegen und durchziehen lassen	10	
B_9	Vor dem Anrichten Sauce mit ungeschlagenem Obers verbessern und mit TK-Kräutern aufwerten	5	
B_{10}	Porree und Schinken julienne schneiden	10	
B_{11}	Porree in Butter kernig dünsten	5	
B_{12}	Garnierung vorbereiten	5	
B_{13}	Röllchen anrichten	10	

Grundzeit	1 3	0
+ 5 % Verteilzeit	5	
Vorgabezeit	135	
– Wartezeit	45	
reine Arbeitszeit	**90**	

C	Vollreis		
Code	**Vorgang**	**Zeit in Minuten**	**Information und Geräte**
C_1	Rüsten	5	
C_2	Zwiebel fein hacken, hell anrösten, Reis und Wasser beifügen, würzen	5	
C_3	aufkochen lassen	5	
C_4	ausdünsten lassen	50	Rohr 160° C, zugedeckt
C_5	mit Butter verbessern und anrichten	5	

Grundzeit	7	0
+ 5 % Verteilzeit	5	
Vorgabezeit	75	
– Wartezeit	55	
reine Arbeitszeit	**20**	

D	Pfirsich Alexander		
Code	**Vorgang**	**Zeit in Minuten**	**Information und Geräte**
D_1	Rüsten	5	Dosen öffnen, abtropfen lassen
D_2	Cremeschalen vorbereiten, Pfirsiche mit der Wölbung nach oben aufteilen	5	
D_3	Erdbeeren pürieren, mit den anderen Zutaten vermischen und abschmecken	5	
D_4	Schlagobers schlagen	5	
D_5	Pfirsiche mit Sauce übergießen und mit Schlagoberstupf, gehackten Pistazien oder Schokoladeflocken garnieren	10	kalt stellen

Gesamtzeit	30
+ 5 % Verteilzeit	5
reine Arbeitszeit	**35**

MITARBEITERBERECHNUNG

Berechnung der Gesamtarbeitszeit:

A	55 Minuten
B	90 Minuten
C	20 Minuten
D	35 Minuten
	200 Minuten = reine Arbeitszeit

Reine Arbeitszeit für 1 Mitarbeiter = 200 Minuten
Reine Arbeitszeit für 2 Mitarbeiter = 100 Minuten

Da die Fertigstellung dieser Speisen für 12 Uhr geplant ist, muss der Arbeitsbeginn für diese Speisefolge um 10.20 Uhr erfolgen.
Die in der reinen Arbeitszeit nicht enthaltenen Wartezeiten sind dementsprechend

Grafische Darstellung des zeitlichen Ablaufes für die Herstellung des Menüs mit zwei Mitarbeitern

Mitarbeiter I:

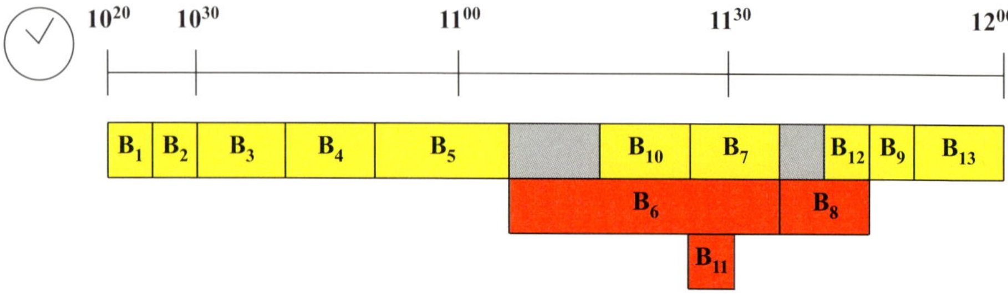

Mitarbeiter II:

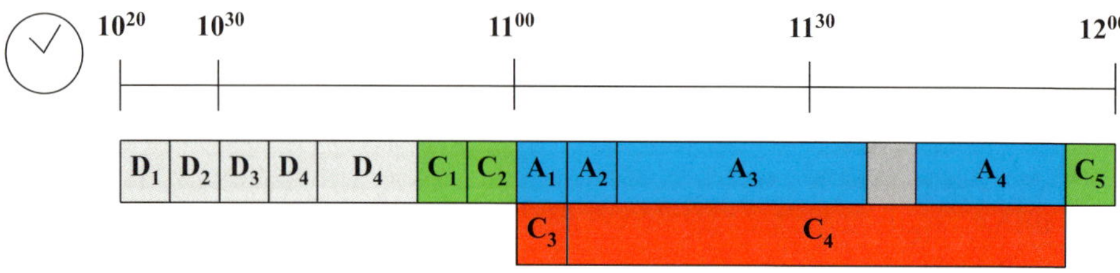

ARBEITSABLAUFLISTE

Mitarbeiter I:

Code	Vorgang	Zeit in Minuten	Information und Geräte
B_1	Rüsten	5	Wasser zum Kochen bringen
B_2	Fleisch leicht plattieren und würzen	5	
B_3	Porree putzen, der Länge nach einschneiden, waschen, in 6 cm lange Stücke teilen und blanchieren	10	
B_4	Schnitzel mit Schinken und Porreestücken belegen, einrollen und feststecken	10	
B_5	Öl erhitzen, Röllchen abbraten, mit Hühnerbouillon die Röstprodukte lösen	15	
B_6	Dünsten lassen	30	
VZ	Verteilzeit	10	
B_{10}	Porree und Schinken julienne schneiden	10	
B_{11}	Porree in Butter kernig dünsten	5	
B_7	Zwiebel fein hacken und hellen Roux bereiten, mit Weißwein löschen und mit Putensaft aufgießen	10	
B_8	Röllchen einlegen und durchziehen lassen	10	
VZ	Verteilzeit	5	
B_{12}	Garnierung vorbereiten	5	
B_9	Vor dem Anrichten Sauce mit ungeschlagenem Obers verbessern und mit TK-Kräutern aufwerten	5	
B_{13}	Röllchen anrichten	10	

Grundzeit	1 4 5
– Wartezeit	45
reine Arbeitszeit	**100**

Mitarbeiter II:			
Code	**Vorgang**	**Zeit in Minuten**	**Information und Geräte**
D_1	Rüsten	5	
D_2	Cremeschalen vorbereiten, Pfirsiche mit der Wölbung nach oben aufteilen	5	
D_3	Erdbeeren pürieren, mit den anderen Zutaten vermischen und abschmecken	5	
D_4	Schlagobers schlagen	5	
D_5	Pfirsiche mit Sauce übergießen, mit Schlagoberstupf, gehackten Pistazien oder Schokoladeflocken garnieren	10	kalt stellen
C_1	Rüsten für Vollreis	5	
C_2	Zwiebel fein hacken, hell anrösten, Reis und Wasser beifügen, würzen	5	
C_3	aufkochen lassen	5	
A_1	Rüsten für Spinatrohkostbrötchen	5	
C_4	Reis ausdünsten lassen	50	
A_2	Butter schaumig rühren, Gervais kurz beifügen, mit Gewürzen abschmecken	5	
A_3	Zwiebel fein hacken, Spinat waschen, putzen, feinnudelig schneiden und mit Sauerrahm, Salz, Zitronensaft marinieren	25	
VZ	Verteilzeit	5	
A_4	Vollkornbrot mit Aufstrich bestreichen, halbieren und mit Spinat belegen	15	
C_5	mit Butter verbessern und anrichten	5	

Grundzeit	1 5 5
– Wartezeit	55
reine Arbeitszeit	**100**

BKVWIN – BETRIEBSKÜCHENVERWALTUNG

1. ARTIKEL ANLEGEN

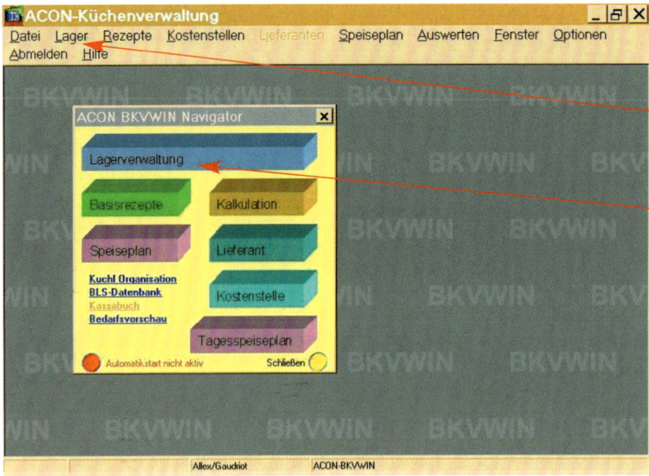

- **Menüleiste** „Lager“

oder

- **Navigator** „Lagerverwaltung” bestätigen

✎ Doppelklick mit linker Maustaste auf die graue Fläche öffnet den Navigator

Musterbeispiel: Vollkornbrot anlegen: Sandwich als **Vorlage** verwenden

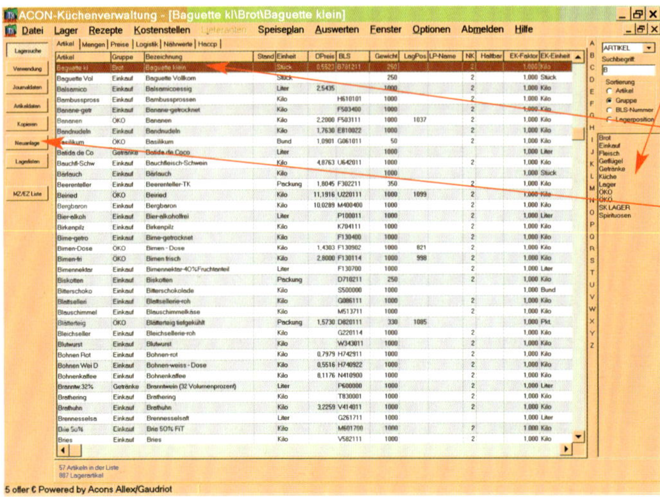

- **Gruppe** wählen
- **Artikel** als Vorlage wählen und markieren
- **Neuanlage** wählen

Neuanlage erfolgt durch Kopie eines bestehendes Artikels. Anschließend werden die Felder überprüft und

- **Vorlage** bestätigen
- **Registerblätter** nach Bedarf ausfüllen:

1) Artikel:

Artikelbeschreibung: Name des **Artikel** eintragen - mit Maus, Pfeiltasten (Cursor) ↑ ↓ oder mit dem Tabulator in das nächste Feld springen. Auswahl der **Gruppe:** mit Hilfe der **pull - down Liste** die Gruppe auswählen oder eine neue Gruppe durch Eingabe anlegen.

In das Feld „**Bezeichnung**" den Artikelnamen schreiben – wird in den Rezepturen übernommen.

Stammdaten:

Einheit: Kücheneinheit in der pull-down Liste wählen – (wie wird der Artikel im Rezept verwendet)

Gewicht: der Kücheneinheit (wird für Berechnung unbedingt gebraucht !!)

EK – Faktor ist unbedingt notwendig, da die Kücheneinheit und die Einkaufseinheit nicht unbedingt gleich sind (wie oft ist die Kücheneinheit in der Einkaufseinheit enthalten)

Einkaufseinheit – im pull down Menü auswählen.

Haltbarkeit und **Lagerposition** nach Wunsch eingeben.

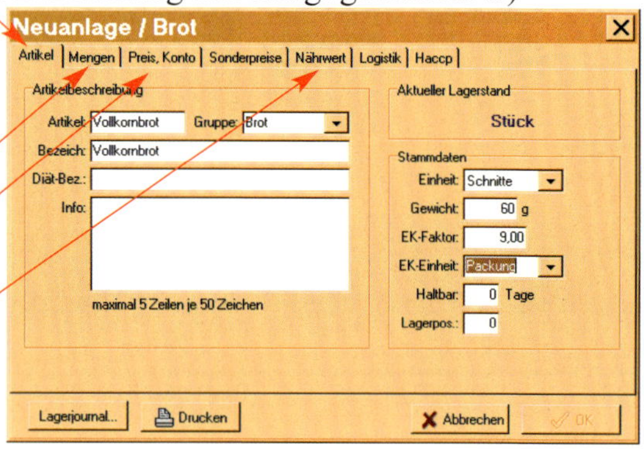

2) Mengen = Information für Lagerstand Zu- und Abgänge (für Wirtschaftsleitung)

3) Preis eingeben (bei Verkaufspreis ganz rechts)

4) Nährwert: BLS Definition

„**Suchen**" bestätigen

Gruppe wählen (pull down Liste)

Lebensmittel wählen und markieren, bei Bedarf Inhaltstoffe auswählen

Übernehmen

Musterbeispiel: Nährwertregisterblatt Vollkornbrot:

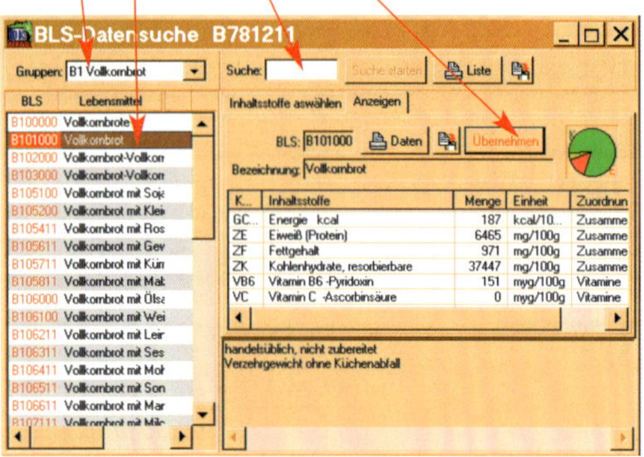

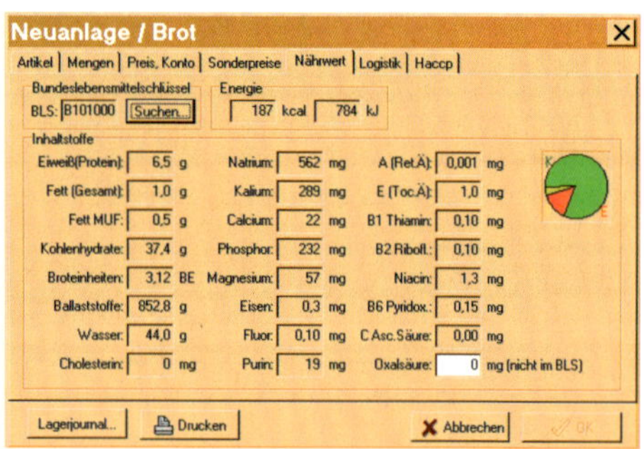

2. REZEPT WÄHLEN/ANLEGEN/LÖSCHEN:

● **Menüleiste** „Rezepte“
oder im **Navigator** „Basisrezepte” bestätigen

● **2.1 Rezept wählen:** Musterbeispiel: Vollwertreis

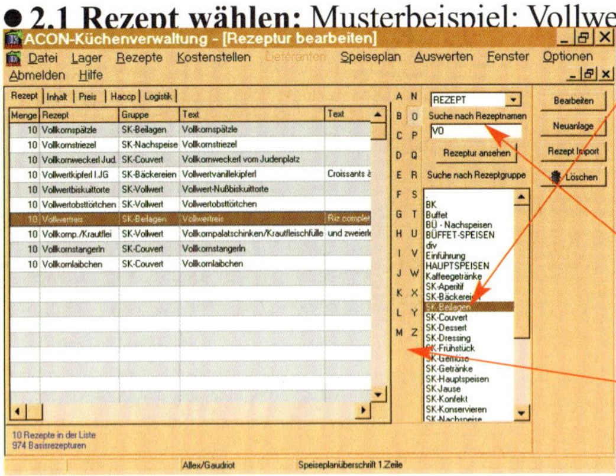

Suchmöglichkeiten:

1. **Rezeptgruppe** anklicken und in der Rezeptliste mit Cursor oder Maus suchen

oder

2. durch Eingabe der ersten Buchstaben im Feld „**Suchbegriff**“.

oder

3. **Buchstabenreihe**: mit der linken Maustaste 1. Buchstaben anklicken, alle weiteren mit der rechten Maustaste auswählen.

• **2.2. Rezept anlegen:** Musterbeispiel: Pfirsich Alexander

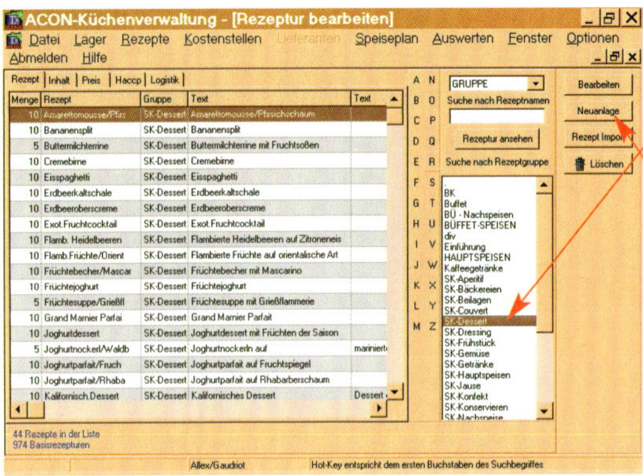

● **Rezeptgruppe** wählen

● **Neuanlage** bestätigen

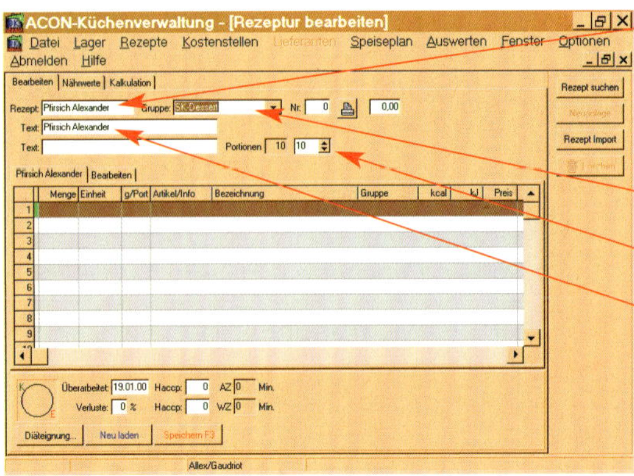

● **Rezeptname** eingeben (mit Hilfe der Maus oder Tab in das nächste Feld springen)

● **Gruppe** mit pull down wählen

● **Portionen**

● **Text**: Bezeichnung steht in der Tagesrezeptur

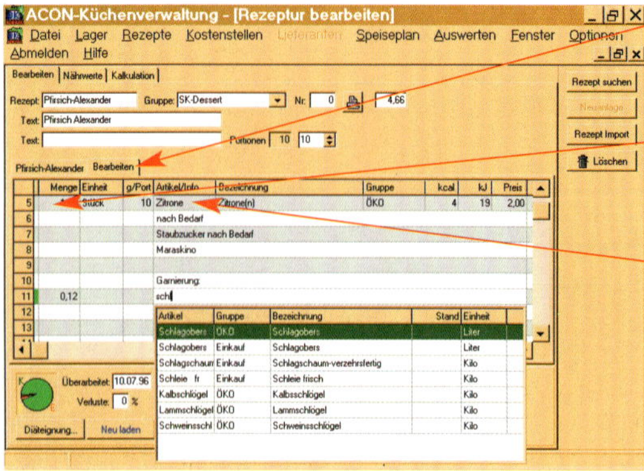

- Register **„Bearbeiten“** wählen (Cursor steht in der ersten Zeile zur Mengeneingabe).
- **Mengeneingabe**: mit Return bestätigen (Cursor steht in der Artikelspalte)
- **Artikeleingabe**: Anfangsbuchstaben, Wortteile oder Begriff des gewünschten Artikels eingeben - in der Auswahlliste mit Pfeiltasten oder der Maus auswählen – mit Return oder Doppelklick linke Maustaste übernehmen.

✎ Rechte Maustaste – Kontextmenü: Zeilen einfügen, löschen.

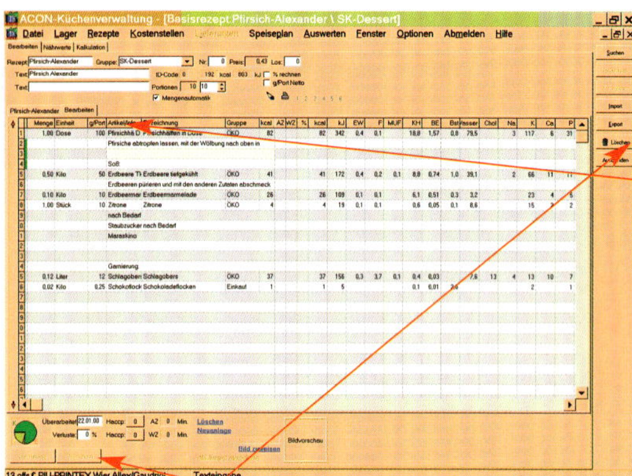

- **Texteingabe**: In das Feld Artikel/ Info Text eingeben. Eingabe immer mit **Return** abschließen.

✎ Text korrigieren – Doppelklick auf die vorhandene Textzeile.

✎ Zeile einfügen über Kontextmenü oder mit F6

- **Speichern**

- **2.3. Rezept löschen:** Rezeptur wählen– „Löschen“ anklicken und „Ja“ bestätigen.

3. REZEPT IMPORT VON DER CD:

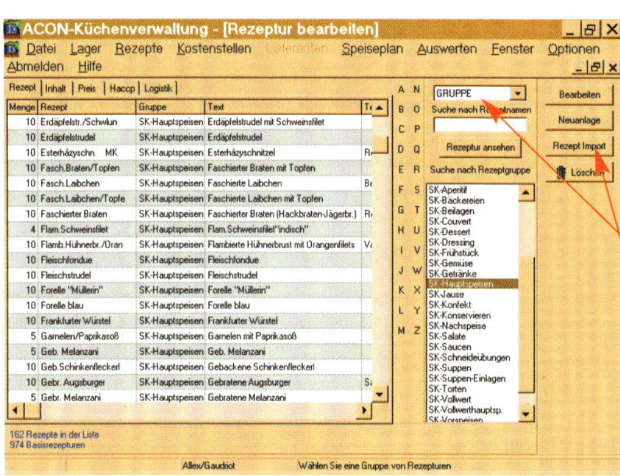

Rezepte wählen in der Menüleiste „Rezepte“ oder im Navigator „Basisrezepte“

- **Diskette** einlegen
- **Rezeptgruppe** wählen
- **Rezept Import** anklicken

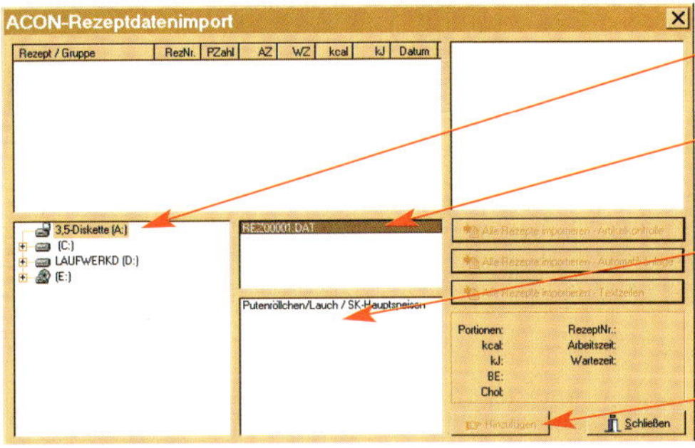

- **Laufwerk** wählen
- **Rezeptdatei** markieren REZ000001.DAT
- **Rezept** auswählen und mit Doppelklick in die **Importliste** (links oben) **hinzufügen**.

- **Alle Rezepte importieren** – Artikelkontrolle
  oder „ – Automatikanlage
  oder „ – Textzeile

✎ nicht gefundene Artikel werden als Text in das Rezept geschrieben.
✎ bei Lagerführung mit „Artikelkontrolle“ empfohlen

Musterbeispiel: **Artikelkontrolle**: Alle Artikel mit **?** müssen kontrolliert werden

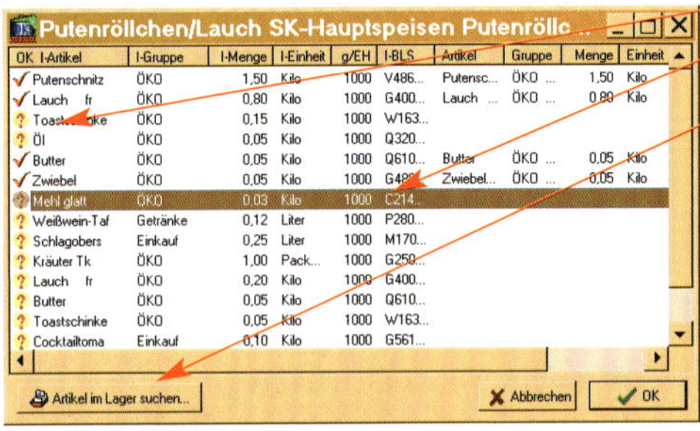

- Artikel markieren
- entsprechenden **„Artikel im Lager suchen“**

✎ **?** werden als **Textzeile** ins Rezept übernommen und gehen nicht verloren.

Artikel im Lager suchen

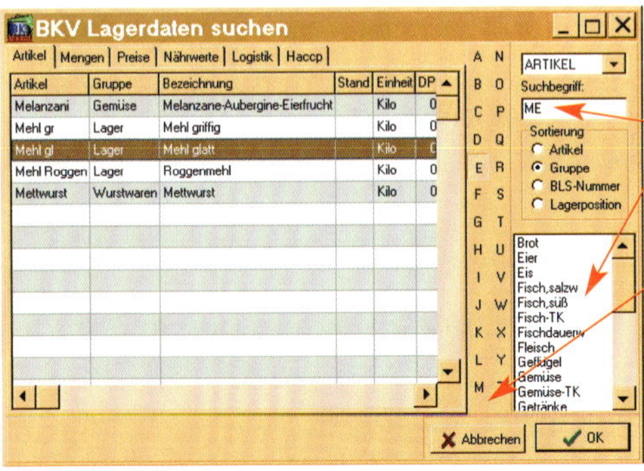

Lagerdaten suchen:

- **Gruppe** wählen,
- Buchstaben bei „**Suchbegriff**“ eingeben oder
- **Buchstabenleiste** verwenden.

Auf der kontrollierten Liste sind alle Artikel abgehackt.

Rezept neu benennen: ● **Rezeptname** ● **Gruppe** ● **Text**

✎ Artikel, die als Textzeile übernommen werden, können durch <u>Doppelklick</u> in die Megenspalte in eine Artikelzeile umgewandelt werden.
Eingaben mit „**Speichern**“ bestätigen
Musterbeispiel: **Automatikanlage**:
Alle Artikel mit ? werden im Lager neu angelegt.

4. KOSTENSTELLE ANLEGEN/LÖSCHEN:

- Kostenstelle wählen
- Eine bestehende Kostenstelle markieren
- Kontextmenü (rechte Maustaste) – **Neuanlage/Löschen** bestätigen
- Name und bei Bedarf Info eingeben.

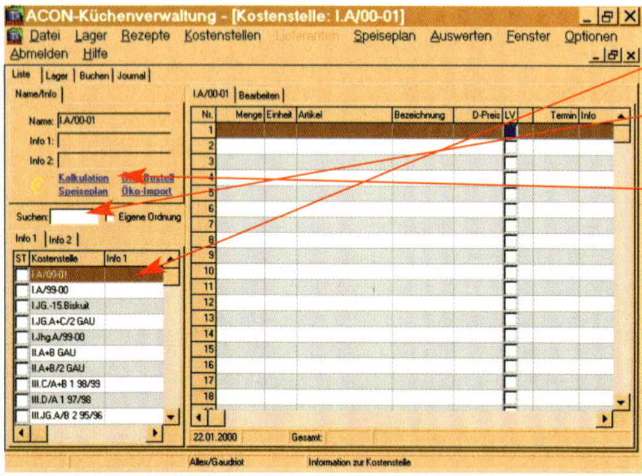

- **Kostenstelle** wählen oder Suchen und bestätigen

1) **Direkteingabe** einer **Wareneinsatzberechnung ohne Speiseplan**

oder

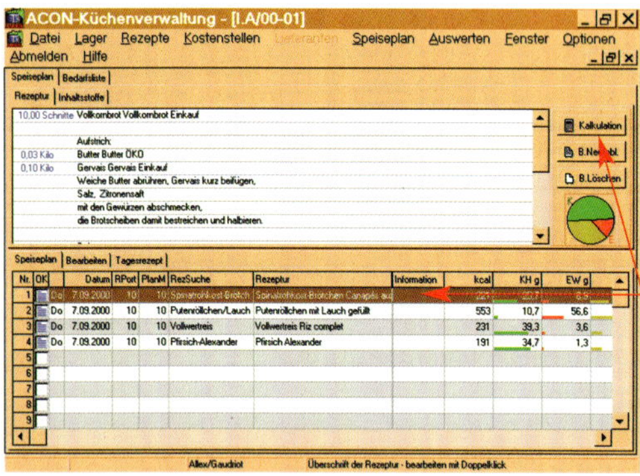

2) **Wareneinsatzberechnung mit Speiseplan:**

- **Speiseplan** aufrufen
- Gewünschte Speisen bzw. Datum **markieren**
- **Kalkulation**

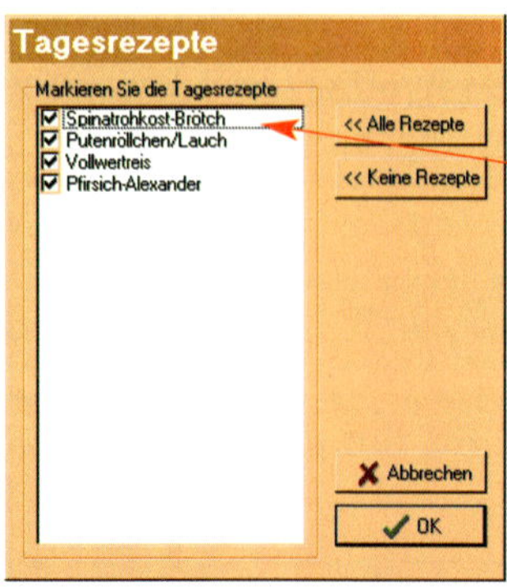

- Kontextmenü: **Tagesrezepte importieren**
- Auswählen und bestätigen

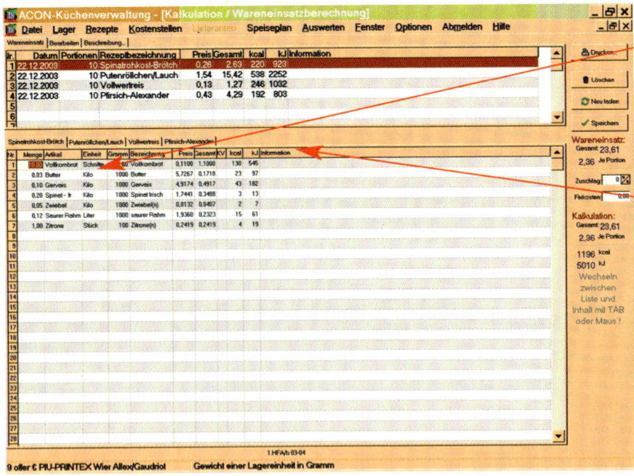

- Menge und Preis anpassen

✎ Unter dem Register mit der Maus langsam über die Überschriften der einzelnen Spalten ziehen und den Text rechts unten lesen – Spalten werden erklärt!

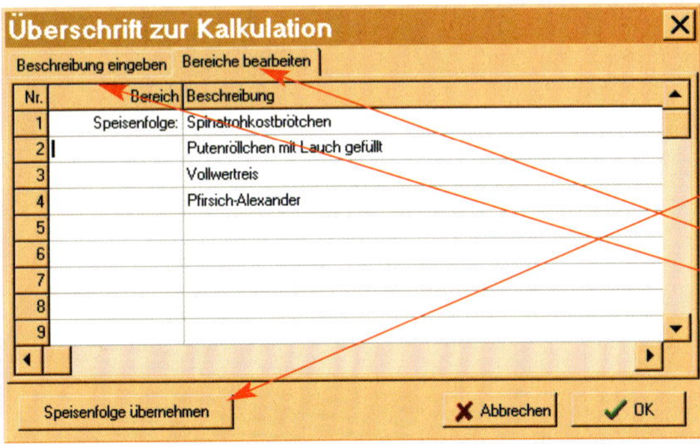

- **Beschreibung** = **Überschrift** zur Kalkulation eingeben und bestätigen
- **Speisenfolge übernehmen**
- Bereiche bearbeiten
- Beschreibung eingeben

✎ Cursor immer in die richtige Zeile stellen

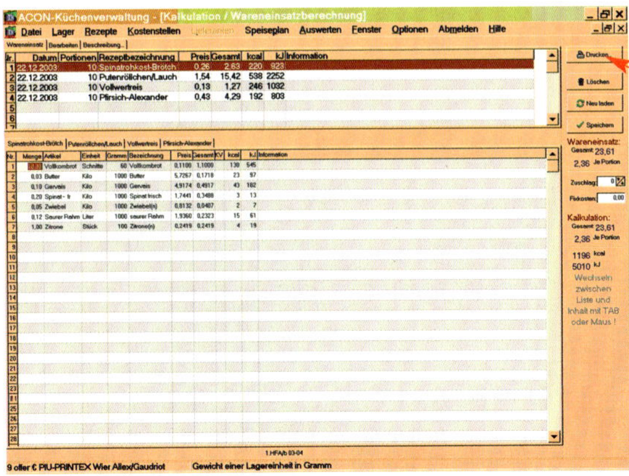

- **Drucken**

✎ Durch **Ableiten** einer neuen Wareneinsatzberechnung wird die zuletzt gespeicherte gelöscht.

http://www.piu-printex.at

Wareneinsatz-Kalkulation *Allex/Gaudriot 22.12.2003*

Speisenfolge: Spinatrohkost-Brötchen
Putenröllchen mit Lauch gefüllt
Vollwertreis
Pfirsich-Alexander

Menge	Einheit	Bezeichnung	Preis	Gesamt	g/Port	Kcal	kJ	Information
Spinatrohkost-Brötchen								
10,00	Schnitte	Vollkornbrot	0,1100	1,1000	60	130	545	
0,03	Kilo	Butter	5,7267	0,1718	3	23	97	
0,10	Kilo	Gervais	4,9174	0,4917	10	43	182	
0,20	Kilo	Spinat frisch	1,7441	0,3488	20	3	13	
0,05	Kilo	Zwiebel(n)	0,8132	0,0407	5	2	7	
0,12	Liter	saurer Rahm	1,9360	0,2323	12	15	61	
1,00	Stück	Zitrone(n)	0,2419	0,2419	10	4	19	
		10 Portionen	0,26	2,63		220	923	
Putenröllchen/Lauch								
1,50	Kilo	Putenschnitzel	5,8066	8,7099	150	179	747	
0,80	Kilo	Lauch-Porree	2,0348	1,6278	80	21	88	
0,15	Kilo	Toastschinken	7,8100	1,1715	15	53	220	
0,05	Liter	Öl	1,9985	0,0999	5	46	194	
0,05	Kilo	Butter	5,7267	0,2863	5	39	162	
0,05	Kilo	Zwiebel(n)	0,8132	0,0407	5	2	7	
0,03	Kilo	Mehl glatt	0,7260	0,0218	3	11	46	
0,12	Liter	Tafelwein-weiß	2,8996	0,3480	12	9	39	
0,25	Liter	Schlagobers	2,5872	0,6468	25	78	324	
1,00	Packung	Kräuter TK	0,7796	0,7796	100	38	160	
0,20	Kilo	Lauch-Porree	2,0348	0,4070	20	5	22	
0,05	Kilo	Butter	5,7267	0,2863	5	39	162	
0,05	Kilo	Toastschinken	7,8100	0,3905	5	18	73	
0,10	Kilo	Cocktailtomaten	6,0000	0,6000	10	2	8	
0,01	Bund	Krauspetersilie	0,7500	0,0075	1		1	
		10 Portionen	1,54	15,42		538	2252	
Vollwertreis								
0,05	Liter	Öl	1,9985	0,0999	5	46	194	
0,05	Kilo	Zwiebel(n)	0,8132	0,0407	5	2	7	
0,50	Kilo	Naturreis	2,0348	1,0174	50	183	767	
0,02	Kilo	Butter	5,7267	0,1145	2	15	65	
		10 Portionen	0,13	1,27		246	1032	
Pfirsich-Alexander								
1,00	Dose	Pfirsichhälften in Dose(n)	1,4462	1,4462	100	82	342	
0,50	Kilo	Erdbeere tiefgekühlt	3,9897	1,9948	50	41	172	
0,10	Kilo	Erdbeermarmelade	1,1918	0,1192	10	26	109	
1,00	Stück	Zitrone(n)	0,2419	0,2419	10	4	19	
0,12	Liter	Schlagobers	2,5872	0,3105	12	37	156	
0,02	Kilo	Schokoladeflocken	9,0114	0,1802		1	5	
		10 Portionen	0,43	4,29		192	803	

Gesamtkosten	23,61	+ 0 %	+ 0,00 =	**23,61**			
Je Portion:	2,36			**2,36**		1196	5010

ALPHABETISCHES REZEPTREGISTER

(die Zahlen stellen die jeweilige Seite dar)

—T—

—U—

—V—

—W—

—Z—

Fotonachweis

16 Küchenkräuter, Foto: Johannes Kittel, aus „Die gute Küche“ von Ewald Plachutta und Christoph Wagner, Verlag Orac im Verlag Krenmayer und Scheriau, Wien 1993
17 Verschiedene Garnierungen, Foto: Johannes Kittel
Fenchel und Chicorée vorbereiten, Foto: Koch & Backjournal 1/87
Tournieren eines Erdapfels, Foto: Koch & Backjournal 5/91
20 Amuse-gueule: Forellen-, Schinken-, Lachsmousse garniert, Räucherlachsrose auf Friséesalat , Foto: Elfriede Allex
Frischkäseterrine mit Chicoréeblattgarnitur, Foto: Elfriede Allex
Ziegenkäse-, Zucchini-Paprikaterrine, Terrine vom Räucherlachs, Foto: Elfriede Allex
27 Die wichtigsten Arbeitsgeräte zum Garnieren von pikanten und süßen Speisen, Foto: Koch & Backjournal 5/93
Kannelieren von Obst und Gemüse, Foto: Johannes Kittel
Garnierungsvorschläge für pikante und süße Speisen: Zucchini „Blüte“ und Paprikasegel, Foto: Koch & Backjournal 5/93
Apfelblüte, Foto: Koch & Backjournal 6/88
37/38 Schweinsbraten kalt aufgeschnitten mit verschiedenen Garnituren, Foto: Elfriede Allex
Schinken- und Roastbeefröllchen mit Spargel, Foto: Elfriede Allex
Verschiedene Canapés garniert, Foto: Elfriede Allex
49 Zucchiniröllchen – Pikant gefüllte Schinkenfrittaten – Bunte Gemüseterrine mit Rucola, Fotos: Elfriede Allex
87 Lammfilet in der Erdäpfel-Kürbiskruste mit Kerbelsauce und Romanescoröschen, Foto: Elfriede Allex
Flugentenbrust in Gewürzsaat mit Blutorangensauce, Erdäpfelsäckchen und Gemüsegarnitur, Foto: Elfriede Allex
Mozzarella mit Paradeisern und Basilikum, Foto: Elfriede Allex
105 Herstellen von Kärntner Kasnudeln, Foto: Elfriede Allex
128 Joghurtmousse auf Hippenblatt, Foto: Elfriede Allex
129 Schokoladespritzdekorationen, Foto: Elfriede Allex
Pfirsichparfait mit Erdbeergarnitur, Foto: Elfriede Allex
Maroniparfait auf Schokoladeoberssauce, Foto: Elfriede Allex
132 Nougatmousse mit Dörrzwetschken und Karamelsauce, Foto: Elfriede Allex
Nussauflauf mit Äpfeln auf Weinsauce, Foto: Elfriede Allex
Warmer Lebkuchen mit Schokoladeoberssauce, Foto: Elfriede Allex
Kastanienpyramide, Foto: Elfriede Allex
144 Lebkuchenstern, Foto: Elfriede Allex
148 Mohn-Topfentorte mit Früchtespiegel, Foto: Elfriede Allex
Joghurttorte, Foto: Elfriede Allex
Topfenoberscremetorte, Foto: Elfriede Allex
152 Karottentorte, Foto: Elfriede Allex
Schwarzwälder Kirschtorte, Foto: Elfriede Allex
Salzburger Apfeltorte, Foto: Elfriede Allex
175 WOK, Foto: Koch & Backjournal 3/93
183 Flambieren: Mise en place, Crêpes Suzette aus „Servierkunde im Gastgewerbe“ von Bruno Hinterwirth, 9. Auflage 2001
199 Grundausstattung einer Hausbar, Foto: Johannes Kittel
207 Kaffeespezialitätengläser, Foto: Johannes Kittel
233 Biskuitrolle einmal anders geschnitten, Foto: Elfriede Allex

Skizzennachweis

42 Brot vorbereiten – ausstechen oder durchschneiden, Wolfgang Allex
83 Ausstechen von Fleurons, Eva Randus
90 Anleitung zum Flechten eines Truthahnzöpfchens, Eva Randus
92 Arbeitstechnik für die Zubereitung einer gefüllten Putenbrust im Strudelteig, Eva Randus
97 Schweinsfilet im Blätterteig – Einschlagtechnik, Wolfgang Allex
101 Arbeitstechniken für die Zubereitung von Schwarzwurzeln im Blätterteigmantel, Wolfgang Allex
105 Herstellen von Kärntner Kasnudeln, Wolfgang Allex
113 Herstellen von Erdäpfellauchsäckchen, Eva Randus
128 Herstellen von Hippenblättern, Wolfgang Allex
138 Spritztechnik beim Herstellen einer Kastanienpyramide, Eva Randus
145 Früchtebrotgarnierung, Wolfgang Allex
150 Esterhàzyglasur – Spritztechnik, Wolfgang Allex
Aufspritzen der Eiklarmasse, Elfriede Allex
177 Formen von Pommes dauphine, Eva Randus
186 „Zitronenrührer“ zum Flambieren von Süßspeisen, Wolfgang Allex
233 Spezielle Technik beim Einrollen einer Biskuitrolle, Wolfgang Allex
233 Brandteig einmal anders füllen, Eva Randus
242 Formen von Salzstangerln, Wolfgang Allex